《最新版》

ドイツの街角から

素顔のドイツ —— その文化・歴史・社会

髙 橋 　 憲 著

郁 文 堂

ま え が き

　1989年11月9日，ベルリンの壁が崩壊し，ドイツ民族悲願の再統一が達成されました。そのドイツは90年代に入ると，循環型社会を目指した環境問題への積極的な取り組みや少子高齢化社会への対応として「公的介護保険」や「育児休業法」を導入するなど，世界に先がけて目ざましくメッセージを発信しつづけています。

　ヨーロッパは今，経済統合から政治統合へとダイナミックに動いており，ヨーロッパ連合（EU）加盟国の中でもドイツは，その経済力をもっとも期待されています。

　2002年1月からはヨーロッパ単一通貨ユーロ（Euro）が実際に市場で使用されることになりましたが，紆余曲折を経ながらも，ヨーロッパの人々は同じ通貨を使用することで，一つになったことを実感しました。

　しかしその一方で，2015年夏にはギリシャの債務問題が再燃しユーロ危機にみまわれました。さらには内戦がドロ沼化するシリアを初めとして中東，アフリカなどから100万人を超える大量の難民・移民がヨーロッパに流入するなど，国境をなくし人や物資，カネの自由な移動を目指すEUの政策の根幹を揺るがしかねない深刻な事態が起こっています。ヨーロッパ各国では移民排斥やEU離脱を訴える極右政党が台頭し，とりわけドイツではドレスデンやライプチヒなど移民・難民への経験に乏しい旧東ドイツ地域で，ヨーロッパのイスラム化に反対する一般市民のデモが頻発しています。多民族・多文化共生を掲げるヨーロッパ統合の理念とはうらはらの，「複合危機」とでも名付けられるこのような情勢は深刻度を増しています。2016年3月13日に行われたドイツ3州での州議会選挙では，メルケル首相の難民・移民受け入れに反対し，反EUを掲げるドイツの右派政党「ドイツのための選択肢」（AfD）が躍進しました。2020年末にはイギリスがEUから正式に離脱しました。

　何よりも世界を震撼させたのは2022年2月24日，ロシアによる突然のウクライナへの軍事侵攻でしょう。あの日から世界情勢は一変しましたが，1年半が経過しても，いまだに戦争終結への糸口は見えません。戦いが長期化する中で，西側諸国の経済制裁に対してロシアはエネルギー供給の停止，という手段で対抗していますが，世界の経済活動に深刻な影響を与えています。

　ドイツでは石炭火力発電の再開に踏み切りましたが，脱原発を急いだ結果，ロシア産天然ガスへの依存を高めることになった，との反省の声もささやかれています。2022年末で稼働停止となっていた3基のうち，2基については不測の事態に備えて2023年4月中旬まで稼働の延長を決め，このほど「脱原発」を完了しました。

一方では気候変動による温暖化や干ばつ，洪水，森林火災など自然災害も世界各地を襲っています。それでも脱炭素化社会への歩みはゆるめることは出来ません。エネルギー転換は待ったなしの課題といえるでしょう。過去に類をみない地球規模での危機はすでに始まっています。この様な未曾有な難題への解答を如何に見い出すのか，EU諸国の英知に期待したいものです。

　また，2020年以来の「新型コロナウイルス」の世界的蔓延は，その対応をめぐって各国指導者のリーダーシップと国民からの信頼度を鮮明にしました。国家指導者のもつ歴史観，世界観，文化・芸術への対応は，一国の目指す方向性を国際社会に発信することにも繋がっています。一例を挙げれば，このパンデミックに対してメルケル前首相は多くの政治指導者とは対照的に，科学的根拠に基づいて実直に「新型コロナ」の現状を国民に訴えかけました。

　これからの世界は，「多様な文化との共生を目指す社会」実現への動きが活発化すると予想されます。ゲーテの格言に，「外国語を知らざる者は，自国語についても無知である」（„Wer fremde Sprachen nicht kennt, weiß nichts von seiner eigenen.“）とあるように，異文化理解を中心とした外国語の習得は，現代を生きる皆さんにとって避けては通れません。どうか環境先進国ドイツの姿勢から大いに学んで，日本の明日の指針にしていただきたいと思います。

　外国語を学ぶ利点は，母語である日本語を相対化し，より深く理解することができると同時に言葉に対する感性も磨かれるという点にあります。

　本書がドイツ語授業の副読本として用いられることにより，皆さんのドイツ語への興味がさらに深まることと思います。また本書は，ドイツ学・ドイツ文化の入門講座用としての単独使用にも耐えうるものと自負しています。巻末に研究課題を提示しましたので，ドイツ文化理解をさらに深める手がかりにしていただければ幸いです。

　本書によって，ドイツという国，さらにはドイツ語圏が皆さんにとって少しでも近い存在となり，ドイツ語学習へのモチベーションが高まることになれば，と願っています。

　2023年 秋　　　　　　　　　　　　　　　　　　　　　　著　　者

追記）2023年度の増刷に際してデータ類を一部最新のものに改めるとともに，本文記述に最小限加筆修正を加えました。

目　次

旅への誘い

間 奏 曲
インテルメッツォ

ドイツ人と信仰

オーストリア事情あれこれ

ドイツのこれからの課題，そして日本

エピローグ

〈付録〉

オラフ・ショルツ首相

メルケル前首相

プロローグ

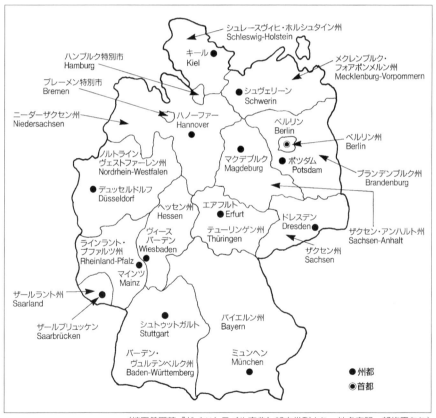

シュレースヴィヒ・ホルシュタイン州
Schleswig-Holstein

ハンブルク特別市
Hamburg

ブレーメン特別市
Bremen

ニーダーザクセン州
Niedersachsen

キール
Kiel

シュヴェリーン
Schwerin

ハノーファー
Hannover

メクレンブルク・
フォアポンメルン州
Mecklenburg-Vorpommern

ベルリン
Berlin

ベルリン州
Berlin

ノルトライン
ヴェストファーレン州
Nordrhein-Westfalen

マクデブルク
Magdeburg

ポツダム
Potsdam

ブランデンブルク州
Brandenburg

デュッセルドルフ
Düsseldorf

ヘッセン州
Hessen

エアフルト
Erfurt

ヴィース
バーデン
Wiesbaden

テューリンゲン州
Thüringen

ドレスデン
Dresden

ザクセン・アンハルト州
Sachsen-Anhalt

ザクセン州
Sachsen

ラインラント・
プファルツ州
Rheinland-Pfalz

マインツ
Mainz

ザールラント州
Saarland

ザールブリュッケン
Saarbrücken

シュトゥットガルト
Stuttgart

バイエルン州
Bayern

バーデン・
ヴュルテンベルク州
Baden-Württemberg

ミュンヘン
München

● 州都
◉ 首都

（植田健嗣著『ドイツトラベル事典』郁文堂刊より。地名表記一部修正あり）

● ドイツという国

　ドイツは正式にはドイツ連邦共和国（Bundesrepublik Deutschland）といい，ヨーロッパ大陸の心臓部に位置して，9つの国と国境を接しています。

　面積がおよそ35.7万km²（日本は37.8万km²）で北は北海，バルト海に面し，南はアルプス山脈がひかえています。

　緯度でみるとドイツは日本列島のさらに北に位置していますが，気候は北大西洋海流による西岸海洋性気候で，また偏西風の影響もあり日本の北海道よりも温暖です。

　ドイツの人口は8,315万人とヨーロッパでは最大ですが，地方分権制国家なので人口が100万人を超える都市は首都ベルリン（Berlin，370万人）を初めとしてハンブルク（Hamburg，189万人），ミュンヘン（München，147万人），ケルン（Köln，106万人）と4都市を数えるだけです。

　日本人にとって「ドイツ」という国のイメージは，ソーセージ，ビール，ワインといった食文化，あるいはバッハやベートーヴェンに代表される音楽の国，さらには車好きの人には，BMWやメルセデス・ベンツ，ポルシェ，フォルクスワーゲンといった世界に名だたる車を産んだ国として，あるいはまたゾーリンゲンの刃物やマイセンの磁器，シュヴァルツヴァルトの時計工業といった，マイスター制度に支えられた高度な職人仕事により，名品を産み出す国としての印象が強

いようです。

　また，マルクス，エンゲルスなどの社会主義思想家やカント，ヘーゲル，ショーペンハウアーなどの哲学者を生んだアカデミックな国というイメージも一般的です。その一方で現代史においては，ヒトラーの第三帝国に見られる暗い過去の歴史を負った国としての負のイメージも強い国です。

　ドイツは，1871年にドイツ帝国として統一されるまで，数多くの領邦国家の集まりでした。それゆえドイツの王家や貴族の血筋は，枝分かれして世界各地に散在しており，イギリスのウィンザー家もドイツのハノーファー王家の血を引いています。オーストリアのハプスブルク家は分割相続により帝国を650年も存続させてきました。

　フランスやイギリスといった国に比べて国家統一が極めて遅かったドイツですが，18世紀後半から19世紀にかけてドイツ文化は一つの絶頂期を迎えます。

　ドイツ語はドイツ文学における二大巨

ゲーテ　　　　　　シラー

星，ゲーテ（Johann Wolfgang von Goethe, 1749-1832）とシラー（Friedrich von Schiller, 1759-1805）によって洗練され，さらにグリム兄弟による『ドイツ語辞典』の編纂を経て，標準ドイツ語の原型が作られることにより，文学や学問の言語としての不動の地位を確立しました。

文学や芸術の世界に目を移せば，中世ドイツにおいて騎士道文化が花咲き，騎士たちはドイツ各地を遍歴し，たて琴を手に自らの詩作を朗唱して歩きました。ワルター・フォン・デア・フォーゲルヴァイデ（Walther von der Vogelweide, 1170-1230頃）などの吟遊詩人の名が知られていますが，この頃『トリスタンとイゾルデ』や『パルジファル』などの物語，さらには叙事詩『ニーベルンゲンの歌』などが生まれています。

後に騎士階級が没落し，市民階級が台頭するようになる時代にも詩作の伝統はハンス・ザックス（Hans Sachs, 1494-1576）などの職匠歌人（Meistersinger）たちに継承されていきます。宗教改革者として名高いマルティン・ルターも自ら詩を作り作曲もしています。

„Ein' feste Burg ist unser Gott"（われらの神はかたき砦）はよく知られた曲です。詩作は教養人のたしなみでもあったのです。詩作と音楽の結びつきは後のロマン主義の時代，シューベルトからフーゴ・ヴォルフに至り，「ドイツ・リート」（Deutsches Lied）という比類のない音楽領域の高みを迎えます。

ドイツの歴史を繙くと面白いことに気がつきます。ドイツ人は昔から森とともに暮らしてきた，とよく言われますが，

なるほどゲルマン伝説や物語，さらにはグリム童話などは深い森を抜きにしては考えられません。

しかしドイツでは長く戦乱が続き，国土は幾度となく焦土と化し人心は疲弊しました。なかでもプロテスタントとカトリックの宗教対立に端を発した「三十年戦争」（1618-1648）は，後にはハプスブルク家とフランスのブルボン王朝の政争へと発展し，ヨーロッパ全土を巻き込む程の規模の宗教戦争へと拡がり，ドイツが主たる戦場になりました。カトリックを信奉するフランスがスウェーデンやドイツのプロテスタントを支持したり，オスマン帝国と同盟を結んだりした事実は，宗教的権力のもつ世俗性や堕落性とともに，戦争の本質を如実に物語っています。かつての「湾岸戦争」や2001年9月11日に起こった「ニューヨーク同時多発テロ」に対するアメリカを初めとする各国のアフガニスタンへのコミットメントを見るにつけ，今日でも国益や打算の複雑にからみあった戦争の歴史の一面が見られるように思います。

この三十年戦争でドイツの人口は激減し，国土は二度と草木も生えぬであろう，と言われるほど荒廃しましたが，ドイツ人は不屈の精神で植林をし，やがては豊かな森と湖の国へと再生させました。ここに私たちはドイツ人の逆境を生きる生命力を見る思いがします。この時代，ドイツは文学や思想の分野において，フランスの啓蒙思想から大きな影響を受け，いわゆる「疾風怒濤」（Sturm und Drang）の文芸運動の時代を迎え，ゲーテやシラーの業績により最高潮に達したのです。

J. S. バッハ

音楽の世界でも「ドイツ音楽の父」と呼ばれるハインリヒ・シュッツ（Heinrich Schütz, 1585-1672）はキリスト教を基盤とした文化の土壌の上に自己の内面を深く見つめることで、人間の精神や感情を昇華し、普遍的芸術作品を産み出しました。シュッツはドイツ・プロテスタントの「受難曲」（Passion）の形式を確立しましたが、これは後に J. S. バッハ（J. S. Bach, 1685-1750）により『マタイ受難曲』、『ヨハネ受難曲』などの独唱、合唱及び管弦楽による大規模なオラトリオ形式の作品を生む基盤となりました。

しかし、今日「音楽の父」と称される J. S. バッハも当時はライプチヒとその周辺でその名を知られるのみでした。永らく忘れ去られていた彼の作品が再び広く世に知られるようになったのは、没後100年も経過してからのことで、ライプチヒ・ゲヴァントハウス管弦楽団の指揮者に就任した作曲家メンデルスゾーン（Felix Mendelssohn Bartholody, 1809-1847）が『マタイ受難曲』を初めとする J. S. バッハの作品を「発掘」し、積極的に演奏会で取り上げたことによるものでした。

その後のモーツァルトやベートーヴェンの登場も J. S. バッハの存在なくしては考えられませんが、今日の現代音楽やジャズ、ポップスなどの音楽も時空を超えてバッハの影響を受け続けています。2000年のミレニアムの年は、シュッツの業績を継いだ J. S. バッハの没後250年を記念する年でもありましたが、人間の本質に迫るバッハの作品には科学的思考が根底に流れています。バッハの作品を理解するためにはキリスト教への造詣が欠かせぬ条件ではありますが、信仰心はなくとも共感することは可能です。シュッツやバッハの作品を通して「ドイツの魂」に触れることも大いに意義があると思います。

さらに近現代史に目を移しますと、第一次世界大戦では、ドイツは大敗北を喫し戦勝国から多額の賠償金を要求され、経済は破綻してしまいましたが、文化の面では「黄金の20年代」と呼ばれるように、文化・芸術の華が咲き乱れ、首都ベルリンにはあらゆる文化人、芸術家が集い、世界のメトロポールとなりました。

やがて1930年代に入るとヒトラーが政治の表舞台に登場し、ユダヤ人排除の政策を掲げたことにより、多くの世界的学者、文化人、芸術家が自由の地、アメリカへと脱出しました。そのアメリカは、ドイツの「頭脳流出」を受け入れたことによって学芸、産業の飛躍的隆盛を迎えることとなりました。

筆者は、悲願の統一を果たし、戦争の傷痕を克服しながらも環境問題や教育、さらには少子高齢化社会への対応など、世界へ情報を発信し続けている現代ドイ

ツの姿勢に魅力を感じます。

　ベルリンの壁が開放されてからは，東欧・中欧での変革が進行する中で，多くの国が経済大国であるドイツへの接近を行い，ドイツ語への関心はとても高まってきています。

　日本でも昨今，地方分権制への議論が活発になってきていますが，連邦制国家であるドイツは，各州の文化の独自性を尊重し，人々は自らの言葉（方言），歴史，文化，伝統を大切にしています。また教育・文化政策においても地方の自治に任されており，市民がそれを支えているのです。ドイツでは政治の中心が再統一によってボン（Bonn）という中小都市から大都市ベルリン（Berlin）に移りましたが，司法はカールスルーエ（Karlsruhe），金融はフランクフルト（Frankfurt am Main），工業はバーデン・ヴュルテンベルク州（Baden-Württemberg）やバイエルン州（Bayern）といったように分散しています。最近では，ドイツは環境保護や自然保護に対する意識がとりわけ高いことで注目されています。もともと森の民族であるドイツ人には酸性雨などによる森林破壊は看過できない重大事としてとらえられているようです。

　また，ゴミの減量化や分別ゴミの回収，リサイクルにも積極的に取り組んでいます。

　2000年6月社会民主党（SPD）と90年連合・緑の党（Bündnis 90・Die Grünen）によるシュレーダー連立政権（当時）は原子力発電所の運転期間を32年とすることで，段階的に「原発」を廃止する方針を打ち出しました。ドイツはスウェーデンとともに世界に先がけて「脱原発」の姿勢を明確に示すことで，化石燃料や太陽光エネルギーなど代替エネルギーを模索することになりました。発電総量の約30％を「原発」に依存していたドイツですが，1986年のチェルノブイリの事故がきっかけとなって「脱原発」への世論が高まりをみせ，ついにはこの様な決定をみることになったのです。

　2009年FDP（自由民主党）と新たに連立を組んだ第2期メルケル政権は「原発」政策を一部手直し，「原発」の稼働期間の延長を決めましたが，2011年3月発生した，「福島第一原子力発電所」の事故を受け，再び「脱原発」へと政策を転換しました。一方，日本政府は事故後停止していた「原発」の再稼働を始めました。

　再統一によって非効率な旧東ドイツの多くの旧国営工場は政府の経済合理化政策により閉鎖を余儀なくされ，職を失った労働者や家族の流出が続き，旧東ドイツ地域の過疎化が進行しました。今日でも旧西ドイツ地域の約1.5倍とも言われる高い失業率は東部地域に深刻な問題を投げかけています。街を歩くと多くの空き家や廃屋を目にしますが，空洞化現象を実感します。しかしながら近年は政府の助成金を背景に安価な労働力を得て，環境関連の新興産業も起こっています。その理由の一つは，旧東ドイツ経済を支えてきた優秀な人材が労働市場に潤沢に供給され，新興企業の成長を促していることがあげられます。例えばライプチヒ，ドレスデンを要とするザクセン地方は戦前，顕微鏡・カメラ・レンズなどの光学機器で世界をリードしてきたところで

す。ザクセン人の優秀な職人の技が新たな産業分野で復活しつつあります。

広大な荒れ地となった東部地域は今や，環境先進国ドイツの「再生可能エネルギー法」（2000年4月施行）の支援で太陽光発電や風力発電の一大基地の様相を呈しており，雇用創出の大きな一翼を担っています。郊外の高速道路を走れば林立する風車が目に飛び込んできますが，その光景はまさに圧巻といえます。

ドイツは石油，ガスなどの旧来のエネルギーから，太陽光，風力などの新エネルギーへの転換へと着実に動き出していることを実感させられます。温暖化対策が進むヨーロッパの中でも環境への意識のとりわけ高いドイツはこの分野でも世界を大きくリードしています。地球温暖化や労働環境の悪化といった逆境を順境に変えるドイツ経済の底力には低迷する日本経済も大いに学ぶべきものがあるでしょう。

「壁」の崩壊からはや30年余りの歳月が流れ，当時の興奮も冷め，ドイツは今，21世紀にふさわしい新しい国家像を模索しています。ドイツの動向は，ほとんど戦後一貫してアメリカのみに目を向けてきたと言ってよい日本のとるべき今後の進路を考える上で，目が離せないと言えるでしょう。

●いま，ドイツ語を学ぶことの意味は？

これからドイツ語を始めようとする動機については人それぞれ異なっているかと思いますが，ドイツ語ばかりでなくどんな外国語であっても，学習することによって得られるものは大きいと思います。

ドイツ語を学ぶことの効用は，ドイツの文化，さらにはヨーロッパの文化・歴史への理解が深まることです。さらにもう一つの効用は，「まえがき」でゲーテの言葉を引用しましたように，外国語を知ることによって自国語に対する認識や感性も，その対比を通して深められるということです。論を待つまでもなく，英語を学習することの最大の理由は「国際コミュニケーション」の手段を身につけることにありますが，英語を学ぶことは

ゲーテ・インスティトゥート
に集う各国の学生

必ずしもイギリスやアメリカを直接理解することに結びついていません。英語はオーストラリアでは公用語として，さらにはカナダ，ニュージーランド，インド，

香港，シンガポールといった国々でも公用語の一つとして広く使用されています。

今や英語は母国イギリスの文化を離れ，汎用言語として「無国籍化」しています。これに対してドイツ語は文化的背景を保持し続けている言語であり，ドイツ語学習はドイツ文化，さらにはヨーロッパ文化を学ぶことに繋がっています。これはドイツ語が「世界共通言語」とならなかったことによるメリットであり，またデメリットでもあります。もっとも，ドイツ語においてもドイツ，オーストリアだけでなく，スイスやリヒテンシュタイン，さらにはブレンナー峠以南の北イタリアの一部でも話されており，それぞれ独自の文化をもっていますが，地政学（Geopolitik）的にみてもドイツ語は，ドイツ語文化圏と言えるものを形成しています。

言語理解を通した異質な文化への取り組みは，国際理解に寄与すると同時に自己の再発見にもつながります。また当該言語が話される国々を訪れることで，文化に対する認識がより深まるものと思われます。

言語にはその文化のもつ独自性ゆえに翻訳不可能な表現や語彙が多くあります。とりわけドイツ語はそのローカル性のために他言語に移しかえてしまうと本質がぼやけてしまうようなものがあります。原語のまま理解する姿勢も大切かと思います。

日本人は政治的標語とはうらはらにどうも相互文化理解が苦手のようです。「言うは易し，行うは難し」で民族間の理解にはたゆまぬ努力を傾けなければ時代は後戻りしてしまうことにもなりかねません。かつて日本人が東南アジアの国々から「エコノミック・アニマル」と非難されたその背景には，経済摩擦以上に異文化への理解や配慮を欠いた文化の摩擦があったからです。

同じ第二次世界大戦の敗戦国からスタートしたドイツと日本，この両国に対する世界の評価には，ずいぶんと開きがあるようです。ドイツが世界に受け入れられ，日本も先進国としての地位を確立しているにもかかわらず，なぜいまだに中国，韓国などのアジアの国々から非難され続けるのでしょうか。

ドイツは国際社会でますます発言力を強めており，EUでは指導的立場を占めているのに，アジアにおいて日本は何らの打開策も講ずることができず，孤立化の一途をたどっているのはどうしたことでしょう。

国際舞台においても，かつて湾岸戦争において日本はまさに「現金貸出機」の役割しか演じることができませんでした。どうしてこのように世界に対してきっちりとした政治哲学を提示できない，主体性，自主性を欠いた，おかしな国になってしまったのでしょうか。

ドイツという格好の鏡に照らして日本という国の姿をもう一度見つめ直してみることはあながち無益なことではないでしょう。

ドイツの現状を知ることはある意味では日本の将来を予測することにもつながります。政治，経済，社会，さらには生活環境などあらゆる面でドイツ人は合理的かつプラグマティックであり，私たち

15

日本人にとって極めて示唆に富む面があります。

しかしまた、ドイツの良い面ばかりでなくネガティブな「悩めるドイツ」を知ることも重要だと思われます。本書では、ドイツの歴史や文化、そして現代のドイツの姿に触れることにより明日の日本を考える指針にしたいと思います。

ドイツはアメリカのとっている市場万能主義とは一線を画しており、経済だけでなく社会的公正さの実現を目指した社会を創造することを国是としています。「欧州社民主義（soziales Europa）」の理念もこの流れに沿ったものと思われます。日本の戦後は大量生産、大量消費が金科玉条の如く崇められ、歯止めのない市場競争を引き起こしてきました。その結果、人間の生き方や文化、社会、教育、環境といった様々な面で歪みを生じさせています。あくなき経済戦争が人間の倫理観や正義といった形而上学的なものまで崩壊させてしまいました。ドイツには良いもの、たとえば自動車や家具、建造物などを長く使っていこう、残していこうという姿勢が随所に見られます。一方私たち日本人はただひたすら新しいものを追い求めてきたように思います。ヨーロッパは単に金銭的な価値や生活の豊かさだけを追い求めるのではなく、社会生活の成熟を最優先課題とし、そこからいつも出発しています。今、現代に生きる私たちは、ドイツが営々として取り組んできた良き社会建設への試みに、今こそ大いに目を向けるべきではないでしょうか。

● 日本の近代化はドイツから

ヨーロッパで母語（Muttersprache）として話されている言語の中で、人口数ではドイツ語はロシア語に次いで第2位の位置を占めています。しかしロシア語は、現実には旧ソビエト連邦域内のみでしか通用しないので、ヨーロッパ中央部ではドイツ語が最も国際性に富んだ言語であると言えるでしょう。ドイツ語はドイツ、オーストリア、リヒテンシュタインでは唯一の公用語として、またスイス、ルクセンブルクおよび北部イタリアの南チロル地方（Südtirol）では公用語の一つとして使われています。さらにフランスのアルザス地方やドイツ国境に近い東部ベルギーや東欧の国々にもドイツ語を母語とする人々が多くいます。

今日、ドイツ語はEU（ヨーロッパ連合）域内で最も母語人口の多い言語で、9000万人の母語であるとともに5000万人が外国語として学び使用しています。

そもそもドイツ語は、8世紀頃フランク王国の中のライン河以東の地域（東フランク）に住んでいたゲルマン民族が話していた言葉 theodisca lingua（民衆の話す言葉）に由来すると言われています。

今日、ドイツ語を意味する deutsch と

いう語は本来,「我が民族のもの」という意味を持っていましたが,それが次第にその言葉を話す人々や地域を意味するようになってきたのです。

ドイツ語はインド・ヨーロッパ語族の中のゲルマン語族に属し,英語やオランダ語などとともに「西ゲルマン語」の一つを形成しています。

ところで,日本人が初めて接したヨーロッパ言語はポルトガル語です。

ポルトガルは12世紀にアルフォンソⅠ世によって建国されましたが,ヨーロッパ大陸の最西端に位置する国土面積の狭い国であるがゆえに,海洋に対する大きな野望を秘めていました。15世紀にはエンリケ航海王子にみられるようにその高度な海洋術を駆使してアフリカ,南アメリカ,アジアに植民地を獲得し,強国へとのし上がっていきました。

日本には1543年ポルトガル人が種子島に漂着し,1549年にはキリスト教布教のためにフランシスコ・ザビエルが来日して以来,多くのポルトガル商人や宣教師たちがやってきました。

いわゆる「大航海時代」の始まりに,ベネチア人のマルコ・ポーロが『東方見聞録』で屋根まで純金で葺かれた豊かな「黄金の島ジパング(Zipangu)」の伝説を拡めたことが商人たちを引き寄せた要因の一つとしてあげられます。

ヨーロッパ文化(南蛮文化)は海路を通じて来日した宣教師たちによって戦国時代の日本に伝わりました。そして多くの戦国大名がキリスト教に帰依し,南蛮文化の恩恵に浴することになりましたが,この時代のヨーロッパの主人公はポルトガルなのでした。おもしろいことに当時,ポルトガル語を習得した日本人は

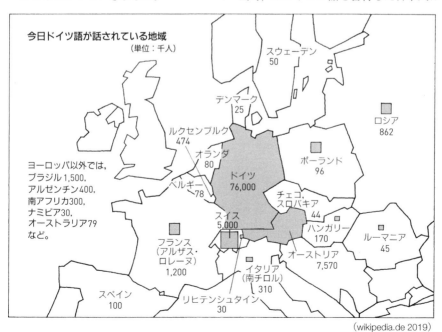

今日ドイツ語が話されている地域
（単位：千人）

スウェーデン 50

テンマーク 25

ルクセンブルク 474

オランダ 80

ロシア 862

ポーランド 96

ヨーロッパ以外では,
ブラジル1,500,
アルゼンチン400,
南アフリカ300,
ナミビア30,
オーストラリア79
など。

ベルギー 78

ドイツ 76,000

チェコ・スロバキア 44

スイス 5,000

ハンガリー 170

ルーマニア 45

フランス（アルザス・ロレーヌ）1,200

オーストリア 7,570

イタリア（南チロル）310

スペイン 100

リヒテンシュタイン 30

（wikipedia.de 2019）

極めて限られており，来日した宣教師たちが布教のために困難な日本語を熱心に学び習得していったのです。

オランダ商船「デ・リーフデ号」が豊後（今の大分県）の臼杵に漂着したのが1600年，その後鎖国の時代を経て開国に至るまでの250年間，オランダは日本にとって西洋に向けた窓だったのです。

ちなみにこの時の航海長はイギリス人のウィリアム・アダムスで，彼は後に徳川家康に仕え，三浦按針（按針とは中国語で航海長という意味）という名で旗本となりました。三浦という姓は彼が居をかまえた三浦半島からとりました。

またオランダ人，ヤン・ヨーステンも同様に幕府の外交顧問になりました。

「南蛮人」の渡来は戦国時代の日本人にとって，本朝日本と唐の国中国，天竺インドから成り立っていた世界観を大きく変えることになりました。

日本人にとって1639年の鎖国政策から開国まで，長崎の出島は海外に開かれた窓でしたが，唯一の交易国オランダはスペインから独立し，17世紀にはポルトガルにとって変わって世界の海を制覇し，進取の気風に満ちていました。オランダは交易の拠点として東インド会社をもっていましたが，この鎖国の時代，来航が許されたヨーロッパ人はオランダ人だけだったので，ドイツ人もオランダ人と偽って日本にやって来たのです。その中で，エンゲルベルト・ケンプファー（Engelbert Kämpfer 1651-1716）は，東インド会社の医師として来日し，約2年の滞在を経て帰国し，その後『日本誌』を著しましたが，この書物はヨーロッパ

人に日本の実情を伝える重要な役割を果たしました。その後に来日したフィリップ・フォン・シーボルト（Philipp Franz von Siebold 1796-1866）は，ヴュルツブルク出身の医師で，1823年から1829年まで滞在し，長崎では医療活動に従事するかたわら，「鳴滝塾」を開設し，西洋医学を初めヨーロッパの学問を紹介し，いわゆる「蘭学」の花を大きく咲かせることになりましたが，彼の門下からは維新前夜の日本に大きな影響を与えた高野長英などの逸材を輩出するなど，日本の思想，科学の発展に多大な寄与を果たしました。ケンプファーも「カピタン」と呼ばれた出島のオランダ商館長に随行し，江戸で将軍に謁見していますが，シーボルトはその道中，日本人の生活や習慣，風土をくまなく観察し，さらには日本固有の植物を収集し，オランダへ持ち帰りました。その中にはオランダの地に根づいているものも多くあります。

オランダのライデンにある民族学博物館にはシーボルトが日本滞在中に収集した数千点にも及ぶコレクションが所蔵されています。シーボルトも『日本』（1852年）を著し，ライデン大学（1575年創立）にはシーボルトの日本研究を記念して，ヨーロッパで最初の日本語学科が設置されました。このようにオランダと日本を結ぶ絆には深いものがあります。

さて，日本とドイツの交流の歴史は公式には新生プロイセンの「オイレンブルク（Graf zu Eulenburg）東方使節団」の訪日で交わされた「日普修好条約」（1861年1月締結）から始まりました。

近代日本において最初にドイツ語熱が

高まったのは明治時代，1871年の普仏戦争で，統一を成し遂げたばかりのドイツがフランスに勝利したときです。ドイツ語は医学や哲学，法学などを中心にアカデミックな言語として受け入れられました。ドイツは当時，文化的に最先端を行く国であり日本のみならず，新興国家アメリカの教育制度，とりわけ大学の設立や教育に大きな影響を与えました。明治維新以後の日本の「近代化」の過程で，軍国主義的色彩の濃厚なプロイセンを中心として生まれたばかりのドイツ帝国の制度や学問，たとえば陸軍の兵制，法体系，大学制度，医学，哲学，文学などがドイツの軍人，学者，技術者などを通して日本に導入されたのです。

プロイセンの宰相ビスマルク（Otto von Bismarck, 1815-1898）によるドイツ統一が1871年，そして日本の明治維新が1868年で，両国はほぼ同時期に近代国家への道を歩み出したわけですが，日本の近代化はドイツを抜きにしては考えられなかったのです。もちろんドイツの制度や技術に優れた面が多かったことは事実ですが，江戸時代から本質的には蘭学が学問の主流であった日本にとって，ドイツ語は言語的にオランダ語に近く，ド

ビスマルク

イツ語の文献を研究するのが容易であったこともその理由の一つでしょう。日本の近代化にとってドイツがモデルとして最善であったかどうかは別として，最大の教師であったことは間違いありません。

ドイツといえば厳格な軍国主義的イメージが強いようですが，1880年代後半にはすでに今日の西欧社会の範となるような医療保険制度や失業保険，さらに婦人及び小児労働に対する人権保障といった社会福祉政策を打ち出しており，「鉄と血」（Eisen und Blut）というスローガンに象徴されるような「富国強兵」による帝国主義政策の一方で，福祉社会への改革も同時に行っているのです。

もちろんこの背景には産業の発展やマルクス，エンゲルスなどによる社会主義思想の浸透で高まってきた労働者の運動を緩和させようとする政治的意図も働いていたと思われますが，それでも今日の労働災害保障や医療保険などの社会保障制度の基礎となったことは事実です。

天皇を頂点とする政体をめざす明治憲法には，共和制を唱えたフランスやアメリカ合衆国の憲法は参考にならず，また立憲君主国家のイギリスには範とする成文法がなく，歴史の中で経験されてきた膨大な判例があるにすぎませんでした。したがってドイツ帝国憲法がそのお手本として最後に残ることとなったのです。

しかしドイツ語は第二次世界大戦での敗北，そしてアメリカによる占領によって次第に英米語に取って代わられるのです。勝者は武力だけでなく文化においても優位に立つ，という古来いくたびとなく繰り返されてきた文化興亡の実例は，

支配者による言語支配という形で多くの国々を通過してきました。

戦争中は「鬼畜米英」が叫ばれ、旧制高校からの伝統であるドイツ語が優勢でした。医者がこれまでドイツ語やラテン語を用いたりしたのは、いわゆる特権的知識人としての心理と自負の表れだったのでしょう。今日、多くの医師がカルテをドイツ語で書かなくなり、また医学論文も英語で書くようになりました。

戦前、戦中の語学教育の姿勢はしかし、戦後も基本的には変わらず、1970年代まで当然の教養言語としてドイツ語は根強く支持されてきました。これまでの大学教育における一部の限られた層による教養的指標として、ドイツ語が果たしてきた役割は、現在ではかなり小さくなりましたが、この現象は教育の民主化・大衆化の一環ととれなくもありません。時代の流れでしょうか。最近の若者達は時流にきわめて敏感で、今日の中国や韓国ブームもその流れを反映しています。

しかし一見したところ何の役にも立ちそうにない学問や外国語の学習も、人生や物事の大局的な価値判断をするとき、根本原理として力を持つことになるのではないでしょうか。「合目的」にのみ立った学問への姿勢は、きわめて近視眼的で全体像を見失う危険性をはらんでいます。今日、社会を騒がせている官公庁と企業の癒着、官僚の不祥事、さらには教育の荒廃などはまさに、哲学や理念、倫理を置き去りにしてきた戦後教育の欠陥が原因と言えなくもないでしょう。哲学なき時代と言ってよい今こそ、哲学の必要性を痛感します。短絡的な勉学の姿勢

からは先見性は養えません。若い世代の諸君は時流を追うのではなく、先の時代を読む先見性をも持ち合わせていなければなりません。そのためには異文化への理解を深めるとともに幅広い視野に立った総合的な学問への取り組みが不可欠です。

新たな展望をいまだ見出せない日本の今日的状況の中で、ヨーロッパは経済統合から政治統合へと大胆に取り組んでおり、新たな哲学や世界観に立脚したその姿勢に「ヨーロッパの知恵」がよく見て取れます。

21世紀への幕が開き、ヨーロッパ連合（EU）は市場統合から通貨統合への過程で紆余曲折はあったものの、加盟国の利害を超えてダイナミックに動いています。

1990年10月3日に再統一を果たしたドイツは、その経済力を最も期待され、ヨーロッパ連合の牽引車としての大きな役割を担わされています。過去に対して大きな「負の遺産」をもつドイツが近隣諸国の不安と猜疑心とを払拭し、平和国家として認知されるためにはどうしてもヨーロッパ連合を成功へと導かなければなりません。東西ドイツの統一によるコストの負担、それに社会的にはネオ・ナチ集団による外国人排斥など、多くの問題を抱えたドイツの負担は、同じ敗戦国である日本の比ではありません。それにもかかわらず、ドイツは社会や産業構造の変革に大胆に取り組んでおり、とりわけ環境問題や目前に迫った少子高齢化への対応、さらには難民・移民問題への素早い対応などには目を見張るものがあり、世界の耳目を集めています。

経済的にも社会的にも閉塞状況にあるヨーロッパ諸国にとって，世界人口の半分を占めるアジアの市場は魅力的であり，またアジアは家族の絆，教育，社会規範，結束力においてヨーロッパ社会がアメリカの後ろを追うかのごとく喪失しつつある価値観を依然として強固に持ち続けています。

ともあれ，アジアとヨーロッパがかつての植民地とその宗主国という立場を超えてようやく対等の関係で動き出したことは，歴史的に意義深いものがあります。ASEANを軸にアジアの対外関係も多角化の方向に進んでおり，アジアとヨーロッパの関わりもさらに深まってゆくものと期待されます。

1999年1月からスタートしたヨーロッパ統一通貨「ユーロ」は発足するまで30年にも及ぶ構想と努力の結果生まれたものです。まさに国家主権の多くを犠牲にしてまで「ヨーロッパ合衆国」への道を模索するヨーロッパを，単に金融における技術論だけで論じることは間違っていると思います。

日本がアジアで円の国際化を本気で目指すならば，ヨーロッパがたどったような歴史の検証や外交政策，社会や文化といった領域においてもコンセンサスを確立しないと机上の空論に終わってしまいます。ヨーロッパ連合成立までの苦難の歴史と各国の努力を検証することによって，日本，さらにはアジアの展望を，ヨーロッパが行おうとしている壮大な実験から学び取ろうではありませんか！

● 新生ドイツの新しい風——未来創造都市ベルリンを歩く

東西冷戦の終結をもたらした「ベルリンの壁」崩壊から早や30年以上の歳月が流れ，首都に返り咲いたベルリンは今日，建築，デザイン，ファッション，音楽，映画などあらゆる文化の発信基地として著しい変貌をとげています。伝統と革新が融合し，進化し続ける国際都市ベルリンは今，ヨーロッパで最も刺激的な街と言えるでしょう。

東西ドイツ分断の，そして再統一の象徴となったブランデンブルク門（Brandenburger Tor）の南に位置するポツダム広場（Potsdamer Platz）は「黄金の20年代」と呼ばれた1920年代にはヨーロッパ第一の繁華街でしたが，ヒトラーによる第三帝国の時代には，総統官邸やあの悪名高い秘密警察「ゲシュタポ」の本部など，ナチスの中枢機関が置かれていたことで連合国によって徹底的に破壊されました。また，戦後の分断時代には東西ベルリンを隔てる「壁」が築かれたことにより瓦礫の山と雑草の生い茂る荒れた無人地帯になっていました。再統一によりポツダム広場ではいち早く再開発が始まり，インフラの整備とともに建設ラッシュが進み，超モダンなガラス張りの高層ビルが林立し，あたかも未来都市のような様相を呈するようになりました。統一後様々

な分野のデザイナーがベルリンを舞台に作品を発表してきましたが，実はベルリンは家賃や生活費が他の欧米の大都市に比して安いため若い芸術家の卵たちが滞在しやすいという利点があります。ベルリンは2005年，ユネスコが提唱する「創造都市ネットワーク」に認定され，独自の都市計画構想を提出しています。

著名な建築家の設計による複合商業施設「ソニーセンター」や「ダイムラー・クライスラー・シティビル」などがよく知られています。「壁」の撤去跡の歩道にはプレート板が埋められていて，かつてその場所に壁があったことを物語っています。

世界的オーケストラ，ベルリン・フィルハーモニー管弦楽団の本拠「フィルハーモニー」（俗称カラヤン・サーカス）はポツダム広場から徒歩で訪れることが出来ます。運が良ければ安価な入場料で世界一ゴージャスなサウンドに接する機会に恵まれるかも知れません。ヨーロッパの楽団に君臨し，「帝王」と呼ばれた往年の名指揮者ヘルベルト・フォン・カラヤン（Herbert von Karajan, 1908-1989）により「ベルリン・フィル」は名実共に世界一のオーケストラになりました。

さてブランデンブルク門はプロイセン王国の凱旋門で，門の上の四頭立て二輪馬車（die Quadriga）は1806年ベルリン入城を果たしたナポレオンにより一時パリへと持ち去られましたが，ナポレオン失脚後の1814年に元の場所に返還されました。

ミッテ（Mitte）地区は統一後，最も開発が進んだ地域で，高級ホテルやデパート，ブティックが次々に開業し活況を呈しています。

ベルリンは今やヨーロッパ最大の「建設現場」となった感がありますが，新生ベルリンの新しい顔となった連邦議会議事堂の丸天井のドームはガラス張りで太陽光エネルギーを議事堂内の発電に利用しています。

ブランデンブルク門をその連邦議会議事堂の大ドームを右手に見ながら6月17日通りを戦勝記念塔に向かってしばらく歩くと，そこはティアガルテン地区の森公園で，散歩を楽しむ人を多く見かけます。このあたりをさらに西へと向かえば旧西ベルリンの目抜き通りクアフュルステンダム通り（通称クーダム）で，かつてはベルリン一の繁華街でしたが，この界隈は再統一後，その賑わいは歴史的名所が多く点在する旧東ベルリンのウンター・デン・リンデン通り（Unter den Linden）のミッテ地区に奪われた感があります。ブランデンブルク門近くの最高級ホテル「アドロン」は，E.ケストナー作品のリメイク映画『エーミールと探偵たち』の舞台にもなりましたが，先頃亡くなった世界的なミュージシャンのマイケル・ジャクソンがベルリンを訪れた際，記者団にこのホテルの窓から危険極まりないことに，赤ん坊をさし示して物議をかもしたことでもよく知られています。

さて，ウンター・デン・リンデン通りをアレキサンダー広場に向かって，少し歩くと，南北に走るフリードリヒ通りと交差します。ここを南へ歩くとかつての検問所「チェックポイント・チャーリー」跡がありますが，今は博物館になってい

ます。「壁」の時代，ベルリンを訪れる度に近くのコッホ通り（Kochstraße）駅で下車し，ここでチェックを受け，東側に入ったことを思い出します。

ここからベルリン一美しい広場と言われるジャンダルメン広場（Gendarmenmarkt）も近く，コンツェルトハウスは連日演奏会が催され活況を呈しています。

さらに先へと進むとフンボルト大学やベルリン州立歌劇場，さらにはベルリンのランドマークでもあるベルリン大聖堂などが目に入ります。またシュプレー川（die Spree）の中州は，多くの博物館が集まる「博物館島」（Museumsinsel）と呼ばれるところで，中でもペルガモン博物館の古代ギリシアのペルガモン（現トルコのペルガマ）で発掘されたゼウスの大祭壇が圧倒的な迫力で訪れる者を驚嘆させます。

アレキサンダー広場は1805年，ロシア皇帝アレキサンダーⅠ世がプロイセン王ヴィルヘルムⅢ世を訪問した記念に名付けられました。

ここから動物園駅までは100番の2階建て路線バスを利用するのがいいでしょう。ベルリン市内にはS-Bahn（都市高速鉄道），U-Bahn（地下鉄），また旧東ベルリン地区には路面電車も走っています。さてアレキサンダー広場からS-Bahnで一駅のハッケシャー・マルクト（Hackescher Markt）駅に向かいましょう。ハッケシェ・ヘーフェ（Hackesche Höfe）はユーゲントシュティール様式（Jugendstil，青春様式）の8つの中庭（Hof）を囲むそれぞれの建物が回廊で結ばれていて，主に1階部分にはレストラン，カフェ，映画館，演劇場，さらには個性豊かなブティックなどが集まっている集合住宅です。中でも観光客に人気なのが，アンペルマン（Ampelmann）のギャラリーショップです。アンペルマンとは旧東ドイツの歩行者用信号機の人型マークのことで，再統一後，一時西側の無味乾燥なものに取り換えられていましたが，アンペルマン支持の市民の声に推されて復活，今ではその可愛らしいキャラクターが人気の的です。

この地区は再開発により安価なアパートメントやテナントが提供されたことで才能豊かな若い芸術家たちが集まる所となりました。

動物園駅はかつて西ベルリンの鉄道の中心駅でしたが，統一後の再開発で中央駅（Berlin Hauptbahnhof）が完成したため，機能はこちらに移りこの周辺は少しさびれた感がします。

ところでベルリン動物園を一躍有名にさせたホッキョクグマのクヌート（Knut）は，育児放棄した母親に代わって飼育員の人工哺育で育てられ，白くてぬいぐる

ハッケシェ・ヘーフェ（ベルリン）

みのような愛くるしく動き回るそのしぐさが大人気となりました。そのクヌートも灰色の巨大グマに成長しましたが，残念なことに2011年3月病死しました。4歳でしたが，ベルリン動物園のアイドルの死にベルリン市民も落胆を隠せない様子でした。

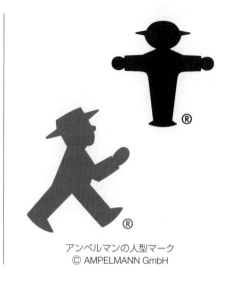

アンペルマンの人型マーク
© AMPELMANN GmbH

ドイツ語学研修生と筆者，連邦議会議事堂前（ベルリン）

ここが違う，ドイツと日本

徹底したごゴミの分別回収
(© Presse- und Informationsamt der Bundesregierung)

1 同じ車社会であっても

2008年春，北部のハンザ都市ブレーメンがドイツの自治体として初めて，アウトバーン（ドイツの高速道路，Autobahn）に時速120kmの速度制限を設けました。

「自動車王国」ドイツも二酸化炭素（CO_2）の排出削減など環境保護や事故防止の観点を考慮せざるを得なくなったようです。一方，アウトバーンは世界の自動車市場にドイツの高級車を販売する「窓」ともなってきたことで，速度制限導入に対しては自動車業界の強い抵抗があります。

世界に誇るアウトバーンは今まで速度制限なし，通行料無料というドライバーにとっては「自動車天国」だったのですが，1995年より増税策の一環として，まずはトラック（LKW; Lastkraftwagen）を対象に通行料が課されることになりました。

1932年に建設されたアウトバーンは悪名高いあの第三帝国時代，ヒトラーによって軍事目的のために延長されましたが，今日では全長12,400kmに及んでいます。

すべてガードレール付きの幅広い緑地帯で分離され，片側は，2〜4車線で両側に緊急停車用の側線があります。インターチェンジは市内から離れたところにあり，立体交差になっています。信号はなく，原則として速度制限もありません。ただし経済的な速度として時速130kmが奨励されています。

また国道（Bundesstraße）でも，我が国と違って交差点の信号が連動式で制限速度を守って走行していさえすれば赤信号でストップすることはありません。

ドイツではディーゼル車が主流で，ディーゼルはガソリンよりも20%ほど安価で，なおかつ燃費もガソリンよりは約30％良いなど経済性が高く，さらには，CO_2の排出が少ないことで地球の温暖化への対策として奨励されています。その背景には道路事情がよく，渋滞の少ないヨーロッパ，とりわけドイツには適していることがあげられます。

ちなみにドイツではタクシー車として多く使用されているメルセデス・ベンツはディーゼルエンジン車です。

日本の道路はダッシュ，停止の繰り返しが多く，極めて不経済であるばかりか，事故にもつながりかねません。

エコロジー意識や経済観念の発達したドイツではCO_2削減のため時速100kmに抑えようという動きもあり，また空港やアウトバーン建設などによる自然破壊や公害に対する住民の意識は高く，市民運動（Bürgerinitiative）はきわめて盛んです。たしかに自動車は現代社会に欠かせない交通手段ではありますが，環境汚染の大きな発生源でもあり，自動車に頼らない街づくりをするとともに，公共交通手段を充実させることで安全かつ豊かな生活の実現を目指すべきでしょう。

現代社会において自動車のない生活は考えられませんが，車社会がもたらした

問題も大きいものがあります。

　ドイツのほとんどの都市では自転車専用路（Radweg）が設けられていて，環境に優しい自転車の利用をしやすくしています。

　一方，日本の交通事情は，人，自動車，自転車が雑然と行き交い，危険極まりないと言えます。ドイツでは自動車，自転車，歩行者が互いに安全に走行，歩行できるよう見事なまでに「住み分け」されており，こんなところにもドイツ的合理精神があらわれています。

2　清潔感あれこれ

　世の中がモノカルチャーへと進んでも，伝統や習慣というものは簡単にはすたれないものです。ドイツには日本人から見ると奇異に思える事柄もたくさんあります。

　ドイツは「犬の天国」とも言われますが，犬を連れて街中や公園を散歩している人をよく見かけます。レストランや喫茶店などでは犬を連れて入ってくることを公認しているところもあります。また公共交通機関も犬専用のチケットがあり，料金は子供扱いです。ところでドイツでは犬をペット（Haustier）として飼うには税金（犬税，Hundesteuer）の支払い義務が生じます。

　日本では年間30万頭近くの犬猫が殺処分されていますが，ドイツでは広大な「動物の家」（Tierheim）という公の施設があり動物たちが保護されています。またドイツには日本のようなペットショップはありません。

　ドイツ人は病的ともいえるくらい清潔指向が強く，主婦の「城」である台所などいったいいつ料理をしているのか，と思えるほど見事に片づけられています。

新品と紛うばかりに磨き上げられた鍋や食器類など台所用品が整然と置かれています。家の中は隅々まで清掃されており，重厚な調度品が置かれてあったり，美しい花が生けられたりしています。玄関では靴に付いた泥など入念に落として部屋の中へ入っていきます。食べ物を落としても拾って食べられるほど床や絨毯はきれいに清掃されています。

　ドイツ人は「秩序」をとても大切にしており „Ordnung ist das halbe Leben.“（秩序は人生の半分）とまで言われているほどです。„Alles in Ordnung.“（全ては秩序の中，万事OK）というドイツ人の好きな言いまわしもあります。

　そのドイツの街角や公園で目につくのが犬の糞で，これはどうも例外のようです。もっとも，公園の入口などには自動販売機があって後始末のための用具を売っています。

　最近は日本でも，よく見かける光景になりましたが，ドイツも町によっては犬の糞の処理を義務づけているところもあるようで，ドイツ人も犬の散歩には糞処理の道具を持つようになりました。

　また，ドイツ人は世界でも一，二を争うビール飲みですが，そのわりにはトイレ（Toilette）の数が少なく，日本人ほど頻繁にトイレには行かないようです。ドイツで公衆トイレを探すのは一苦労で，見つけたときに用を済ませておかないといけません。ちなみにホテルやレストランなどのトイレは公共性をもっており，用を足すだけでも利用させてもらえることを付け加えておきます。

　公衆トイレは有料（20〜50セント）で，設置された小銭入れに料金を入れるか，係りの人に手渡しします。もっとも，ベルリン名所の連邦議会議事堂近くやライプチヒ中央駅などの大都市の公衆トイレは自動化されていて，使用料が1ユーロ（約123円，2016年5月現在）と高額だったのには驚きました。

　トイレが有料というのは日本人には理解しがたいことかも知れませんが，日本の多くの公衆トイレが不衛生で治安も悪く，犯罪の温床にもなっていることからも，たとえ有料ではあっても管理人や清掃人が常駐し，常に清潔に保たれていることで安心して利用できます。ただし，いつも小銭を用意していないとトイレが使えないのは外国人観光客には面倒なことでもありますが…。

　それからこれはエチケットの問題なのですが，ドイツだけでなくヨーロッパの人たちが人前で大きな音を立てて鼻をかむ光景をよく見かけます。これがコンサートの最中や会議中などであると驚かされます。ドイツ人の感覚からするとこれは無礼なことでもなんでもなく，むしろドイツ人が嫌がるのは日本人がよくする，スープを音をたてて飲んだり（ドイツ語ではスープを「食べる」と表現する，die Suppe essen），鼻水をすすりあげたりする（die Nase hochziehen）という行為の方なのです。ドイツ人は生理現象については寛大であると言えるでしょう。

③ 「鍵」の文化と「襖」の文化

　ドイツ社会では身の安全は己らの責任で，という自己責任の考え方が市民生活の中に浸透しています。デパートや会社などの建物のエレベータやエスカレーターなどにも „Benutzung auf eigene Gefahr"（使用に際しては自己責任で）などといった表示が掲げられています。日本でも近年「自己責任論」がにわかに浮上してきましたが，社会において公私の責任が混然としている日本に比して，ヨーロッパでは伝統的に，国家の責任と個の責任とは明確に分離されてきました。その背景には，ドイツをはじめとするヨーロッパでは，絶えず外敵の侵入を許してきた歴史的かつ地理的状況から，自己防衛への発想が生まれたことにあります。

　ヨーロッパの古い都市の市街地を取り巻く幅広い環状道路は，異民族の侵攻や内乱に備えた城壁を撤去した跡です。国

旗と同じ赤と白のツートンカラーの路面電車が環状に走るオーストリアの首都ウィーン市の „Ring" はその代表例です。

　私たち日本人がドイツで生活し始めると、日本と異なる事に気づくことが幾つかありますが、その一つにドアが内開きになっていることがあります。日本では外開きになっていることが多いのですが、これは玄関などの限られたスペースを有効に利用するためと言えます。もう一つの理由として、日本とドイツの防衛や安全性への姿勢に由来していることが挙げられるでしょう。日本は島国であり、歴史的に見て外敵の侵入をほとんど受けることがありませんでした。したがって、安全神話のようなものが存在し、昔は戸締りをしない家も多くありました。日本人が真に安全性を意識し始めたのは、高度経済成長期を迎えた昭和30年代に集合住宅が多く建てられ、隣人の匿名性が増したことに加え、夫婦共働きが一般化し、いわゆる「鍵っ子」と呼ばれる子供を生み出した社会現象が背景にあるように思われます。日本では自宅の鍵を紛失しても簡単に合鍵が作れますが、ドイツではアパートや下宿の身だと大家にこっぴどく非難されます。筆者がドイツで生活し始めた頃もたくさんの鍵をポケットにいれて外出しなければならず、随分と面倒な思いをしたものです。

　安全性が不確実になってきた昨今の日本の社会では、住宅は言うに及ばず、自動車やコインロッカー、旅行カバンやトランクなどに至るまで鍵は不可欠なものとなりました。そのような意味でも日本社会も欧米型に近づいてきたと言えるで

しょう。しかしながら日本には依然として「襖」の文化と形容される伝統的な住まい方が根強くあり、一つの部屋が食堂や居間、客室として、また夜間には寝室をも兼ねるという風に、全てが独立した部屋として存在する欧米とは異なり、融通無碍な生活様式が今日でも生き続けています。

　また障子やガラス戸、つい立てなどで空間を仕切ることにより、物理的というよりはむしろ精神的にお互いのプライバシーを守ってきました。これは一つには日本人のもつ柔軟な思考方法とも関連しており、当該者間の暗黙の了解を前提にしているとも言えます。

　一方、「鍵」の文化であるドイツでは、鍵のかかる個室はたとえ家族であっても干渉を許さない空間を形成しています。ドイツの部屋では各部屋のドアは言うに及ばず、タンスや引出しから机に至るまで、私たち日本人から見ればこんな所にまで、と思うような物にも鍵をしないと心が休まらないようです。このような背景には既に述べたように島国日本とは異なるドイツの歴史や宗教観、そしてその地理的状況に加えて、意見を異にする他者との共存を重視するヨーロッパ型の個人主義の成熟度とも係わっています。

　また、ヨーロッパでは、鍵と錠は本来もっている機能とは別の、宗教上の「悪魔封じ」、「魔除け」としても使用されてきました。例えばキリストは天国と地獄の扉の開閉の鍵を持っており、使徒ペテロに委譲したと言われています。その故事にのっとりローマ教皇も代々鍵の委譲を行なってきました。それゆえ、鍵は王

侯の統治権の象徴ともなっていました。

陸続きで絶えず異民族や外敵の侵入を許してきたドイツ人にとって，侵略や戦争などの「有事」は日常の出来事でした。防衛や安全などドイツ人の警戒心は生活の隅々にまでよく現れています。例えば会議室やレストラン，喫茶店に入り，何気なく席を取る時もドイツ人は視線が戸口の方向を向くよう奥の壁を背にして座ります。いつ何時見知らぬ人間が入ってきて背後から不意をつかれるかもしれないことへの防衛本能とも言えるものが身についているようです。このようにヨーロッパにおいては内と外との仕切り，換言すれば個人と公の領域は明確に分離されていると言えます。それに反して日本の仕切りは内の中に外を取り込む変幻自在の文化と言えるでしょう。内と外との混在は今日の日本の社会現象にも現れています。人々が何の警戒心も無くプライバシーに係わる内容の話を公衆の場で話すのを見るにつけ，筆者はそれを痛感します。何事によらず公共空間を個人的な空間に取り込んでしまうことが現代社会では日常化しつつあるように思います。

ヨーロッパにおける公と私の明確な区別には，国民は国家との契約による義務を負う代償として，誰からも支配され得ない個人の権利が守られるという約束の上に成り立っています。日本では義務と権利の関係が曖昧にされ，その時々によって都合よく解釈されてきました。

ドイツでは社会生活が複雑極まりない法令によって規制されていますが，ドイツ人はそのことを厄介だとは思わないようです。お互いが社会のルールを遵守することにより，自らのプライバシーが守られると考えるからです。これに比べると日本人は，具体的な法令の向こう側にある抽象的な概念である道徳心や倫理観といった法を超えた面を重視し，あえて法によって明文化せず，暗黙の合意や「世間」の常識と言った面から社会秩序を守ろうとしてきたように思えます。しかしながら，社会基盤としての公衆道徳や常識が崩れだし，また個人の社会行動を律する「世間」という歯止めがなくなってきたことで，様々な歪みが表面化しています。個人の権利を守るための法が存在せず，また社会常識が成り立たなくなれば，社会は限りなき無秩序へと向かわざるを得なくなるのではないでしょうか。

④ マイスター制度

ドイツ人は良くも悪くもスペシャリストとしての意識が強烈です。これは社会のあらゆる職業について言えることです。ドイツ人の誇りは所属する企業や官庁のレッテルではなく，自分がどのような仕事を持っており，どれだけの能力があるかということへの自負心です。日本人によくある大企業への傾倒ぶりとは一線を画しており，いわゆる職人型の労働観というものが今でも色濃く残ってい

す。ドイツの労働組合は産業別の横断的組合で，当然日本のような一企業への忠誠心などは育まれません。日本の労働組合は大企業中心の企業内労働組合で企業と組合員はいわば運命共同体にあるわけです。もっとも，バブル崩壊以後，急速に伝統的な日本の雇用システムである年功序列型企業のあり方が問われることになってきましたが…。自分の腕と能力次第でより高く買ってくれるところを探す，という考えを支えるのが「マイスター制度」です。

「マイスター制度」は中世の職人の同業組合であるギルド（ツンフト）に由来しますが，今日でもマイスター，すなわち親方になるには企業や工房での実務経験を積むだけでなく，遍歴職人としてドイツ各地を親方を求めて修業をするという伝統が今日もなお生きつづけています。

「マイスター」になるためには国家試験に合格しなければなりませんが，それには単にその分野の専門技術に秀でているというだけでなく，充分な経験と知識，そして何よりも人を指導できるだけの見識を備えていなければなりません。

さらには店を経営する能力も兼ね備えていなければならず，したがって税理や経理の実務能力も問われます。

これは主に，その成り立ちからして手工業部門に関して言われることですが，近代産業にも一種のマイスター制度が現存しており，マイスター免状(Meisterbrief)はその人の顔であり力量の証明です。医師免許や弁護士資格のようなマイスター免状の有無が社会的評価を左右するのです。マイスター制度は1953年に手工業

法により法制化されましたが，EU域内での労働市場の開放が進み高度な技術を必要とする特殊かつ伝統的業種以外での自由化が進み，2004年1月，マイスター資格取得の義務が免除されることになりました。大学教育の現場でもドイツには大学間の格差は基本的にはなく，それぞれの学問分野においても国家試験の合否が問われるだけです。

したがって，中途退学はほとんど意味を持たず，職業生活への自己実現の目標を持たない大学生活は人生の目標に合致していないのです。

ドイツは，何事によらず資格と免状がすべて，という社会ですので，日本の企業が大学生の採用に際して，職務と直接結びつかないような学問を学んだ人間をなぜ採用しているのかがドイツ人には理解できないようです。

日本では教育機関の果たす役割を会社が担っており，幹部候補生には徹底した社内教育を施します。筆者も若い頃，大手都市銀行で教鞭を取ったことがありますが，語学や専門教育は大学よりも厳しいくらいで，職場では実務経験豊かな先輩が教師の役目を果たしてくれます。実は，日本では会社こそが徒弟制度の現場なのです。企業にしてみれば，難しい入学試験，入社試験に合格した若者であれば，企業内での教育が施しやすい，という基準に基づいているのでしょう。さらには大学の先輩，後輩という人間関係の基盤が業務の遂行をより円滑にさせています。

日本のサラリーマンは，依然として会社人間としての色合いが強いのですが，

これからはドイツ人のように特定の技術や専門知識を生かす人間への脱皮を目指すことが厳しい国際労働環境を生きぬくために必要ではないでしょうか。

⑤ 自動車にみる「ドイツ魂」

「21世紀循環型社会」の構築にはリサイクル、リユースを徹底させることが避けて通れないことと思いますが、日本の自動車業界はあいもかわらず2～3年ごとにモデルチェンジを競い合い、いたずらに消費者の購買意欲を刺激し、無駄ともいえる開発費や広告費をユーザーの購入価格に転嫁させています。

日本では年間約500万台もの自動車が廃車となっていますが、解体費用がかさんだり、処分場が不足しているため環境汚染が心配されます。またユーザーが廃車を不法投棄するなどの行為も後を絶ちません。一方ドイツではメーカーが、車齢12年未満であれば廃車を無料で引き取り、解体業者にリサイクルさせています。ドイツの自動車産業は、ドイツ文化の代名詞とも言われるほど、ドイツ人のモノに対する考え方が強く反映されています。

ドイツ車の中でもダイムラー・ベンツ社（前ダイムラー・クライスラー社、現ダイムラー社、Daimler AG）のあの星型のマークはドイツのみならず、世界中のステイタスのシンボルにもなっており、メルセデスのオーナーになることは一昔前までは憧れでもありました。今日、状況は多少なりとも変化しましたが、高級車としてのイメージは今なお健在です。メルセデス・ベンツは7～8年ごとにモデルチェンジを行い、新車種を加えていきましたが、フォルクスワーゲン（Volkswagen）はいわゆる「かぶと虫」„Käfer“のモデルチェンジを30年近くも行いませんでした。

日本の若者には同じドイツ車でもBMWの方に人気がありますが、BMW社では環境に配慮して廃車の部品の再利用を積極的に行っています。熟練工が再利用可能部品の一つ一つを丁寧に研磨し、新しい生命を与えるのです。シートも本体はそのまま利用され、新しいカバーが取り付けられます。何と新車のおよそ30％の部品が再利用され、重量比では80％のリサイクル率が達成されているとのことです。日本ではこのようにして製造された車が「新車」としてユーザーに受け入れられるのか少々疑問と言わざるを得ません。新車の搬入の際のわずかなキズでも日本人には受け入れられず、再度塗装にかけられることもあるそうです。日本人の病的ともいえる新品意識にも問題がありますが、ドイツ人が自動車産業のマイスターたちへ寄せる信頼度も再利用を促す背景にあるものと思います。

ドイツは教育制度の2元制により、企業内には実習を旨とした職業教育を施す教育機関を設置しており、高度な技術を

有する技能工の養成につとめています。

ダイマラー社も積極的に環境対策やリサイクルに取り組んでおり，同社内部に環境部門を設け，解体からリサイクル処理に至るまでのマニュアルを確立しています。同社ではすでに設計の段階から解体，リサイクルを考慮していてリサイクルの困難なプラスチックやプラスチック混合材の使用を控えるなど，材質や構造上の配慮が十分なされています。

同社のユーザー用パンフレットには，環境対策への姿勢が数ページにわたって長々と述べられており，ドイツでは「環境」と「安全」がセールスポイントとなっています。

ところが，日本の自動車メーカーは安全性などにも言及しているもののあいもかわらず有名タレントを使っての目や耳に快いイメージやフィーリングに訴えかけるキャッチコピーに終始し，「恰好の良さ」と「車の性能」をウリにしており，環境に大きな負荷を与えているという自覚や社会的責任が欠けているように思います。

フォルクスワーゲン（Volkswagen）は第三帝国の時代，ヒトラーの命によりポルシェ（Ferdinand Porsche，1875-1951）が大衆の広範な利用を目的に開発した車です（Volkswagenは「大衆の車」の意）。戦後，高度経済成長を遂げたドイツは世界でも抜きん出た余暇大国へと変貌を遂げ，国民はもはやフォルクスワーゲン車にあきたらず，速度無制限で無料のアウトバーン（Autobahn）を縦横無尽に走る高級車への関心が高まっていきました。フォルクスワーゲンはポルシェが望んだ車ではありませんでしたが，ポルシェは後に世界のカーマニアを魅了したスポーツカー「ポルシェ」を開発しました。

そのドイツの企業文化を代表するフォルクスワーゲン社が近年排ガス規制に関して不正を行っていたことが発覚し，社会に衝撃が走りました。

ダイマラー社は戦後は，タクシー用の経済的なディーゼル乗用車を主力にしていました。また同社は戦時下，トラックなどの軍用車両の大量生産を行った経験を生かし，旧西ドイツ最大のトラック・メーカーにもなりました。それに反してBMW社は，第二次世界大戦まで主力工場が大作曲家J. S. バッハの生地である社会主義国，旧東ドイツの小地方都市アイゼナハにあったために，不利な条件を負わされていました。しかし70年代にはメルセデス・ベンツが注文から手にするまで数年も待たされることから敬遠され，BMWの人気が高まり，高級車メーカーへの転換のきっかけをつかむこととなりました。

ドイツ企業は概してアメリカや日本のような大量生産・大量販売方式は不得手のようで，ベンツは今日も受注生産に近い方法がとられています。

ドイツにはメッセ（Messe）と呼ばれる国際的見本市が伝統として存在しますが，ライプチヒのメッセやフランクフルトの書籍展，さらにはハノーファーの産業見本市などはその代表的なものです。これは企業側にとっては人件費や広告宣伝費などの営業にかかわる費用を削減でき，また購入者にとっても一堂に会する

多数の企業の製品を同時に比較検討できるというメリットがあります。メッセという言葉は本来は教会のミサの意味ですが（例えばJ. S. バッハの『ロ短調ミサ曲』，h-moll Messe），次第に広義に用いられるようになり，祝祭日や年の市をも表わす言葉となりました。

ドイツの高級車は必ずと言ってよいほど運転席が後部座席よりも立派な仕様になっています。安全への配慮も運転席と助手席が最優先に考えられており，このことはヨーロッパではオーナー・ドライバーが一般的であることと無関係ではありません。ドイツでは大企業の役員も自らハンドルをにぎるか助手席に座ります。日本人には不思議に思われますが，ドイツでタクシーに乗ると助手席に座らされることが多くあります。

一般的に言って日本の車と比べてドイツ車は安全対策に格別の配慮がなされています。日本でもシートベルトの着用が義務づけられていますが，ドイツでは人身事故に際してはシートベルト着用の有無が保険の支払いにも大きく影響します。「環境」とともに「安全」も車社会にとって極めて重大な関心事ですが，メルセデス・ベンツは車検の合格率も高く，また車両の寿命も長く，廃車までの走行距離も他車に比べて長いことから安全性の高い車である，と言えるでしょう。さらにその安全を支えているのはユーザーの厳しい目があることも指摘しておかなければなりません。ドイツではTÜV（技術監査協会）やADAC（全ドイツ自動車クラブ）などがメーカーや車種ごとに厳しい調査を行い結果を公表しています。

ところで，旧東ドイツで，「トラビ」という愛称で親しまれた「トラバント」（Trabant）という車は，日本の軽乗用車より小さく，2気筒で排気量600cc，そして強化樹脂製ボディーにボール紙の内装という，西側から見れば安っぽい車でしたが，西側のフォルクスワーゲンに対抗すべく50年代後半に旧東ドイツが生産を始めたものです。それでもこの車は市民にとっては「高嶺の花」でした。ベルリンの壁が開放されてからしばらくは西側の道路を走る姿をよく見かけました。この車は燃費も悪く，煙を撒き散らして走る姿はいかにも旧東ドイツの環境行政の後進性を象徴するかのようで印象的でした。

今日，日本の交通事故による死者は減少傾向にあるものの，年間約5千人を記録しており（2019年度は3,215人で高齢者が約半数を占めている），先進国では子どもの死亡原因の4割が交通事故によるものという国連児童基金（ユニセフ）の報告もあります（朝日新聞2001年2月9日）。それだからこそ「環境」とともに「安全性」に配慮した車づくりが何よりも望まれます。日本の社会においては環境や生活の安全性よりも，利便性や公益性が優先される傾向が目立ちますが，本来自動車は走る凶器ともなりうる危険な乗り物です。自動車メーカーが利潤の追求のみに走ることなく，安全確保に配慮するのは当然ですが，ハンドルを握る者は安全運転に心がけるべきで，飲酒運転や携帯電話片手に運転するなど言語道断です。

近年，高齢者ドライバーによる事故も増加しており，社会問題になっています。

世界で最初に自動車を発明したゴットリープ・ダイムラー（Gottlieb Daimler, 1834-1900）が小型単気筒エンジンを二輪車に取付け，走らせたのが1885年，その後今日の四輪自動車を作ったのがカール・ベンツ（Carl Friedrich Benz, 1844-1929）で，2人はそれぞれ別の会社を運営していましたが，1926年ベンツ社とダイムラー社は合併し，さらに1998年アメリカのクライスラー社との合併を経て，今日まで続いています。自動車発明からおよそ1世紀を迎え，20世紀文明の象徴としての自動車も21世紀における循環型社会の元凶となってしまい，自動車の存在をどのようなものにするべきかが大問題となっています。ヨーロッパでいち早く取り入れられた「パーク・アンド・ライド制」や「カーシェアリング制」，さらには路面電車の復活は，将来の交通行政の一つの方策でしょう。

個人の自由への想いや利害が公益とぶつかりあう事例は今日，枚挙にいとまがありませんが，携帯電話やコンピューターとともに自動車が社会に与える負荷はその典型的なものでしょう。

日本では公害問題に関しては「公共性」の意味がいつも曖昧にされてきました。道路や空港建設，さらには軍事施設などによる市民への被害に対しては，公共性をたてに住民の基本的人権がないがしろにされてきました。

住民投票は不完全な代議制民主主義を補完するもので，これを軽視する行政は民主主義を根底から否定するものです。

2015年5月，いわゆる「大阪都構想」に対する住民投票は投票率が66.83％という高さだったことからも，大阪市民の政治参加への意識を高めることに寄与したことは間違いないでしょう。

また「阪神大震災」に際しては，手抜き工事が明らかになった高速道路の復旧は証拠隠滅を意図してか，目をみはるばかりの迅速さですすめられたのに反して，被災市民の生活の確保は「自助努力」にまかされたのです。自動車利用者の利便性のみに視点をすえた高速道路の建設は，都市や田園の景観，居住空間を破壊しています。これからは環境保護を最優先にした循環型社会にふさわしい交通運輸網や物流システムを早急に構築していかなければなりません。人間の欲望を増幅させることで成り立っている社会はいずれ崩壊するでしょう。

集合住宅前のトラビ（ヴィッテンベルク市）

ベルリン市内観光は〝トラビ〟で…

6 テレビの役割，多様な新聞，雑誌

　ドイツの有力週刊誌 „Der Spiegel"（シュピーゲル）が30年ほど前にケーブルテレビ（CATV，Kabelfernsehen）の開設と民放テレビ局の誕生をセンセーショナルに報道したことがありました。もともと旧西ドイツには第一テレビ（ARD），第二テレビ（ZDF），第三テレビの3つのチャンネルしかありませんでした。第一テレビは州の放送局が協力し，全国ネットで番組制作しています。第二テレビは州の間での協定に基づいて共同運営されています。第三テレビでは各局が独自の州域放送を運営しています。民放ではなくすべて公営で，しかも日本とは比較にならないほど放送時間は短く，午前中は10時から始まり，午後2時ごろまでの放映でした。教育中心の番組で再び放送が開始されるのは夕方からで，この時間帯は主に子供向け番組が中心でした。公共放送局である ARD と ZDF の収入は受信料とコマーシャル収入に依存していますが，公共放送のコマーシャルは主に夕刻の定められた時間にまとめて放送されます。

　1985年，ドイツ初の民間放送「SAT1」が開局したのに続いて「RTL」，「Pro7」など多数の民放が番組を提供していますが，運営は広告収益のみに依っています。

　近年日本の衛星放送の普及でドイツ語学習者にも馴染みとなった „heute" というニュース番組は，ZDFが午後7時から放送しているもので，ARDは午後8時から „Tagesschau" というタイトルで報道しています。

　日本のテレビの海外報道はアメリカ中心ですが，ドイツは地勢的関係から東欧，中欧，中近東，アフリカの国々の情勢が国際報道の大部分を占めています。

　ドイツのテレビの番組内容はニュース報道や政治討論など充実しているものもありますが，総じてとても洗練されているとは言い難く，今日でも陳腐なものが多いようです。

　ところでドイツのテレビではスポーツ中継は試合終了まで放送することが義務づけられており，また劇場用映画の放送に際しても，途中でコマーシャルによって中断されることはまったくありません。

　これは笑い話になるかも知れませんが，東西ドイツ分断の時代，旧東ドイツでは共産党員ですら，無味乾燥な党のプロパガンダや社会主義を賞賛するようなテレビの番組に辟易し，旧西ドイツのテレビやラジオ番組を密かに楽しんでいたとのことです。

　当局が検閲しようとも西側のニュース報道は旧東ドイツ国民には筒抜けで，何でも知っていたのです。「壁」は人の往来を遮断することはできても，電波は「壁」を超え東側に届いていたのです。旧東ドイツ国民はシュタージ（Stasi，正式にはStaatssicherheitsdienst，国家保安局，SSD）という恐ろしい国家秘密警察の存在があったので，ただ知らないふりをしていた

だけなのです。

現代における焚書まがいの情報・言論統制が何の意味も持たないことはこうした経験からも言えるでしょう。

これはテレビが果たした功罪のプラスの面です。テレビの影響を軽視した当局の姿勢が、民主化運動へとつながり、ついにはベルリンの壁を打ち崩すことになったのです。

ドイツの新聞は高級紙と大衆紙との区別が明確で、読者の社会階層を反映しています。高級紙の代表格で世論形成に大きな影響力を持つ „Frankfurter Allgemeine Zeitung"（フランクフルター・アルゲマイネ紙）は発行部数が37万部程度です。

日本の「朝日」「読売」「毎日」などの発行部数と比較すると、きわめて限られた層にしか読まれていません。紙面の内容は程度が高く、政治，経済，社会，国際，文芸などにわたっており、記事は論文のように固く、写真もわずかしかありません。日本の新聞よりはっきりと政治姿勢を打ち出しており、フランクフルター・アルゲマイネ紙が保守層を代表しているのに対して、„Frankfurter Rundschau"（フランクフルター・ルントシャウ紙，発行部数約18万部）は学生などの若者や左派が支持しています。

全国紙としては他に „Die Welt"（ディ・ヴェルト紙，発行部数約20万部）などがあります。

ミュンヘンに本社を置く „Süddeutsche Zeitung"（南ドイツ新聞，発行部数約42万部）はリベラルで、海外，特にアジアの報道の質の高さで有名です。一般大衆が好んで読む大衆紙とも言えるのがベルリンに本社を置く „Bild-Zeitung"（ビルト紙）で約150万部の発行部数があります。この新聞の内容は日本のスポーツ紙に似ており、センセーショナルな社会事件やスキャンダル、スポーツ記事など娯楽中心で、記事内容への信頼度は低く、教育のない人でも読める平易な文章です。

ドイツは地方分権の国ですから全国紙よりも地元の行政への報道に直結した地方紙の方が優勢です。地方紙と言ってもローカル・ニュースに偏ったものではなく、政治，経済，文化といった分野のバランスもよく内容の高いものが多いようです。

筆者が留学時代に住んでいたハイデルベルク市には地元紙 „Rhein-Neckar-Zeitung"（ライン・ネッカー新聞）というのがありますが、ハイデルベルク市民の多くが全国紙を読まず、地元紙を愛読していたのには驚かされました。戦後の旧西ドイツの初代大統領の要職にあったテオドール・ホイス（Theodor Heuss, 1884-1963）は若い頃の一時期、この新聞社の主幹を務めたことがあります。ハイデルベルク郊外にあるベルク墓地（Bergfriedhof）にはハイデルベルク大学より名誉博士号を授与された往年の名指揮者フルトヴェングラー（Wilhelm Furtwängler 1886-1954）とともにホイスの墓があります。留学時代，折にふれてフルトヴェングラー詣でをした日々のことを懐かしく思い出します。

ドイツという国が日本のような中央集権的な国と異なり，地方分権を国是としていることに加えて，市民運動，住民運動に市民の関心が強いこと，それに市民の行政への参加意識が高いことが地元紙愛読の背景にあります。

ドイツのマス・メディアは以前は，ハンブルクのアクセル・シュプリンガー社（Axel Springer SE）に代表されるように北部ドイツの影響が強かったのですが，近年はバイエルン州の州都ミュンヘンが力を持ちつつあります。

週刊誌 „Der Spiegel"（デア・シュピーゲル誌，発行部数約110万部）はハンブルクを拠点にしており，高級誌として信頼も厚く世論形成に大きな影響力をもっており，海外のメディアにも頻繁に引用されています。1993年，その対抗誌として登場した „Focus"（フォーカス誌，

発行部数約73万部）は今やシュピーゲル誌をおびやかす存在となっていますが，ミュンヘンに本社を置いています。これらはアメリカの週刊誌 „Time" や，„Newsweek" にあたるものです。

日本の大新聞社は東京や大阪などの大都市に取材の拠点を置いており，その結果地方が手薄となり，中には支局には部員が一人といったところもあります。日本の大新聞にとって地方版はほんの付け足し，といった意味しかないようです。

変わり種としては週刊新聞 „Die Zeit"（ツァイト紙，発行部数約48万部）があげられますが，書評，演劇，音楽批評中心のきわめて内容の高度な新聞です。

この様な週刊新聞が受け入れられる背景としては，ニュースの速報性よりも記事の分析力を重視するお国がらが反映されているように思われます。

グラビア雑誌としては „Stern", „Bunte", „Illustrierte", 他には，ラジオ・テレビ番組雑誌 „Hörzu", 婦人雑誌 „Brigitte", „Freundin" などがよく読まれています。

7 余暇先進国ドイツ──現代に生きるワンダーフォーゲルの伝統

自然をこよなく愛するドイツ人は週末ともなると都会を離れ，野山や近くの森を散策するのを好みます。ドイツ人の家庭に滞在するとよく散歩に誘われますが，夫婦や家族がそろって自然を満喫したり健康のために森や湖を歩いている光景をよく目にします。森の民族とも言われるドイツ人は，散歩をしながらの思索

を好み，森を散策することは日常生活の一部となっています。

昔，ドイツの職人たちは親方のもとで徒弟時代を過ごした後，修業のために新たな親方や仕事を求めて国中を遍歴して技術を磨いたものです。このことは文豪ゲーテの作品やシューベルトの三大歌曲集の中でも題材として取り上げられています。

19世紀に起こったワンダーフォーゲル運動（Wandervogel，「渡り鳥」の意味）もこの性格を伝統として持っています。ドイツの大学生はひと昔前まで卒業までにいくつかの大学を渡り歩くという牧歌的な時代がありました。ドイツ人の旅行好きは昔も今も変わりません。

ドイツでは職場でも学校でも話題の中心はいつも旅行のことで，有給休暇（Urlaub）をどこで，どう過ごすか，熱の入った会話があちこちで繰り広げられます。

かつて「西ドイツ病」という言葉がマスコミで話題となり，昔ほど働かなくなったドイツ人が旅行にばかりお金を使い，いずれは国を滅ぼす，とまで誇張されました。ドイツの若者たちもこの伝統的気質に則（のっと）り，よく旅行をします。ただし日本人学生のようにパッケージツアーやデラックスな旅行はしません。リュックサックにジーンズといういでたちで，もっぱらユースホステル（Jugendherberge）を泊まり歩きます。その中にはライン河畔の古城や教会付属の建物を利用したものもあります。自立心の強いドイツ人は，親から経済的援助を受けることをあまり潔（いさぎよ）しとはしないのです。これも大学の学

費が安いことと，学生としての生活費が日本に比してはるかに安いということが根底にあるからです。

ドイツでは毎年2回，夏とクリスマスの頃，民族大移動ともいえる現象が繰り広げられます。

旧西ドイツは経済力が高まるにつれて，労働時間数の短縮に努力してきました。ドイツの企業や官公庁では社員，職員が連邦休暇法（Bundesurlaubsgesetz，1963年制定）に従い「休暇計画表」を作成し，全員が有給休暇を完全消化することを前提に職場の人員配置やローテーションが組まれています。

ドイツの製造業生産労働者の週労働時間は平均37.5時間，有給休暇は6週間プラス11日間の祝日があり世界で最も恵まれています。有給休暇は権利であるとの意識が強いドイツに比べ，日本では休みは即，同僚へのしわ寄せとなってしまい罪悪感も付きまとっています。「過労死」という日本語が世界で知れ渡り，国際語として通用するほどの企業中心である日本社会ですが，少ない有給休暇すら5割程度の取得率です。病欠なども有給休暇から消化するといった有様です。日本では統計に表れない，いわゆる「サー

キャンピングカーで混み合うアウトバーン

ビス残業」というものもあり，極めて特異な労働環境と言えましょう。「余暇」とは日本人にとって仕事の余りという意味で，あくまでも仕事が主体です。ドイツ語の Freizeit（自由時間）とは随分開きがあります。もちろんILO（国際労働機関）が定める休暇基準を日本は満たしていません。

2012年の統計ではドイツの一人あたりの平均年間労働時間が1,393時間であるのに対して，日本人は1,745時間と実に40日分の労働日数に匹敵する差があります。健全な労働再生産のためには最低3週間くらいの休暇が健康上必要，との調査もあります。戦後両国は，同じように経済成長を遂げ，「奇跡の復興」とまで言われる国になりましたが，こと労働時間に関してはドイツの方がはるかに短く，また労働への姿勢も大いに異なっています。ドイツは労働法や休暇法などによって労働者の権利が厚く守られており，例えば上司が部下に残業させたい時も，企業内の労働評議会（Betriebsrat）

余暇（Urlaub）を湖で楽しむ人たち

に伺いを立てなければならず，かなり面倒なシステムになっていて，日本のように簡単にいかないのです。ドイツ人も日本人も世界から勤勉な国民と言われていますが，その精神構造には大きな違いがあるように思います。休むことや遊びを罪悪とする日本人の考え方は，明治以降の近代化の過程，さらには資源小国，日本の富国強兵政策，そして戦後の猛烈サラリーマンに代表される「仕事人間」を賞賛する価値観へと繋がっているように思われます。終身雇用，年功序列のもとでは企業に対する忠誠心が評価されたわけですが，近年，若者たちを中心に労働への関わり方も大きく転換してきました。労働組合も賃金アップを目指すことから，労働時間の短縮，さらには1994年にドイツ・フォルクスワーゲン社が導入した「ワークシェアリング」*のような発想の転換が求められるでしょう。大量の失業者を出さないことは労使双方にとってメリットが大きく，まさに国家にとっても失業保険の節約に繋がります。「時短」は新たな余暇産業の生まれるきっかけにもなるでしょうし，家庭における夫婦や親子の絆の復活にも繋がり，少子化対策になるかも知れません。日本も早急に従来の日本型雇用慣行を見直す必要に迫られているように思われます。

企業の生き残り策としても「ワークシェアリング」的発想は有効な手段になると思います。

＊ワークシェアリング：今日，「過労死」する人がいる一方で，職を求める人々が増え続けている。仕事の量の偏った社会は様々な悪影響をもたらすことからワークシェア（労働の共有化）という発想が

生まれてきた。

1980年代のオランダは10%を超える失業率に悩まされていたが，1982年，政府，企業，労働組合による「ワッセナー合意」に基づき，ワークシェアリングを導入し，年を追うごとに失業率を低下させ，10数年後の2000年には失業率を2.8%にまで下げることに成功し，「ヨーロッパの優等生」と呼ばれるほどにまでなった。人口1,500万人の小国ゆえにこの「ワークシェアリング」的発想が比較的容易に実施できたのでは，というさめた評価もあるが，1994年，ドイツの代表的企業であるドイツ・フォルクスワーゲン社が導入したことで世界的に注目を集めることになった。

同社は，従業員の雇用を保障するために一人ひとりの仕事の量を削減し，賃金を減らすことによって全体としての雇用を優先した。同社では週休3日制，週労働時間28.8時間を導入することで約3万人の余剰人員の解雇を回避した。これによって従業員の年収は約12%程度減少することになった。日本でも失業率が更に上がれば社会不安を解消する点からも賃下げをしてでも失業者を出さない努力が必要となろう。

このワークシェアリングは社会的平等意識の強いヨーロッパで定着しているが，フルタイム労働者の時短労働への口実に用いられる危険性も内在しており，いわば賃下げの正当化の道具にもなりかねない側面を持っている。

今日，ワークシェアリングは失業を減らすという緊急避難的なものから次第にライフスタイルの多様化や労働観の変化にしたがって，現代社会にみあった労働形態の選択の道を拓きつつある。

8 ゴミ処理と環境問題

このところ，日本でもゴミ減らしやリサイクルなど環境問題への関心が高まりつつあります。ゴミの出し方や処理の現状，資源の無駄使いと再利用など，環境保護が大切になってきており，現代生活では特にゴミ処理問題は深刻さを増しています。

ドイツの家には大きな鉄製（あるいは強化プラスチック製）のゴミバケツが備えてあり，定められた日に家の外の歩道に出しておくと市町村の清掃車がゴミ集めをしてくれます。さてこのバケツですが背丈くらいの高さのものから1メートル，あるいは50cmくらいのものまでふた付きで規格は全国共通です。日本ではいまだに原始的にポリエチレンの袋を出

し，路上に集められ回収されるわけですが，ドイツのゴミ処理への対応はいかにもドイツ的と言えるかも知れません。バケツを清掃車の後部の台に乗せ，スイッチを押せば持ち上がり大きな穴に接続され，真空装置で吸い取ってしまうのです。

「人や地球にやさしい」（umweltfreundlich）などというキャッチフレーズが安っぽくもてはやされ，一種の環境ブームとでも言える昨今ですが，高度大衆消費社会にドップリと漬かり込んでしまった国民の意識の改革こそが急務と言えるでしょう。

ドイツではかなり以前からスーパーマーケットなどではレジ袋（Plastiktüte）が有料で，顧客は自ら買い物袋を持参し

ています。

日本でもドイツのように過剰な包装は断るとか，買い物袋を持参するとか，積極的に再生紙利用を進めるなどの工夫が必要で，意識的にリサイクル社会を築いていくことが大切でしょう。現在，国内で使用されているレジ袋は年間約300億枚にも達するそうです。利便性を追求するあまり，使い捨て社会（Wegwerfgesellschaft）に慣れてしまったライフスタイルを根本から変えること，ゴミを出さない工夫と生ゴミの家庭内処理の方法を開発すること——これがリサイクル実践の根本です。環境省発表の2021年度「環境白書」では，2019年度の全国の一般ゴミの排出量は4,274万トンと1975年度の約3.5倍。産業廃棄物は3.79億トンです。ゴミ焼却後の灰の有効な再利用も含めてゴミ処理問題は，水質汚染防止と並んで地球環境を保護する重要な課題です。

ドイツは環境保護（Umweltschutz）に関しては超先進国と言えるでしょう。国民一人一人の環境問題への意識の高さには本当に驚かされます。地球規模での環境破壊が進行している中で市民運動を中心として，国民の環境への危機意識が高まりをみせ，政治をも動かしていったのです。

もっとも，1980年代の後半まで，ドイツも他の工業先進国と同様に，大量生産，大量消費にドップリと漬かっていました。しかし生産とは，消費とは何かという根本的命題に真剣に取り組み，産業構造そのものにメスを入れることによって21世紀への新たな展望を見出そうと努力してきたのです。効率と利潤とを最優先させる産業界からの大きな抵抗にもかかわらず，国民と政治が一体となって様々な画期的な制度を打ち出してきました。

1991年には企業側の回収負担を義務づけた「包装容器廃棄物規制条例」（Verpackungsverordnung）（2003年改正）が公布され，新しいリサイクル制度の導入が行われ，「緑のマーク」（Der grüne Punkt）がリサイクルのシンボル・マークとして登場しました。このマークの付いたゴミは市が有料で回収する普通のゴミとは別に，各企業が出資して設立したDSD（Duales System Deutschland）という民間会社が定期的に無料で回収することになったのです。

これにより1997年にはリサイクル率が80％にも達したとのことです。今までのように，企業が生産し続けるために，いわば人工的に消費を作り出すような社会は，無駄という土壌の上に建てられた建造物のようなもので，いずれは崩れてしまうものだということに気づいたのです。

もはや日本でも産業廃棄物やゴミ処理の問題は大気汚染とともに，のっぴきならない状況にまできており，遅ればせながらドイツの例にならって1997年に「容

「緑のマーク」

器包装リサイクル法」を成立させましたが，生産者の負担はリサイクルにかかる費用のみに限られており，回収や保管にかかる費用は自治体，すなわち私たちの納める地方税からの負担になっていて，ここにも行政の生産者に対する弱腰の姿勢が見え隠れしています。

2001年に施行された「家電リサイクル法」にいたっては，回収及びリサイクル費用は消費者が負担することになっており，従来の市場原理に委ねておいて本当に循環型の社会を築いていけるのか，はなはだ疑問です。

確かに，消費者の環境への意識を高めてゆくことは大切ですが，生産者もただ製品を作って売ればよい，という姿勢を改め，リサイクル可能な製品を提供する責任と義務があります。

ところで日本にはいたるところにあってドイツにはなかなか見つからないもの

の一つに「自動販売機」の存在があります。便利さゆえの「自販機」ですが全国に一体何百万台あるのか見当もつきませんが，これを24時間稼働させるための電力のことを考えると背筋が寒くなります。全く無駄とは言いませんがもう少し日本人もエネルギーの節約を本気で考える必要があるのではないでしょうか。

人口20万人の南西ドイツの大学都市フライブルク市（Freiburg im Breisgau）はドイツの中でも際立った環境政策を推し進めてきたことで知られており，1992年には「環境首都」に制定されました。

旧市街地にはゴシック様式の壮大な大聖堂（Münster）が聳え，石畳の歩道の側を清流（Bächle）が走る，牧歌的な家並みは中世の面影を偲ばせます。

フライブルクはかつて原子力発電所建設反対運動が契機となり，住民の環境意識が高まりました。60年代にはモータリ

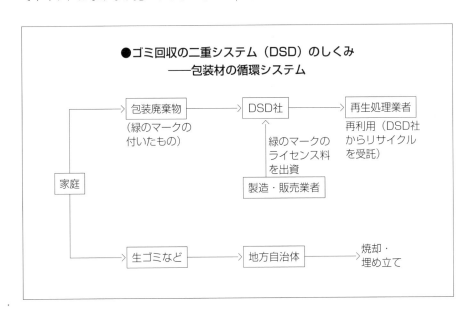

●ゴミ回収の二重システム（DSD）のしくみ
——包装材の循環システム

ゼーションのあおりを受けて，廃止のうき目をみた一部の路面電車も復活しました。ここではゴミ焼却処理はもとより，生ゴミさえも市が回収し堆肥として利用するなど，徹底した環境政策が打ち出されています。また市の中心街には自家用車の乗り入れを禁止し，市電と自転車のみの使用に限っています。マイカー利用者は車で旧市街には入れず市電に乗り換えます。この「パーク・アンド・ライド制」*は一つのモデルとなるのではないでしょうか。車社会がとめどなく進行する中で，いわば前世紀の遺物のごとく不当に扱われてきた路面電車の復活は，環境対策の一助になると思われます。地下鉄の建設費に比べて，はるかに安あがりの市電ですが，この路面電車は従来のものとは違い，いわゆるLRT（Light Rail Transit）と呼ばれる方式です。高性能かつ低床式であることから，郊外では高速運転も可能で，輸送力も快適性も高く，高齢者にとってもホームとの段差がなく乗り換えがとても楽，という利点があり，まさに次世代公共交通の切り札になるものと期待されています。

フライブルク市では路面電車の「レギオ・カルテ」（Regio-Karte，地域定期券）というものがあり，これは無記名で貸し借りが自由となっています。料金は35ユーロで家族（大人2人と子供4人まで）がこの定期券1枚で乗車できます。またサッカーなどの開催時には入場券が路面電車の乗車券として利用できるなど公共機関を利用しやすくしています。日本の交通の主役は相も変わらず自動車で，わが

物顔に走っていますが，歩行者は遠回りをしたり，厄介な歩道橋を歩かされたりしています。

フライブルク市では駐車場を駐輪場に換えるなど，車利用を意図的に不便にして公共交通や自転車の利用の増加を計っています。

ドイツの取り組みは，道路の拡張や駐車場の増設ばかりに力を入れ，一向に車を減らす努力をしない日本の行政とは対照的です。

70年代には水質汚染のため，生息する生物が激減したライン河やマイン河でも再び魚が戻って来るようになったとのことです。もともと森と湖の民族であるドイツ人は，環境に対して敏感なのかも知れませんが，温室効果やオゾン層の破壊，大気や水質の汚染，酸性雨による熱帯雨林の破壊など生態系の危機が叫ばれる中，21世紀を生きる人類は「環境」という二文字をキーワードとした新たな哲学を持たなければならないでしょう。

フライブルク旧市街を走るLRT型路面電車（写真提供：南聡一郎）

*パーク・アンド・ライド制：都市や地域の道路交通の混雑を緩和するために，自宅から電車やバスの最寄りの駅までマイカーを利用し，そこで駐車場に自動車を駐車し，公共交通機関に乗り換え，職場まで通勤するシステムのことで TDM（Transportation Demand Management, 交通需要マネジメント）の一つの施策。

9 ドイツの「育児休業法」──ドイツの少子化への取り組みに学ぶ

男女共同参画社会が叫ばれてすでに久しい日本でも，男性が育児や料理をするのはめめしいこと，といった偏見が年輩者たち一部の意識を支配しており，日本はまだまだ男性中心社会と言えるでしょう。

日本でも「育児休業法」（1992年施行）が成立してすでに30年以上経ましたが，男性の育児休業取得率はわずか6.2％にすぎません（女性は82.2％，2018年度厚生労働省雇用均等基本調査による）。今日多くの女性が仕事につく中で女性が出産・育児と仕事を両立させていくのは至難の業で，少子化は政府の予想を越えて急速に進行しています。2010年6月30日には「改正育児・介護休業法」が施行されましたが，父親の育児参加がどこまで進むことになるのでしょうか。一方フランスやドイツなどでは，国の徹底した少子化対策により出生率が若干改善されました。特にフランスでは手厚い育児手当により，子供を数人持てばむしろ生活が楽になるという，半ば冗談のような話も聞いています。わが国でこのような法律が成立したことは進歩に違いありませんが，正規社員中心の制度であることから少なからざる既婚女性がパート・タイマ

ーであるという実態を考慮すると，この法律そのものの存在意義が問われてしかるべきでしょう。

正規社員中心の発想による同調意識の強い日本では，非正規社員は休暇や育児休業給付金を取得しづらいという現状があります。この様な国による正規社員中心の労働観はライフ・スタイルや労働に対する考え方が大きく変化しつつある今日のニーズに合わなくなってきています。時短やフレックス・タイムの導入を進めるとともに，正規社員との待遇の格差を撤廃するなど柔軟な対応が望まれます。

今日，日本の合計特殊出生率（一人の女性が生涯に産む平均子供数）は2011年度で1.39まで低下し，2020年は1.34にとどまっています。さらなる晩婚化や未婚化が進めば出生率はまた低下するものと思われます。結婚がある意味で社会的行為として当然視されていた時代とは異なり，もはや非婚であることは珍しいことではなくなりつつあります。

またパート・タイマーやフリーターなど非正規雇用者も急増し，また企業側も経営の合理化を進め，少数の高収入の正規社員と使い捨て同然の非正規社員の選

別を行っています。しかも正規社員であっても成果で評価されたり、家族手当をカットされたりして安心して仕事を続けられなくなってきました。経済的に安定した結婚は困難を極めています。国は本気で少子化に歯止めをかけるのか、それとも少子化はヨーロッパ社会をみても解るように成熟社会の当然の帰着と捉え、避けては通れぬ与件として新たな社会への「構造改革」に着手するのか、早急な対応が待たれます。

世間では男性が女性化したと、揶揄する様な言動が多くなりましたが、まだまだ全体として見れば日本人の男性は「女性は家庭の中に」という想いが存在し、女性を支えていこうとする動きは社会化していない状況です。男性が育児休業を取ればそれこそ世間の偏見と戦わなければなりません。世間の目は女性の育児や家事を助ける理解ある心やさしい男性にはまだ冷たい面もあるでしょう。ましてや男性が妻に代わって育児のために正社員からパートタイム労働者になれば、本気で働く意欲のないドロップアウトと見なされてしまいかねません。朝早くから夜遅くまで働くのがビジネスマンの勲章、といったような通念がまだまだ一般的なところがあります。社会的にみて女性に活躍の場を与えることは国家の使命であるとともに社会を活性化するための切り札にもなります。今日、企業や官公庁の採用試験では女性が常に上位を占めていることからも当然の要求と思います。

しかし日本では職場における男女差別やハラスメントも依然としてなくなりません。女性は就職に際してもいわれのない差別を受けていることも事実です。

「女性の時代」と言われてすでに久しくなりましたが、日本の現状は欧米に比べてすべての面で立ち遅れが目立ちます。ドイツでは女性の社会進出には目覚ましいものがありますが、大きく言えばドイツ人の世界観の変化が社会制度を支えていると言えます。2005年の総選挙の結果、アンゲラ・メルケル女史（Angela Merkel, 1954-）がドイツ憲政史上、初めての女性首相に選ばれ、脚光を浴びました。女性解放といえば私たち日本人は、フランスが世界をリードしているように思いますが、実際にはフランスで女性に参政権が与えられたのは第二次世界大戦後で、また今日EU加盟国中下院における女性議員の占める割合も最下位に位置しています。もっとも、日本はフランスのそれよりもさらに下回っていて女性国会議員の割合はスウェーデン43.6％、ドイツ36.5％、イギリス22.6％、日本8.1％ということです（「女性の政治参画マップ2015」より）。

人口の半数は女性——この当たり前の事実を政治や社会は全く反映していません。少子高齢化の時代に派生する様々な問題——教育や子育て、介護や病気——は生活者として、女性の視座からとらえなければ行き届いた政策は出来ません。こんな時代だからこそ女性が政治に立つことは時代の流れと言えるでしょう。

最近の若者の多くが男女を問わず仕事と家庭の両立を希望しており、仕事のために家庭を犠牲にするのは「現代的な」生き方ではないのです。「勝ち組」、「負け組」や「格差社会」と言った言葉で表

現される弱肉強食の傾向が顕著な時代にあっては，弱者に優しい人間性豊かな社会や環境重視のシステムを築いていけるのは女性の発想でしょう。

「産休」や「育児休業」は労働者の当然の権利ですが，日本では制度としては存在するものの，社会風潮として実際に取得できない現実の壁があります。

かつて親の世代には当然だった会社人間という言葉も数年後には死語と化すかもしれません。たとえ優秀な人材を確保しても将来，親の介護のために会社を辞める社員も出るでしょう。これからは仕事と介護や育児など家庭とを両立させることに積極的な企業が人気企業，優良企業の指標となるでしょう。

少子化対策として国は「子育て支援」と称して金銭的な援助での効果を期待しているようですが，次世代に借金のツケを回すのではなく，それよりも子育てが楽しく，子供が豊かに育っていける社会を築くことの方がよほど効果的と言えないでしょうか。

国が本気で男女共同参画社会を実現するつもりならば，女性には男性と等しく機会を与え，子育てや育児などで職場を離れたあとも正規社員としての再雇用をすすめ，さらには離婚・非婚等で差別をしないこと，また非嫡出子であっても社会的に差別しないこと，これらのことに早急に取り組まなければさらに少子化は進むことでしょう。子育ては親のみならず国家が子育てしやすいような環境やシステムを創ることで側面から支援していかなければなりません。

日本でも，政府はようやく子供・子育て支援に乗り出してはいますが，まだ効果をあげていないのが現状です。北欧やドイツ・フランスなどヨーロッパの国々は「少子化」への対応策として子育てを支えるためにGDPで比較すると日本の1％弱に対して2～3％程度の公費を投入しています。

ドイツでは子供を持つ家族を国が積極的に支援しています。すでに2010年からはドイツの子供手当は第1子，第2子に対しては月額184ユーロ，第3子には190ユーロ，それ以上には215ユーロ支給されることとなっていました。これによれば子供が3人の家族であれば月額558ユーロが原則として子供が18歳になるまで支給されます。また2007年1月1日より，これまでの育児手当に代わって両親手当（Elterngeld）が導入されました。これにより仕事を持つ親は育児休暇中12ヵ月間，両親ともに育児休暇を取得する際はさらに2ヵ月加算され最長14ヵ月間受給することが可能となりました。支給額は月額1,800ユーロを限度に手取り給与額の67％と定められています。未就労の親に対しての支給額は月額300ユーロで期間は12ヵ月となっています。

2014年5月，ドイツ連邦議会は公的年金の受給開始を65歳から63歳に引き下げることなどをもり込んだ「年金制度改革法案」を可決しましたが，この「年金改革案」の大きな柱の一つである「母親年金」では，1992年以前に出産し，子供を養育した母親が受け取る年金額はほぼ2倍に増額されました。

公務員はさらに9年間の無給の育児休暇をとることが出来ます。

とは言うものの日進月歩の専門知識を要する職種では現実には何年も休業すればそれまでに得た知識や技術は役に立たなくなり，再教育を必要とするのも厳しい現実です。したがってドイツでもキャリア・ウーマンとして成功するためにあえて子供を産まない女性も数多くいます。

ドイツ連邦統計局によると，ドイツの2005年の合計特殊出生率は1.38であり，2050年には人口が現在より1,200万人減少し，7,000万人になると予測しています。

かつてドイツでは60年代，女性解放運動とあいまって経口避妊薬（Pille）の使用が認められたことで子供の数が激減したことがありました。この現象をドイツのマス・メディアは Pillenknick（ピルの普及による出生率の低下）と名付け，センセーショナルに報道しました。

近年，ドイツでは子育てや家族の役割分担について関心を示す男性が増加してきましたが，今なお女性の負担は依然として大きく，日本とは比較にならないものの，深刻な問題となっています。

10　シュタイナー教育は芸術

戦後，日本の経済的な発展は目を見張るものがありましたが，その影で学校教育や家庭教育が崩壊しつつあります。これからの日本の教育，とりわけ初等教育のあり方が今ほど真剣に問われている時代はないでしょう。

今日，世界的な傾向として子供たちの学力の低下がみられます。ドイツも例外ではなく，2000年OECD（経済協力開発機構）が産業先進国32ヵ国の15歳生徒を対象に実施した「国際学習到達度調査」（通称PISA: Programme for International Student Assessment）で，ドイツは「読解力」「数学」「科学」のいずれの分野でも下位に低迷したことで政府ならびに教育関係者の間に衝撃が走りました。中でも国語（ドイツ語）能力の低下が極めて深刻な事態にあることが判明しました。しかし教育とは何も測定可能な知識の習得量だけでもって議論すべきものではありません。文化や芸術に接することで養われる幅広い人間性や教養，さらには仕事を通して人格を形成するといった教育もあるはずです。「学力」を数値のみで評価することの危険性を筆者は禁じ得ません。

またボランティア活動を通して障害児や老人など社会的弱者の笑顔に接することも，心の豊かさや社会のあり方を学ぶ機会となるでしょう。物事の本質を理解するには実際の体験によらなければ会得できないものも多くあります。

子供にとって精神形成に欠くことのできない幼少期の仲間たちとの遊びの体験や，自然に親しむことなど，生活の中から連帯感や情緒的なことを学ぶことが今日少なくなってきています。

教育とは広義の意味での実践です。ど

れだけ素晴らしい理論や理屈を頭だけで学んでも，実践に結びつかなければただの知識に終わってしまいます。

　子供は家庭及び学校という社会を通じて人間のあり方を学びます。その意味で家庭と学校は教育の両輪と言えるでしょう。

　不登校や引きこもり，さらには中途退学者などの増加は，今日の学校教育が児童や，生徒の個性を育むことよりも画一的な人間の育成と社会との協調性に重点を置きすぎることに起因するものと言えるのかも知れません。

　荒廃した日本の教育はさらなる混迷を深めていますが暴力を背景にした陰湿ないじめなどの状況はまさに大人社会の縮図です。

　戦後一貫して行われてきたつめ込み教育のいわば反動として，近年ゆとり教育が叫ばれていましたが，その弊害も顕著となってきました。「つめ込み」も「ゆとり」もいずれも両極端な発想で問題の本質の解明にはほど遠く，いずれまた反作用が働くことは容易に推測できます。問題の病根は「学校」という場が子供たちにとって決して豊かな精神の発露の場になっていないことにあり，子供たちの心に様々な歪みをもたらしています。

　学校は勉学の場である以前に子供たちが互いに心をかよわす空間であり，また教師という大人との心の交流の場であるべきです。子供は教師を通じて大人の社会を垣間見るのです。今こそ私たちは教育大国ドイツの初等教育のあり方に注目すべきではないでしょうか。中でもオーストリアの思想家ルドルフ・シュタイナ

ー（Rudolf Steiner, 1861-1925）の目指した教育の理念はあらゆる意味で精神における病理現象が表面化している今日の日本の教育を原点に立ち帰って見直す示唆を与えてくれるように思われます。

　第一次世界大戦の敗北で人心の荒廃したドイツの再生を願って新たな教育のあり方を模索したシュタイナーは，彼の人智学（Anthroposophie，アントロポゾフィー）の実践の場として1919年9月7日，シュトゥットガルトのウーラントの丘にあるアストリア・タバコ工場の用地内に「自由ヴァルドルフ学校」（Freie Waldorfschule）を創設しました。

　日本では「シュタイナー学校」という俗称が一般的に通用していますが，子安美知子氏の著作『ミュンヘンの小学生』（中公新書，1975年）や『ミュンヘンの中学生』（朝日新聞社，1980年）などによってシュタイナー教育の実態があまねく日本に紹介され，大きな反響を呼びました。画一的な学校教育に慣れ親しんでいた日本の教育界にシュタイナー教育の核をなす「エポック授業」を初めとして「フォルメン」（形態を意味するドイツ語）や身体表現の場である「オイリュトミー」といった耳慣れない教育科目に驚かされ，さらには教科書もなければテストもなし，そして何にもましてシュタイナー思想の神秘主義的な内容が誤解を招き，物議をかもしたこともありました。

　シュタイナーは人間の成長を7年ごとの周期に分け，肉体，精神，自我の完成を目指して教育を連動させました。

　0歳から7歳までは身体の健全な発達を促し，体を動かすことに重点を置き，

7歳から14歳までは情緒教育，芸術活動により思考力を養います。14歳から21歳までは抽象的思考方法，知的習得を目指す時期としました。

幼少期から知識の詰め込み教育をするのではなく，肉体と精神の発達に合わせて，自我を確立させるべく，知識教育を行います。幼少期の知識の詰め込みは正常な精神の発達を防げるとともに思春期の知力の伸びを阻害することにもなるとシュタイナーは考えたのです。

2019年，創設100周年を迎えたシュタイナー学校ですが，今日，全世界で約1,000校にまで広がり，日本にもシュタイナー教育の理念を実践している学校が数校存在しています。

シュタイナー教育は知識のつめ込みに終始してきた日本の教育に一石を投じることになりました。

シュタイナー学校は12年制の一貫教育がその基本にあり，1年生の時から8年間担任が替わることなく子供に接することで，教師は子供一人ひとりの心の成長過程を知ることにより，それぞれの児童に見合った教育指導が行えます。

もちろん，それには教師の指導者としての力量と人格が大きなウェイトを占めるわけですから生半可な取り組みではシュタイナー学校の教師は務まりません。「教育は学問であってはならない。教育は芸術でなければならない。」というシュタイナーの言葉からも察することができるように，単なる知識の総量や，決まった解答を得る速さが重要なのではなく，精神や心のあり方が教育の中心をなしているのです。

例えばアルファベットなどの学習においても鉛筆やペンを用いずにクレヨンで描くことにより文字の感触をこころで味わいます。「オイリュトミー」では音のリズム，音色，メロディーを生徒が一緒になって身体で表現しあうことで，五感を研ぎ澄まし，協調性を養います。

算数の授業では数の世界の不思議さや奥深さに出会うことが何よりも大切で唯一の答えを求める5＋3＝○という問題設定ではなく，8＝○＋○とすることにより複数の答えを考えさせます。

あたかも芸術家が絵画や音楽の創造にたずさわるかの如く，教師は子供の魂に入り込むことで，各人の個性を尊重しつつその精神的な成長を助けることで人間教育にたずさわるのです。それには当然のこととして教師自身が尊敬に値する良い意味での「権威」「威厳」を備えていなければなりません。さらには教師は人間としての資質を高める努力を怠ってはなりません。子供とともに教師も成長しなければならないからです。今日，教師の資質が厳しく問われている日本では，シュタイナー教育の実践は現実的には極めて難しいと言えるでしょう。

シュタイナー教育の根幹の一つとして「エポック授業」がありますが，これは通常の授業の2コマ分の90分を4週間かけて集中して学ぶことにあります。

算数や国語，理科など主要科目がその対象で外国語や体育，音楽などは毎日少しずつ学んでいきます。学科目の性質によってカリキュラムが工夫されているのです。

「フォルメン」の授業では子供たちは

絵や線を画いて精神や心の集中と開放の
リズムさらには心の内と外との相関関係
を感じ取ります。「フォルメン」は他の
科目の中でも実践されています。

　教育のあり方は国家の未来像とも一体
化しています。日本の教育の問題点は，
将来日本を担っていく子供たちをどの様

に育てていくのかが明確に見えてこない
ことにあります。偏差値という安易な
「ものさし」で子供の能力を推し測るの
ではなく，様々な価値基準があること，
さらには学歴ではなく真の意味での学ぶ
力を養うことを目指すべきです。

11　大学——ドイツと日本大違い

　大学進学を目指す子弟を持つ日本の親
にとって教育費の負担は限界にきている
と言ってよいでしょう。

　大学教育に多額の費用がかかる最大の
要因は，国が教育にかけるべき予算，国
庫補助を抑制しているからでしょう。

　一方ドイツでは授業料は1970年代か
ら無償でしたが，近年，教育行政を司る
多くの州で授業料が有料化（1学期500
ユーロ，ドイツの大学は1年2学期制）さ
れました。2006年の冬学期から5つの州
で授業料の徴収が始まりましたが，学生
の反発も強く，各地でデモンストレーショ
ンや授業料のボイコット運動が頻発し
ています。各州議会も有料化には必ずし
も同意しておらず，野党政党の多くは授

業料徴収には反対の意を表明していま
す。今後，教育費を誰が負担すべきか議
論を呼びそうです。しかしながら，学生
自身または保護者が学費を負担できない
場合，奨学金を受けることが日本などの
国に比して比較的容易です。また，学生
は社会保険の面でも優遇されており，安
い保険料で健康保険にも入ることができ
るのです。

　ドイツでは小学校（Grundschule）の4
年を終える段階で将来の進路の振り分け
が行われます。たとえば職人への道を選
んだ者にはそれに見合った職業教育学校
が用意されており，大学への進路を希望
する者はギムナジウム（Gymnasium）と
いう9年制の学校へと進学します（54ペー
ジの「ドイツの学校制度」参照）。

　小学校の4・5生生に将来の進路を決め
させるのは酷な話とは思いますが，それ
には家庭環境や親の意向が多分に反映し
ているのは間違いないようです。

　しかし，日本の多くの大学生のように，
卒業時になってもどんな職業につきたい
のか自分で決められないのもまた大きな

問題と言えます。

　そもそもドイツの大学には伝統的に入学試験がなく，アビトゥーア*（Abitur）という資格を持っていれば基本的にはどの大学にも入学することができ，他大学に移ることも自由です。

　ドイツの大学は見事なまでに学問の自由（akademische Freiheit）が実現されています。

　講義（Vorlesung）は公開（öffentlich）が原則で，誰でも自由に聴講することができます。しかし日本の大学のように単位取得制をとっていないので，成績書も参加証明書も発行されません。大学から提供される時間割やカリキュラムなどというものもなく，学期ごとに発行される講義要綱（Vorlesungsverzeichnis）を参考に自主的に選択するのです。ゼミナール（Seminar）に興味があれば，学生が教授の面会時間（Sprechstunde）に行き，参加の申し出をし，教授は学生の能力や意欲を判断し，文献を示したり，テーマを与えたりします。

　ゼミナール参加者には担当教員が成績証明書（Seminarschein）を発行し，学生はこの証明書を集めておいて必要なときに成績の証明として提出したり，中間試験（Zwischenprüfung）や国家試験（Staatsexamen）の準備をするのです。

　このように学生は入学するとまったく拘束がなく，講義への出席の義務もなく

学期試験や学年試験すらなく，国家試験や学位のための修士，博士試験（Magister- und Doktorprüfung）があるだけで，漫然と在籍するだけでは何の実質的な成果も得られません。授業料が無償，あるいは安く，それに比較的奨学金が受けやすいこともあって30歳前後まで大学に留まりつづけるモラトリアム状態の青年も多く，大学教育に課せられた社会への使命の放棄である，という厳しい指摘も一方ではあります。最近では学部，学科によって修学年限（Regelstudienzeit）が導入され，以前のようにのんびりとはできなくなりました。近年，アングロ・サクソン系の大学制度にみられるバチェラー（Bachelor）やマスター（Master）履修課程が設けられるようになりました。

　実際のところ何の制限もなく何年にもわたって，自由だが自主的に勉強を続けるには強靱な精神力と忍耐力がなければできません。

　学問上の課題やしっかりとした将来への展望を持たない者には，このような自由放任状態（*laisser-faire*）が，かえって耐えられないものかも知れません。個人の人生設計に関して大学当局が干渉したり強要したりすべきではない，というドイツ的個人主義の姿勢に立脚しているのです。ギムナジウムの年齢までは厳しい教育カリキュラムが課せられますが，大学に入ってしまえばいっさいがまった

＊アビトゥーア：高等学校卒業資格と同時に大学への入学資格であり，生涯にわたって有効。卒業時の試験の点とギムナジウムの成績，特に最終学年次２年間（大学の学部選択に繋がる重点選択コース）の成績が考慮されるが，州によって多種多様である。アビトゥーアの筆記試験は論述式で論理的思考が問われ，口頭試験では討論などの能力が重視される。

くの自由となり，学問の道を追求するのも，途中で挫折して退学するのも自由意思に委ねられる，という個人主義思想の厳しい側面が表れています。また形式的な中間試験を経ていきなり国家試験や学位試験で卒業が決まることもリスクが大きいと言えます。ドイツの大学の教育の理念が学生の自主性を尊重しているので，日本の大学のような手厚い保護はまったくありません。したがって当然脱落していく学生も少なくありません。学生の学業修了の平均年齢が27歳と非常に高く，また効率という面からもこれまでの制度が変化の激しい社会の要請に応えられるのか疑問視する声もあがってきました。

1960年代には，ドイツでは大学進学率がまだ8％程度でしたが，1970年代以降入学希望者が急激に増加の傾向を示すようになり，国は大学の新設拡充で対処しましたが，学生数の増加に追いつくことができず，いわゆるマスプロ教育が大きな社会問題になってきました。

1973年からは特定の学部・学科において，ヌメルス・クラウズス（Numerus clausus; 入学制限）が導入され，ドルトムント（Dortmund）に設けられたZVS（Zentralstelle für die Vergabe von Studienplätzen; 中央学席配分機関）により，州立大学の学席配分を一括して行うことになりました。

さらに，ドイツでは大学に入学する前に数年の見習い期間や兵役義務（Wehrpflicht，2011年7月徴兵制中止）を終えた学生も多く，入学者の年齢も高くなった結果，実際に職業につく年齢も必然的に高くなり，国際競争という観点からも不利でした。ドイツも大学教育のあり方をめぐって大きく揺れています。

日本人学生への耳寄りな情報

日本の大学に1年以上在籍し単位を取得している学生はドイツの大学への留学が可能です。もちろん正式に学部に入学するためにはドイツ語能力の有無が問われ，難関のドイツ語の試験に合格しなければなりません。しかし，十分なドイツ語能力を持っていない学生も入学が許可され，大学の付属機関でドイツ語を学ぶ機会が与えられます。修了試験に合格すれば正式に学部への入学が認められます。外国人学生もドイツ人学生と同様の授業料（あるいは無償）というのも魅力です。ドイツの大学は定員の1割程度を留学生に割り当てており，外国人学生を積極的に受け入れています。2018年には外国人学生の数が37万人を超え，全学生の12.7％に達しました。その内訳も近年様変わりしてきて中国人やシリア人，インド人などが増加しています。ドイツの都市は総じて日本の大都市と比べて家賃や食費などの生活費が安く，学生生活を送るには理想的です。ドイツの大学は外国人留学生のために留学生課（Akademisches Auslandsamt）を設けており，留学に関する事務手続きだけでなく，寮や下宿，アルバイトなどさまざまな相談にのってくれます。日本にはドイツ学術交流会（DAAD）の事務所が東京のドイツ文化会館内にありますので，留学情報や奨学金のことについて問い合わせてみることをおすすめします。

● ドイツの学校制度 (Das Schulsystem in Deutschland)

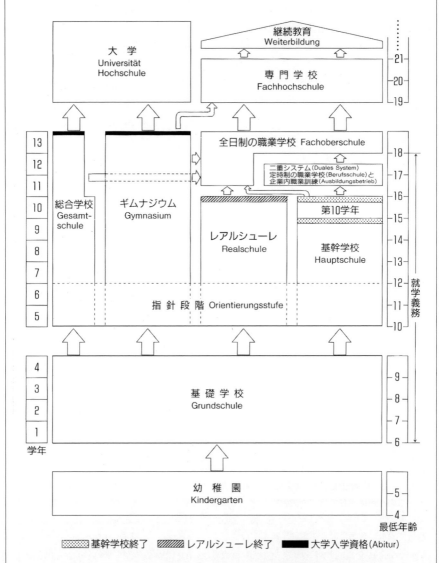

[注]レアルシューレ：実科学校との訳もあるが，商・工・農等の実科の学校ではなく，普通科の学
　　校である。Realは古典語教育に対して現実重視の意味に由来している。

12 日独文化外交を比較すれば…

日本人にとって外交問題といえば日常生活とは直接関係のないことのように考えがちですが，地続きの隣国から何十万人もの難民や労働者などがなだれ込んでくるドイツにとってみれば，きわめて日常的な出来事で，地方の市町村レベルの選挙ですら，外交問題が取り上げられるくらいです。

ドイツは東西南北9ヵ国によって取り囲まれており，絶えず緊張を余儀なくされています。かつてライン河の汚染問題や酸性雨による森林破壊などの公害問題で隣国と対立したことがありました。さらには市町村のゴミ処理の一つに至るまで，隣国との外交交渉をしなければならない場合すら生じています。国の外交は日々の市民生活にも影響を与える直接的な問題なのです。

統一後のドイツ連邦共和国の外務省は，首都移転とともにベルリンへ移りましたが，これまではライン河畔の静かな大学町，人口30万人程のボンにありました。人はボンのことを愛情を込めて連邦

新装なった連邦議会議事堂の丸屋根
（„Zeitschrift Deutschland"より）

村（Bundesdorf）と呼んでいました。

旧帝国議会（Reichstag）議事堂は装いも新たに，連邦議会（Bundestag）議事堂として生まれ変わりました。これは1933年，ヒトラー率いるナチス党が共産党弾圧を画策して放火したとされる歴史的建造物です。

日本大使館もボンからベルリンへと移り，戦前の旧日本大使館が再び在ベルリン大使館として再建されることになりました。

東西ドイツ分断後は旧大使館は「ベルリン日独センター」として日独の学術・文化交流に重要な役割を果たしてきましたが，新たに平和の祈りをこめて大使館前の通りは „Hiroshimastraße"（広島通り）と改名されました。この通りの標示には „Hiroshimastraße—Japanische Stadt—erstmaliger Einsatz der Atombombe am 6. 8. 1945"（1945年8月6日原爆が初めて投下された都市）という説明が掲げられています。

日本では財務省（旧大蔵省）が数ある省庁の中で一番力をふるっているようですが，それは経済大国日本の現状を象徴しているかのようです。それに反して日本の外交（力）とは本質的に有事（戦争状態）に際してのみ意識される政治概念と言えるでしょう。ドイツでは政府諸機関の中で外務省が一番の権力をもっており，その地位はきわめて高いものです。外務省の職員の数は7,569人（2007年度）

で，その内，外交官と呼ばれる上級職官吏は約1,300人です。旧東ドイツの外務省の外交官は，統一後全員退職または失業を余儀なくされました。

第二次世界大戦に敗北したドイツの文化外交は，戦後の出発点から苦しい状況にありました。ナチス・ドイツによるユダヤ人虐殺（ホロコースト）を初めとする戦争犯罪という重荷を負っての再出発でした。同じ敗戦国である日本と何かと比較されますが，ドイツは祖国を分断されるという悲劇を半世紀にわたって強いられることとなりました。

このような中で民主平和国家として生まれ変わったドイツの外交は，とりわけ文化政策において新たなドイツ像を世界に向けて発信する必要があったわけです。それゆえ，世界から信頼されるに足る文化国家であることを理解してもらうための努力を真剣にしてきました。

この面で，日本は相互文化理解への努力が不十分であったと言わざるを得ません。日本の敗戦がなぜ普遍的な世界観に結びつかなかったのでしょうか。軍国主義への反省もないまま，敗戦によって，脆弱な形式だけの民主主義国家へと生まれ変わった日本は，目覚めるチャンスをのがしてしまいました。

21世紀を迎え様々な問題が噴出していますが，もう一度この原点に立ち帰って歴史の検証をする必要があると思います。

社会主義国であった旧東ドイツ（ドイツ民主共和国）の文化政策についてはここでは言及しませんが，旧西ドイツ（ドイツ連邦共和国）は，戦後から1960年代の始めまでは無難な伝統的ドイツ文化・芸術の普及に努めてきました。言わば，戦争という負荷を負っていないゲーテ，シラー，ヘーゲル，バッハ，ベートーヴェンといった優れた伝統的ドイツ古典文化を文化外交の具としたわけです。

戦後の「奇跡の経済復興」（Wirtschaftswunder）と呼ばれるように，旧西ドイツの経済はめざましく発展し，西側の指導的役割を担うまでになりましたが，一方政治的には，1961年8月のベルリンの壁建設に見られるように，東西冷戦が激化の一途をたどり，旧東西ドイツも米ソ二大勢力の冷戦構造の中にしっかりと組み入れられるようになりました。

60年代，ドイツの文化外交は大きく変化をとげます。今までのように古き佳きドイツ（Good Old Germany）のドイツ像といったものを伝えるだけでなく，それ以上に戦後から今日までのドイツの現代史，現代社会の様々な問題（例えば消費者保護，女性の地位，社会福祉・医療制度，住宅問題，環境保護など）を通してありのままの姿を，政府の公式発表ではなく率直に伝える努力をしてきました。ドイツ外務省の外郭団体であるゲーテ・インスティトゥート（Goethe-Institut, 本部はミュンヘン）は，外国人にドイツ語を教え，普及させるということだけでなく，諸外国に機関を設け，国際交流を計るとともに現代のドイツが抱える様々な問題をワークショップ，シンポジウム，講演会や映画会などを通じて取り上げ，いわば悩めるドイツの姿をも伝える努力をしてきました。筆者もゲーテ・インスティトゥートの日本支部で文化企画・広報を担当してきましたが，細やかながら

も日独文化交流に寄与できたことを誇りに思っています。このような活動には国家主義的な政治家や国民は異議を唱えるかも知れませんが，大多数のドイツ人は恐れずに自分たちの本当の姿を伝えようとしてきたと言えます。日本の政府の役人たちなら，たぶんこのような自らのいわば恥部をさらけだすような活動に対しては，自虐的であるとし，反対の声をあげるのではないでしょうか。それだけドイツは日本に比べて成熟した社会だと言えるかも知れません。

実際，ドイツは正直に自らのありのままの姿を世界に恐れずに発信しました。それが過去の暗い歴史を持つドイツが，世界の国々と共存していくための第一歩だったからです。少なくともヨーロッパ諸国やアメリカからの信頼と尊敬を集めることができたのです。日本はアジアに友人を持たないとよく言われますが，日本の文化行政もドイツの取り組みに学ぶべきだと思います。

戦後ドイツの文化交流の活動の中で最も重要な役割を担っているのが，先ほど述べたゲーテ・インスティトゥートです。これは外務省の資金を基にしていますが，政府から独立した機関として外国人にドイツ語の授業をするだけでなく，世界各国に支部を置くことにより，国際交流の中心的存在となっています。

先進工業国の中でも日本は文化予算が極端に少なく，ドイツとの関係を見ても，外務省が設立し国際交流基金が運営する「日本文化会館」がケルンに一つあるのみです。

それにひきかえ，ゲーテ・インスティ

トゥートは世界92カ国に158の支部を持っており日本だけでも東京，京都，大阪と三ヵ所も支所を設置していることからしてもドイツが日本との文化交流を重視していることが窺えます。

もっとも，再統一後のドイツの対外文化政策は中・東欧のEU加盟諸国へとシフトしています。なお，ゲーテ・インスティトゥートは2001年，政府の文化広報機関である「インター・ナツィオーネス」（Inter Nationes）と合併しました。

外国語といえば即英語と思われがちな日本の外国語教育のあり方は言語人口の数や広がりのみを基準としたもので多様で豊かな言語文化の共存を否定するものです。

国連環境計画（UNEP）の報告では，5,000～7,000あるとされる世界の言語のうち，英語を中心とした文化のグローバリゼーションにより，アジア，アフリカなどの2,500以上の少数言語が絶滅の危機に瀕しているということです（朝日新聞2001年2月12日）。

近年，中国や韓国ブームに押されて，ドイツ語学習者の数が減少の一途をたどっているのは，ドイツ語教育にたずさわる教員の怠慢にその一端があるものの，一方では時代の趨勢に流されやすい日本人の文化体質にも原因があると思われます。いずれ10年もすれば，また回帰現象がみられるのかも知れませんが，浮いた短絡的な姿勢からは時代を読みとる先見性は養われるべくもありません。

一方，ヨーロッパではドイツ経済の好調さを反映してドイツ語の存在感が増しており，ドイツ語学習者数が急増してい

ます。

　私たち日本人はアジア人としての自覚をもつためにもアジアの言語，文化を学ぶことにより共生を目指すことは当然のことと思いますが，ヨーロッパの多様な言語，文化から学ぶ姿勢も大切であると思います。

　日本人は国際交流や国際化と言うと，外国人との付き合い方や日本文化，例えば能や歌舞伎などを紹介することだと考えがちですが，真の文化交流の基になるのは政府や財界が考えているようなイベントや催し物よりも，若者たち（だけではありませんが…）がその国に行ってそこに住み，生活し，勉強し，肌でその国を感じとってくることが大切であるということ，それをドイツ人は私たちに見せてくれています。青年が外国で学ぶことで，相互理解の架け橋となり得るような長期的展望に立った文化交流こそ最も有効な安全保障であるというドイツの姿勢に日本の政財界はもとより私たちも大いに学びたいものです。

13　ドイツを変えた「68年世代」

　敗戦国ドイツ（旧西ドイツ）はゼロからの出発を余儀なくされましたが，奇跡の経済復興を遂げ，今日のような経済的な豊かさを享受するに至りました。それと呼応するかのように，家族のあり方にも，変化の兆しがあらわれてきました。

　これまでは両親と子供が一つ屋根の下に一緒に住み，父親，夫が働き，母親，妻が家事に専念するという伝統的な家族のあり方が理想像とされてきました。しかしながらそれとは異なる家族，家庭のあり方も次第に社会的に認知されていくことになります。正式な婚姻手続を経ない同居，同棲カップル，さらには子供のいない夫婦や独身者同士が住む住居共同体（Wohngemeinschaft）など，様々な生活のあり方が社会現象になってきました。さらには離婚の増加でシングルマザーやシングルファーザーの存在が顕著となってきました。この様な社会の変化は，戦後政権与党として国政を担ってきたCDU／CSU（キリスト教民主同盟／キリスト教社会同盟）に代わってSPD（社会民主党）が躍進し，やがて緑の党が誕生する歴史と期を一にしています。

　W.ブラント旧西ベルリン市長（当時）が60年代末にSPDの党首になり，その国民的人気に支えられ，SPDは連邦議会で着実に得票率を伸ばしてゆき，エアハルト首相（当時）を退陣に追い込みます。SPDは1966年12月，CDU／CSUとの大連立政権で戦後初めて政権に参画します。外相に就いたブラントは米ソの緊張緩和（デタント）を背景に東方政策（Ostpolitik）を掲げ，圧倒的な国民の支持を得て政権交代へと導いていきます。

　そして，ついに1969年にはFDP（自由民主党）との連立によるブラント政権が

成立し，以後70年代から1982年にコール政権が誕生するまで，社民党の統治の時代が続きます。

市民社会に目を向ければ，60年代後半，ベトナム戦争や中国の文化大革命の影響もあり，学生など青少年層を中心に政治への関心が高まり，左翼運動が激しさを増してきました。そして学生運動は大学を超え，社会全体へと拡がり，大衆のエネルギーは既存の体制に取って代わるべき新しい価値観を模索します。学生運動は1967，68年にその頂点に達しますが，「68年世代」と呼ばれる若者たちは反戦，反核，環境保護，女性解放などの理念を掲げ，市民運動と一体化し，議会外野党（APO，Außerparlamentarische Opposition）として社会を変化させていきます。

日本では学生運動が頓挫し，市民社会の中で孤立化を深め社会全体が無気力かつ保守化へと沈潜していくのに対して，ドイツでは社会の主役は学生に変わって市民が担い，政治参加が市民生活の隅々にまで侵透していきます。この様な市民運動（Bürgerinitiative）は，70年代のニューウェーブ現象となります。とりわけ知識人は，社会の疎外化状況を克服し，国家や国民に対して責任を自覚し，市民としての「自覚ある」（selbstbewusst）生き方をすることが求められました。物質至上主義とエゴイズムを克服し，民主主義による合法的改革と大衆運動を統合して，新しい社会を築いてゆくこと——これこそが知識階級に課された任務でした。

この様な大衆運動とドイツ（旧西ドイツ）が抱える地政学的な条件が加わり，

平和や地球環境を保護すること，さらには人権意識を高めることが人間が生きていく上で欠かせぬ理念となりました。

1986年4月チェルノブイリで起きた原発事故はドイツ人の環境への危機意識をいやが上にも高め，ドイツ社会が一種の黙示録的終末論に支配された時期もありました。市民の中にはオーストラリアやカナダへ本気で移住を考える人たちも出てきたほどでした。国内を見てもライン河の汚染や酸性雨によるシュヴァルツヴァルトの森の木々の枯死がドイツ人の不安をかきたてました。政治の面では，米ソ冷戦の真っ只中にあったドイツは，核戦争への危惧の念がぬぐいされませんでした。この様な時代を背景に，「緑の党」（Die Grünen，「緑の人々」の意味）が様々な市民運動を結集して生まれました。緑の党のキーワードは「環境」で，市民生活の安全は即政治の問題となり，環境保護や反核運動，さらには社会的公正さが政治のテーマとなりました。

1978年6月には州議会に初の候補者を出し，翌年79年10月には「5%条項」（有効投票数の5%以上の得票，または小選挙区において3人以上当選させないと議席が配分されない）をクリアーし，州議会に初議席を獲得します。80年1月には全国組織が創設され，80年代前半躍進を遂げます。この間，若者のライフスタイルや価値観も大きく変化し，無限の成長を宿命づける市場経済至上主義は悪，とする意識が拡がりを見せます。それにはプロテスタント的な禁欲的倫理観がドイツ社会の通奏低音として流れているように思います。

　自動車から自転車に，コーヒーから紅茶，緑茶に，肉食から菜食に，など環境に優しい（umweltfreundlich）生活が，自覚した知識人の理想の生き方とされました。次世代が生きる世界に想いを巡らさず，自らのエゴで結婚し子供を作るということは無責任な行為とみなされました。ドイツの若い世代にとって伝統的な家庭をもつ意味は希薄になり，晩婚化，非婚化が進み，出生率は低下の一途をたどりました。女性にとって，離婚率が高いドイツでは，結婚は経済的な保証を与えてくれません。若者の間で同居，同棲が一般化しますが，その理由は役所の面倒な手続を経なくてもよく，順調であればやがて結婚に至りますが，反対にうまくいかなければ簡単に別れることができ，リスクが少なくてすむからです。パートナーとの同居は良いことづくめではなく，様々な問題を引き起こす要因ともなります。この様なライフスタイルや意識の変化は21世紀においてドイツが歩むべき道を示したと言えるでしょう。

　それでは，なぜドイツの「68年世代」と日本の「全共闘世代」との間に社会への影響力に大きな差が現れてきたのでしょうか。

　その理由のひとつに日本の若者たちが安易に社会や組織といったものに自らを順応させ，ドイツ人のような自覚ある生き方を置き去りにしてきたことがあげられるでしょう。

　それは「志の劣化」とでも表現できるように，自らの立っている世界への責任と自覚に欠け，自然破壊，環境破壊を招く物質至上主義に抵抗することなく，何のための経済成長かという問いかけを忘れ，自己の利害に走ってしまい，オールタナティブな生き方を模索しようとする姿勢が欠けていたことにあると思われます。彼らの間には大量生産・大量消費による使い捨て社会（Wegwerfgesellschaft）へのささやかな抵抗の意思表示すら見えませんでした。自然環境の破壊に自ら手を貸している，という自覚にも欠けており，その姿勢は今日の日本人にも受け継がれているかのようです。経済大国日本は，自らの環境のみならず第三世界の資源をも食いつぶしているという現実を直視していないように思われます。

　今日，ドイツが環境先進国として世界の耳目を集めている原点は，「68年世代」の生活意識が大きく変化したことにあるのではないでしょうか。

14 サッカーから見えるドイツ社会

　オリンピックを初めとして，スポーツ競技の国際大会は国をあげての壮大な行事と化していますが，スポーツに政治が幾重にも絡んでしまうことは否定することのできない事実です。日本と同様にスポーツの盛んなドイツでもひときわ人気の高いスポーツ種目は国技ともいわれるサッカーです。ドイツは18大会連続出場

し，通算20回の出場回数を誇る強豪です。そして，これまでに8回決勝戦に駒をすすめ，4回優勝（1954年，1974年，1990年，2014年）しています。2006年のワールドカップ・サッカー大会ではドイツは1974年の旧西ドイツ大会以来，32年ぶりに統一ドイツとして開催国となり，ドイツの12の都市の競技場で熱戦が繰り広げられました。組織委員長にはカイザー（Kaiser,「皇帝」の意味）と呼ばれた往年の名選手フランツ・ベッケンバウアー（Franz Beckenbauer, 1945-）が就任しました。決勝戦はベルリンのオリンピック競技場で行われましたが，ここは1936年ヒトラー政権下のナチス・ドイツにより，オリンピックが開催されたところであり，国威発揚を意図したナチスの政治的プロパガンダに利用され，いまわしい歴史を刻んだところでもあります。ドイツにおけるサッカーの歴史を検証していくと，ナチス政権との関係が思いのほか深かったことに驚きを覚えます。ナチスはドイツ人に人気の高い競技であるサッカーを政治利用し，クラブチームの管理を手中に収め，ナチス党の象徴である「鉤十字」（Hakenkreuz）の着用を義務付けました。ナチスに協力したドイツ人関係者の中には1954年のワールドカップ・スイス大会で奇跡の優勝へ導いたゼップ・ヘルベルガー監督もいました。一方，第二次大戦中には多くのユダヤ人選手がアウシュビッツ収容所へと送られ，命を落としたのです。

ワールドカップ・サッカー大会などの国際大会においても時としてナショナリズムが過度に高揚し，危険な状況をもたらすことがあります。確かに，スポーツは国際競技の方が数段面白く，また国際競技は国家や民族の立場を世界に訴えかける絶好の機会を提供してくれますが，かつて何度もファンが暴動を起こしたり，テロ活動の標的になったことがありました。また今日のメディア的背景として，様々なスポーツが企業や大学・高校の宣伝に利用されている現実があります。

2006年のドイツ大会で日本は予想外の惨敗を期し，改めて世界の壁の高さを痛感させられましたが，そこには全てにおいて日本人の現状分析能力の欠如を認めざるを得ません。いたずらに，マス・メディアが率先して武士道精神や実態のない精神論や根性論を持ち出し，あたかも神風の吹く国の如く国民に過剰な期待と夢を抱かせてしまったのではないか…著筆にはそのように思えました。

さて，ドイツ語を学ぶ動機の一つにサッカーに関心があるから，という若者が少なからずいます。ドイツの国民的スポーツであるサッカーはドイツの生活文化や歴史と密接な繋がりをもっているので，ドイツ，ドイツ人を知る手掛かりにもなります。サッカー人口の多いドイツではサッカーは，スポーツという領域を超えて一種の国民文化ともなっているのです。

ドイツ・サッカー界の最高峰に位置するのはブンデスリーガ（Bundesliga）と呼ばれるプロリーグで，1部と2部にそれぞれ18チーム（1963年の発足当時は16チーム）が所属しています。シーズンは8月から翌年の5月までで，冬休みを除いて毎週土・日曜日を中心に各地で熱戦が

繰り広げられます。近年はヨーロッパの一流クラブチームとの交流が盛んに行われ、ブンデスリーガ1部上位2チームは翌シーズンのヨーロッパのトップクラブチームが覇を競うチャンピオンズリーグに出場する権利を得ます。そして下位の3チームは2部に降格させられます。

今日、ドイツ・サッカークラブを目指す日本人選手も多く10人を超える「サムライ」たちがブンデスリーガで活躍しています。

ところでドイツには日本のような中・高等学校や大学などのクラブ活動や企業のスポーツチームというものがなく、各市町村のスポーツクラブ（Sportverein）が活動の中心となっています。プロのチームでも特定の企業ではなく各地域のサッカークラブに所属しています。様々なスポーツの種目の中でも、サッカーが一番人気ですから、その所属会員数も実に630万人にも達するとのことです。ドイツのサッカー人気はこのようなスポーツクラブの地域に密着した日々の地道な活動を抜きにしては考えられません。国家ライセンスを持つトレーナーが、スポーツ医学に基づいて徹底して行う指導は特筆に値します。この様な地域密着型のクラブチーム制度はドイツという国の成り立ちと無関係ではありません。数多くの領邦に分かれていたドイツは近代国家成立後も豊かな地域文化を育んできました。中央集権的な国家とは異なり、政治的にも地方分権の国ゆえ職住近接で、しかも労働時間が短い余暇大国なので、市民がクラブの運営に従事しやすく自らもスポーツを楽しむ生活習慣が定着してい

ます。ドイツではスポーツは地域住民の余暇活動の重要な位置を占めており、その意味で名実ともにスポーツ大国と言えるでしょう。どんな小さな町でも必ずスポーツクラブが存在し、自治体の援助を受けているので、わずかな会費を納めるだけで老いも若きも各種のスポーツを楽しむことができ、また専門家の指導を受けることもできるのです。ドイツでは1960年代から国民の健康増進を目的としたスポーツ施設の充実が計られてきましたが、„Trimm Dich"と呼ばれるフィットネス運動も国民に広まりました。また、連邦制の国であるドイツでは各州に州の援助を得たスポーツシューレ（Sportschule）という研修施設があり、各種スポーツの実践的指導や選手の育成、さらにはコーチや指導者の育成など、スポーツ振興と技術のレベルアップに貢献しています。

ドイツは確かにサッカー大国ではありますが、その戦法は堅実で忍耐強く、ブラジル、アルゼンチンやスペイン、イタリアといった南欧諸国の戦法に比べ華麗さに欠けるという指摘もあります。その意味でもドイツ人の国民性が反映されているとも言えるでしょう。

しかしながらドイツ・サッカーの最も優れているところは子供から大人まで、そしてアマチュアからプロフェッショナルにいたるまで一貫したコンセプトに基づき、完璧なまでに組織され指導されているところではないでしょうか。

ブンデスリーガのようなプロサッカーチームの指導者になるためにはドイツ・サッカー連盟（Deutscher Fußball Bund）

の委託により，ケルン体育大学（Sporthochschule Köln）において，実技，口述，筆記，論文などの様々な厳しい試験に合格し，サッカー指導者ライセンスの資格を得なければなりません。これまで，この資格を持たずブンデスリーガ及びドイツのナショナルチームの監督になることができたのはフランツ・ベッケンバウアーただ一人です。そのベッケンバウアーも後日この資格を取得したとのことです。

サッカー競技史上，ドイツ人にとって決して忘れられない試合が二つあります。その一つは1954年7月4日，戦後間もないドイツ（旧西ドイツ）がスイスの首都ベルン（Bern）で開催されたワールドカップにおいて，ハンガリーを相手に2対0の劣勢から3ゴールを奪い奇跡の逆転勝利を収め，優勝の栄冠を勝ち取り，敗戦の痛手に打ちひしがれていたドイツ国民に生きる希望と勇気を与えてくれた試合です。このワールドカップの初優勝を契機にドイツのサッカーブームが過熱するとともに奇跡的経済復興（Wirtschaftswunder）の原動力となり，1963年のブンデスリーガ誕生への道筋がつくられました。

映画『ベルンの奇蹟』（Das Wunder von Bern, 2003年）は伝説となった試合を背景にソ連からの帰還兵の父親と幼い息子がサッカーを通して親子の絆を取り戻していく感動的な作品です。

もう一つの試合はそれから20年後の1974年6月22日，旧西ドイツが主催国となったワールドカップ1次リーグで戦後分断国家としてスタートした東西ドイツが相まみえた時です。「鉄のカーテン」

（Eiserner Vorhang）と呼ばれ，米ソを軸とする東西冷戦構造の真っ只中に置かれた両ドイツ間の，最初で最後のこの試合は試合前日から異様な熱気を帯び，メディアも重苦しい雰囲気を伝えていました。当時ハイデルベルク大学に留学中の筆者も街の学生酒場のテレビで観戦しましたが，市内はまるでゴーストタウンと化し，朝から人っ子一人通らず，この試合を心待ちにするというよりも引き裂かれたドイツ民族の重圧感とでも言うべきものが，その場の空気を支配していました。

当時の旧西ドイツのナショナルチームはキャプテン，ベッケンバウアーや得点王ゲルト・ミュラー（Gerd Müller）を要する世界最強チームの一つでした。一方の旧東ドイツチームは社会主義国の威信をかけて挑んできました。旧東ドイツ政府は西側世界への政治的プロパガンダの絶好の機会としてこの試合を利用したのです。この大会で旧西ドイツは優勝を果たしたものの唯一，旧東ドイツに敗れたことでドイツ人の記憶に複雑な想いを焼き付けることとなりました。

それから月日は流れ，2006年6月には統一ドイツとして初めてワールドカップ・サッカー開催国となりました。12の開催地はブンデスリーガの勢力地図を反映して，主に旧西ドイツの諸都市でしたが，1部ブンデスリーガをもたないライプチヒ（Leipzig）が唯一旧東ドイツ地域から選ばれました。ライプチヒが選ばれたのは1989年のベルリンの壁崩壊に繋がる民主化運動の拠点となったことがその理由にあげられます。現在，ブンデ

スリーガ1部18チームのほとんどが西側のクラブチームですが，これは統一後に旧東ドイツチームの有力選手が西側チームに移籍したためと言えます。

日本のプロフェッショナル・スポーツの代表と言えばプロ野球ということになりますが，日本に娯楽の少なかった戦後間もない時代，プロ野球は相撲と並んで庶民の日常生活の疲労を癒してくれた夢と憧れの対象であり，「筋書きのないドラマ」に一喜一憂し，明日への生活の勇気を与えてくれました。

しかし国際的にみれば，野球はサッカーほど世界での普及が進んでいません。サッカーと野球を国際組織加盟国数で比較すれば，国際サッカー連盟（FIFA）が215の国と地域に対して国際野球連盟（IBAF）は124の国と地域です。基本的にはボールと場所があれば試合の出来るサッカーと違い，バット，グラブ，スパイク・シューズなどの様々な道具が必要な野球は経費がかかり普及し辛い現実もあるとも言えそうです。

ワールドカップ・サッカー大会などの国際試合では人種差別や行き過ぎたナショナリズムが入り込みやすく，かつてドイツでも極右政党がアフリカ系ドイツ人選手のドイツ・ナショナルチームの代表入りに反対したことが記憶に新しいところです。2004年のアジア・カップでも日本対中国の決勝戦で，一部の中国人が反日感情を背景に暴徒化しました。

サッカー競技の楽しみはフェアープレーの精神に基づいて同胞を応援するとともに相手にもエールを送ることにあります。2010年のワールドカップ・サッカー大会は，永らく黒人に対する人種隔離政策（Apartheid，アパルトヘイト）が続いた南アフリカ共和国が開催国になりましたが，アフリカには今も内戦や飢餓が絶えません。

南アフリカ大会は，当初懸念されたような大きな混乱もなく，日々熱戦が繰りひろげられましたが，日本は前評判の低さにもかかわらず1次リーグを2勝1敗の成績で通過したものの，決勝トーナメントではパラグアイに延長・PK戦で惜しくも敗れ，ベスト8に残れませんでした。一方，ドイツはサッカー王国らしく順当にベスト4へと駒を進め，3位入賞を果たしました。大会はオランダを延長戦の末，制したスペインが悲願のワールドカップ初優勝を飾り幕を閉じました。

2014年のブラジル大会ではドイツがアルゼンチンを延長の末1対0で下し，6大会ぶり，4度目の優勝を果たしました。スーパースターのいないドイツは組織力を駆使した戦法で栄冠を手にしました。

しかし2018年のロシア大会は，ドイツは屈辱の1次リーグ敗退となりました。これは，再統一前の西ドイツ時代を含めて初めてのことでした。敗因を巡って様々な憶測が飛び交いましたが，攻撃力不足が指摘されたことに加え，サッカー以外の原因もあったようです。その一つに，チームの一角を占めるトルコ系ドイツ人選手が，開催日目前にイギリスを訪問中のエルドアン・トルコ大統領を表敬訪問したことが報じられ，ドイツ社会から厳しい批判にさらされ，このことがナショナルチームの選手たちに心理的悪影響を与え，チームとしての団結心に支障

をきたしたのかも知れない，というものがあります。

　エルドアン大統領はEU，そしてドイツ社会が掲げる基本的価値観・世界観や人権意識とは相い入れない，人権軽視の強権右派の政治家です。今日のドイツ社会は人口の20％以上がイスラム系など，移民を背景にもつ人々によって占められており，ドイツは社会規範として多文化共生を目指していますから，トルコ系ドイツ人選手たちが批判を浴びたのは当然のことでした。どの様なスポーツであっても，国際的競技であれば多少なりとも国家への帰属意識が働くものです。ただ，ひと昔前とは異なり，今日のナショナルチームは，少なからずアフリカ系ドイツ人やイスラム系の移民を背景とする選手たちを擁しています。この事件が，チー

ムの敗因になったかどうかはさておき，豊かな多文化共生社会を生み出すことは一方で，共生の難しさを浮きぼりにすることもある，とも言えるでしょう。

　ドイツは，2022年のカタール大会でも，第1次リーグ敗退となりました。同リーグでは日本と対戦し，まさかの敗戦を喫しました。1960年代，日本サッカーの黎明期には良き手本であったドイツから，ワールドカップという大舞台での見事な勝利は，日本サッカーに新たな歴史を刻むことでしょう。一方，様々な苦難を乗り越えて，ドイツサッカーがかつての栄光を取り戻す日が来るでしょうか。いずれにしても，サッカーが真の意味で国際親善や差別撤廃に寄与することを願わずにはいられません。

ドイツの食文化

テュービンゲンのカフェにて
（写真提供：Deutsche Zentrale für Tourismus e.V./Brunner, Ralf）

15 ドイツ料理とお菓子

　ドイツという国はフランスやイタリアに比べると美食家（Gastronom）には魅力のない国のように思われがちです。たしかに「衣食住」の中でドイツ人は、「働くために食べる」と揶揄されるように、伝統的に「食」よりも「住」を重視する傾向にあるようです。

　しかしながら，ドイツにもフランス料理やイタリア料理に負けないくらいのおいしい料理が地方に数多くあります。特にパンやケーキは古くからドイツの食生活の中で重要な地位を占めています。

　ドイツは国の成り立ちから地方文化の地位が高く（Kulturhoheit），各地に多種多様な郷土料理やお菓子類があります。

　さて，ドイツの一年の中で最大のイベントは何といってもクリスマス（Weihnachten）ですが，11月26日以降の日曜日から始まる待降節（Advent，プロテスタントでは降臨節という）の最初の日曜日（Erster Advent）に，もみの木の環（Adventskranz）の中に4本のローソクを立てたものを部屋に置き，そのうちの一本に火を灯し，次の日曜日には2本目と，

日曜日ごとに1本ずつ火を灯していきます。そしてクリスマス・イブの日には最後のローソクに火がつきます。ドイツ人はクリスマスの喜びを4週間かけてゆっくりと味わうのです。

　12月6日の聖ニコラウスの日には子供たちにお菓子の入ったプレゼントがあります。このように一ヵ月間クリスマスの日を心待ちにしながら，部屋の飾りつけをしたり，家族や友人へのプレゼントの用意をします。そしていよいよクリスマス・イブの夕方，教会ではミサが行われ，その後各家庭ではクリスマスのお祝いをします。この時に欠かせないのがクリスマスのケーキやお菓子類で，ドイツでは焼き菓子（Weihnachtsgebäck）が家庭で焼かれます。その中の最も有名なものがシュトレン（Stollen）というもので，形が坑道に似ていることからこのような名が付きました。これはラム酒に浸したドライフルーツの入ったパン菓子で素朴なものです。これに対して夢のあるかわいらしいお菓子がレープクーヘン（Lebkuchen）で，ニュルンベルクのものが特に有名です。あのグリム童話『ヘンゼルとグレーテル』（„Hänsel und Gretel"）で有名な魔法使いのおばあさん（Hexe）の家はこのクッキーでできています。

　ドイツのクリスマスはその一ヵ月も前からお菓子を焼いたり，飾りつけをしたりするわけで，お菓子も装飾品として使われますので日持ちがするようにクリー

ムなどはあまり使用しません。レープクーヘンはクリスマスの季節のほかは普通のビスケットの形をしていて蜂蜜と小麦を練った中に，バター，卵，シナモンやメース等の香辛料を加えて焼いたものです。ヨーロッパのお菓子の中でも古い歴史を持ち，クッキーの始まりとも言われており，その原型は古代ローマの時代にまで遡るそうです。

ところで日本人にもよく知られたバウムクーヘン（Baumkuchen）はその名が示す通り樹の年輪を表しているお菓子で，回転する心棒に塗るように焼き，その上から更に塗るといった手順を何度も繰り返して層を作り，心棒から外す製法です。

ドレスデンのアルトマルクト（Am Altmarkt）にある老舗のケーキ屋 „Kreutzkamm“（創業1825年）は喫茶も兼ねていてその場で美味しいバウムクーヘンが味わえます。

ドイツ西南部のシュヴァルツヴァルト（Schwarzwald，黒い森）地方で生まれたケーキにシュヴァルツヴェルダー・キルシュトルテ（Schwarzwälder Kirschtorte）というのがあります。さくらんぼ酒（Kirschwasser），生クリームなどを使ったもので，「黒い森」の感じを出すためにスポンジケーキにココアを加えて黒く仕上げてあります。クリームの甘味とさくらんぼの酸味を組み合わせたドイツの代表的なケーキです。ドイツのケーキは一般的に外観はシンプルなものが多いようです。

「黒い森」はドイツでも料理のおいしいところで，狩猟（Jagd）シーズンには鹿肉（Hirsch），それに初夏には新鮮なアスパラガス（Spargel）がお薦めです。

北海，バルト海に面した北ドイツでは，鰻やカレイ，エビ，カニ，ロブスターなど海の幸が食卓に登場します。ハンブルクの名物にあげられるのは，鰻のスープ（Aalsuppe）で，これは鰻のほかに骨付きハム，ドライフルーツ，スパイスなどが入ったハンブルク風ごった煮といった感じです。他にも鰊（Hering）の料理，マティエスフィレ（Matjesfilet，鰊の塩漬け）などが有名です。もちろん，鱒（Forelle）などの料理も大変美味しくてポピュラーです。

ドイツの肉料理には牛肉，豚肉，羊の肉に加えて鴨，鹿，イノシシ，ウサギなどの野鳥獣も食卓にのぼります。これは，ドイツが森の文化の国であることを示すもので，狩猟の伝統に拠っているからでしょう。これらを使った料理は特別なご馳走とされていますが，ドイツの町には専門料理店が必ずあります。筆者がハイデルベルク大学に留学していた頃，旧市街にある専門料理店 „Schinderhannes“ によく出かけたものです。また，ドイツと言えばソーセージ（Wurst）で，その種類は実に多種多様で，地方独特の製法が守られています。

ドイツ料理の中にアイスバイン（Eisbein）という名物料理がありますが、これは塩漬けの豚のすね肉をローリエやタイムなどの香辛料とともに長時間煮込んだものですが、見た目がグロテスクで、ドイツ人も敬遠する人が多いようです。

アメリカに渡ったハンバーガーは、アメリカの船員たちがハンブルクから本国へ持ち帰ったものです。ハンブルクやブレーメンなどの港町にはほかにもエキゾチックな料理が沢山あります。

もうひとつドイツ料理の主役といえばジャガイモですが、この原産地は南米ペルーのアンデス山脈の高地で、16世紀の大航海時代、インカ帝国を征服したスペインによりヨーロッパにもたらされたのです。当初は観賞用の園芸植物として珍重されていました。18世紀の中頃、啓蒙専制君主として名を馳せたプロイセン王国のフリードリヒ大王（フリードリヒⅡ世，Friedrich II. 1712-1786）により飢饉や人口増加による食糧不足を補うための方策として生産が奨励されました。

その後、ジャガイモはドイツの地に合い、ドイツ人の食生活に定着しましたが、ドイツ人はジャガイモに並々ならぬ「情

昔ながらのドイツ料理の定番
焼きソーセージとザウアークラウト

熱」を傾け、品種改良に励み、今日のような世界一美味しいものに育てあげました。それはちょうど日本人が米に対してもつ感情に比肩出来るでしょう。ジャガイモは時として飢餓や戦争などの社会混乱から市民の胃袋を救ってきたのです。

19世紀前半、ドイツで「産業革命」が起こり、工業化が進行しますが、都会に労働者が集まり生活環境が悪化します。それと呼応してシュレーバーガルテン（Schrebergarten）、あるいはクラインガルテン（Kleingarten）と呼ばれる市民農園運動が起こります。これは都会の集合住宅に住む人々が小区画の土地を借り、野菜や果物を栽培したり園芸を楽しんだりすることで自然に触れ、健康の維持・回復を図るものです。

しかしながら産業革命の時期はジャガイモが作物の中心で市民の食を支えていたことも事実です。

さてドイツ料理ではジャガイモは皮をむいて塩ゆでにしたものやマッシュポテト、さらには細切りにし油で揚げたポムフリットがザウアークラウト（Sauerkraut, 塩漬けにして発酵させたキャベツ）などとともにメイン・ディッシュ（Hauptgericht）に添えられます。さらにはスープやクネーデル（Knödel，団子料理）としても食卓にのぼります。

ドイツでは以前、正餐は昼食と決まっており、夜はkaltes Essen（火を通さない簡単な食事）でしたが、社会生活の変化にともなって昼食は職場で簡単に済ませて、夜は家庭やレストランで、十分時間をかけて食事を楽しむようになってきました。

ドイツはフランスやイタリアと比べると食文化の発達していない国であると思われがちですが，どうしてどうして，郷土料理はとても豊富で意外と奥が深いのです。

グルメ・ブームと言われる昨今の日本ですが，食事に手間暇をかけないファストフードが世の中にあふれかえっており，若者や子供たちは何の違和感もなく毎日，同じものを口に運んでいます。心のこもった「おふくろの味」を楽しみながらの家族団らんの夕食風景は日本の家庭から姿を消して久しくなりました。巷を歩けばアメリカ系の毒々しいファストフード店の看板が目に飛び込んできます。

食事の時間が短くなり，パスタや麺類などの食材を好むことから日本人の噛む力がめっきり弱くなってきているそうです。医学的にみても咀嚼は脳や身体の機能とも密接に関連しており，脳への悪影響や肥満，運動機能の低下が懸念されています。

1986年，アメリカのハンバーガーチェーン「マクドナルド」の進出に危惧の念を抱いたイタリアで，「地産地消」を旨としたスローフード運動が誕生しました。誰がどこで生産したものなのか，「顔」の見えないコンビニ・フードは食の安全性からも問題が残ります。ファストフードは郷土へのアイデンティティーとしての伝統的食文化のみならず，私たちの生活習慣を破壊し，「個食（孤食）」を一般化させました。

良い食事は味覚のみならず，人間の五感に磨きをかけてくれます。幼少より正しい食事を取ることは脳の発達にも良い影響を与えます。近年「食育」という概念が注目されているのもうなずけます。

ところで日本の食料自給率は40％（ドイツは約90％），エネルギーにいたってはわずか4％で，海外への依存率は極めて高く，国民生活の安全，安心の上からも事態は深刻です。

食文化は当然のこととしてその土地の気候や風土と切り離しては考えられませんが，ドイツではそれに加えて中世以来の伝統的な「マイスター制度」に支えられた職人の腕と技量による品質の管理・保持に力が注がれていることが特筆されましょう。

16 早起きドイツ人とドイツの朝食

ドイツ人は一般的に言って早起きの人が多いようです。デパートや商店街も朝8時半頃には店を開けます。学校や大学も日本より始業時間がかなり早く，午前中に仕事や勉強を集中して済ませ，午後や夕方からはゆっくりとプライベート・タイムを楽しむ，という生活習慣です。中でも何といっても一番の早起きは町のパン屋さん（Bäckerei）でしょう。午前6時頃にはもう店を開いて焼きたてのパンを売ります。近所の馴染みの人やホテル，ペンションを経営する人たちが朝食

用にとブレートヒェン（Brötchen——北ドイツではRundstück，南ドイツ・バイエルン地方ではSemmelと呼ばれている）等を買いにやってきます。表面にケシ（Mohn）の実をふりかけて焼いたブレートヒェンや黒パン，褐色パン，トーストパン等ドイツではパンの種類がとても多く百数十種とも言われています。ドイツは地理的に小麦，ライ麦の穀倉地帯にあり，また大麦などの雑穀類やくるみ，ヒマワリの種，カボチャの種までパンに利用するなどドイツ人の創意工夫が食文化にあらわれています。

パンにするには粉末にしなければなりませんが，ヨーロッパでは風車や水車が発達したのもそのためで，今日風力発電が盛んなのもパンの粉文化と関係があるのかも知れません。パンと言えばフランスが本家本元のように思われていますが，バゲットと並んで有名なクロワッサンは実は，オーストリア生まれでHörnchen と呼ばれ，ハプスブルク家のマリー・アントワネット（Marie Antoinette, 1755-1793）がブルボン王朝のルイ16世に嫁した際に，フランスに持ち込んだと言われています。これは当時勢力を誇ったオスマン帝国の象徴である三日月を模しており，帝国のヨーロッパ征服の野望を打ち破る気持ちが込められたものだそうです。

ドイツの朝食はパンに手作りの様々な種類の木の実やベリー類のジャムをたっぷりのせて熱い濃い目のコーヒーで食べます。家庭によってはゆで卵やハム，ソーセージ，チーズ等が加わります。日本のように大きなパン会社が大量生産したものではなく，近所の行きつけのパン屋の手作りの味を楽しむのです。素朴ですが焼きたてのパンの香りが口一杯に広がって大変美味しいものです。

17 ドイツワインの話

ドイツの白ワインは世界で最も品質が高いと言われています。生産地域は世界のワイン生産地域の中でも一番北に位置しており，ぶどう栽培面積もあまり広くありません。しかし北国の気候がドイツワイン特有の香りと酸味を与えています。

ワインのビンの色も茶色がライン産，緑色はモーゼル産と色分けされています。ボックスボイテル（Bocksbeutel）と呼ばれる平たい袋状のグリーンのビンは，マイン河（Der Main，ライン河支流）流域のフランケン地方のワインで，辛口（trocken）でいわゆるワイン通（Weinkenner）が愛飲しています。品質は国が厳しく管理し

ており，産地・等級・収穫率などがラベルに明示されています。

ワインのラベルは人間でいえば自己紹介のようなもので，コツさえつかめば誰にでも読みとれるものです。

ドイツワインの生産地域は13に限られています。その主なものは，ライン河がフランスからドイツへ流れ込む国境付近からマンハイム（Mannheim）あたりまでのライン左岸をラインプファルツ（Rheinpfalz），また大聖堂で有名なヴォルムス（Worms）からマインツ（Mainz）までの左岸とマインツからビンゲン（Bingen）までのライン河の南の流域をラインヘッセン（Rheinhessen）と呼んでいます。

ライン河の右岸はシュヴァルツヴァルト（Schwarzwald，黒い森）のあるあたりをバーデン（Baden），古城と大学の

町ハイデルベルク（Heidelberg）を流れ，マンハイムでライン河に合流するネッカー河（Der Neckar）流域をヴュルテンベルク（Württemberg）と呼んでいます。フランクフルト（Frankfurt am Main）から流れてくるマイン河の合流点あたりからライン河は向きを西に移し，ナーエ河（Die Nahe）との合流点から向きを北へ取ります。このマイン河の合流点から，ナーエ河の合流点あたりまでをラインガウ（Rheingau）と呼んでいます。ビンゲンから北へ向かうとライン河はコーブレンツ（Koblenz）でモーゼル河（Die Mosel）と合流しますが，ここからモーゼル渓谷をさかのぼって，トリーア（Trier）からザールブルク（Saarburg）までがモーゼル・ザール・ルーヴァー（Mosel-Saar-Ruwer）と呼ばれるモーゼルワインの産地です（75ページの図参照）。

肩書つきワインの場合，ワインは摘み時，摘み方によってそれぞれランキングがあり，よい房だけを選びだしたのがアウスレーゼ（Auslese）で，摘み時期を遅らせてぶどう果をやせさせ，水分含量を低下させ糖度を高めて収穫するのがシュペートレーゼ（Spätlese），果粒を選び

ワインラベルの見方

①生産地域	モーゼル・ザール・ルーヴァー
②ヴィンテージ	2018年産のブドウが原料
③地　区	ベルンカステル村
④　畑	クーアフルストライ
⑤肩書きの等級	シュペートレーゼ（遅摘み）
⑥品　種	リースリング（白ワインの代表的品種）
⑦ビン詰	エアツォイガー・アブフルンク（生産者元詰）
⑧肩書きつきの表示	クヴァリテーツヴァイン・ミット・プレディカート（肩書きつき上質ワイン）
⑨公認検査番号	アムトリヒ・プリューフングスヌンマー（下2ケタが年を表す）
⑩醸造所	ツェントラールケラーライ・モーゼル・ザール・ルーヴァー，ベルンカステル・クース

摘みをするのがベーレンアウスレーゼ（Beerenauslese），究極のものは貴腐ぶどう（Edelfäule）と呼ばれているトロッケンベーレンアウスレーゼ（Trockenbeerenauslese）です。

ドイツワインの中でもっとも高価なものとされるアイスワイン（Eiswein）は，狙いをつけた特定区画の畑のぶどうを摘み取らずに晩秋まで放置し，急激に気温が低下した早朝に凍りついたぶどうの房だけを摘み取り，すばやく果汁だけを搾りとります。氷になった分だけ果汁の糖度が高まり，この果汁を仕込んだものがアイスワインです。

近年新たに辛口ワインの高級品とされるクラシック（Classic）やクラシカルな産地特有のぶどう品種による高品質ワインのセレクション（Selection）などの等級表示が加わりました。

ワインの味はtrocken（辛口），halbtrocken（中辛口），mittel（やや甘口），lieblich（甘口），süß（極甘口）などと表示されます。

最近では生産量は少ないものの，シュペートブルグンダー種（Spätburgunder）などの赤ワインも人気があります。

旧東ドイツ地域のザーレ・ウンストルート（Saale-Unstrut）とザクセン（Sachsen）の辛口ワインも通には好まれています。

さて，赤ワインと白ワインの違いはどこから来るのでしょうか。赤ワインはぶどうを皮や種子のついたままつぶして発酵させますが，白ワインはぶどうを圧搾して果汁のみを搾りとり，アルコール発酵させます。

赤ワインはアルコール発酵後も皮や種から色素やタンニンが溶け出て，赤みがさらに増していきます。

ところで，ワインの変わり種としてFederweißer（フェーダーヴァイサー）とGlühwein（グリューワイン）の名をあげておきましょう。Federweißer（オーストリアではSturmと呼ばれている）は日本のにごり酒のようなもので，発酵中の白くにごった新ぶどう酒で，9月のワインの収穫祭頃に飲めます。オレンジジュースのような味で非常に口当りがよいのですが，悪酔の危険性があります。現地でしか味わえませんので機会があれば一度試してみてはいかがでしょう。

グリューワインは冬の厳寒の頃，赤ワインに砂糖やシナモンなどの香辛料を加えて熱したもので，身体が温まります。

最近はワインが健康アルコール飲料として脚光を浴びているようです。特に日本人は塩分を摂りすぎる傾向があり，ワインに含まれるカリウムには体内の塩分（ナトリウム）を体外へ排出する働きがあり，血圧を下げる効果があるとのことです。とりわけ赤ワインに多く含まれるポリフェノールが癌の予防になることも注目されています。

長い伝統に裏付けられ，マイスターの技によって生み出される優雅で繊細なドイツワインの深い味わいを楽しみたいものです。

ドイツワインの生産地域

（但し，13の生産地域のうち，下の図には旧東ドイツの2地域，
ザーレ・ウンストルート，ザクセンが含まれていません。）

Ahr（アール）
Baden（バーデン）
Franken（フランケン）
Hessische Bergstraße（ヘッシッシェ・ベルク
　シュトラーセ）
Mittelrhein（ミッテルライン）
Mosel-Saar-Ruwer（モーゼル・ザール・ルー
　ヴァー）

Nahe（ナーエ）
Rheingau（ラインガウ）
Rheinhessen（ラインヘッセン）
Rheinpfalz（ラインプファルツ）
Württemberg（ヴュルテンベルク）
Saale-Unstrut（ザーレ・ウンストルート）
Sachsen（ザクセン）

18 ドイツ人とビール

ホーフブロイハウス

ビールはドイツでは „flüssiges Brot"(飲むパン)とも呼ばれ,栄養の源ともなっています。ドイツ16州の中で最大の面積を誇るバイエルン州の州都ミュンヘンはビールの故郷です。街にはホーフブロイハウス(Hofbräuhaus)に代表される巨大なビアホールの他にも小ぢんまりしたビアシュトゥーベ(Bierstube)がいくらでもあります。

ミュンヘン最大のビアガルテン(Biergarten)はバイエルン王の夏の離宮として有名なニュンフェンブルク宮殿(Schloss Nymphenburg)近くにあるヒルシュガルテン(Hirschgarten)にあるもので,7,000人を収容できます。ビア

ガルテンの多くはミュンヘン市の大手醸造元6社のいずれかの経営になるものですが,市庁舎(Rathaus)からすぐ近くの食品マーケット広場(Viktualienmarkt)にあるビーアガルテンでは6社のビールが提供されており,3,500 ℓ 毎にブランドが変わることになっています。

ドイツではミネラルウォーターの方がビールよりも高いこともあって,子供や未成年者でもビールに手が出てしまうと言われます。ドイツにアルコール中毒者が多いことやアルコールによる職場での事故などもこのようなところに原因があるのかも知れません。

なおドイツでは,法律的にはビール,ワインは16歳以上,ウイスキーやウォッカなどのアルコール度数の高いものは18歳以上と定められています。

レストランや居酒屋でビールを注文しても日本のように素早く持ってきてくれません。何度も泡を切ってきめの細かい泡が表面を覆うまで時間をかけてテーブルへと運ばれます。またビール・グラスには目盛りがついており,こんなところ

にもドイツ人の几帳面さがあらわれていますが，この量を満たさなければ当局から罰せられ，場合によっては営業停止を受けてしまいます。「ビール通」はビールを飲む前に小さなグラスに入ったKirschwasserやDornkaatといった焼酎に似た強い酒を一気に飲み干します。

　ミュンヘンと聞けば誰もが思い浮かべるのが「オクトーバーフェスト」（Oktoberfest）でしょう。これは毎年10月の第1日曜日を最終日として16日間，テレージエン広場（Theresienwiese）で開催される世界最大のビール祭ですが，その起源はミュンヘンをパリやフィレンツェと並ぶ有数の芸術の都にしたルートヴィヒⅠ世（Ludwig I., 1786-1868）の結婚式の祝典に際して市民が行った祭に由来します。この祭では「レーヴェンブロイ」（Löwen-bräu）や「シュパーテン」（Spaten）といった地元の大手ビール醸造会社が仮設ビアホールを設け，地元市民も観光客もバイエルンの民族音楽に合わせて飲めや歌えの大騒ぎとなります。祭の最大のイベントは花飾り馬車によるビール会社や射撃連盟，そして民族衣装を身につけた市民のパレードです。

　新型コロナウイルス（COVID-19）の世界的な感染の拡大を受けて，2020年の「オクトーバーフェスト」の開催は中止となりました。ドイツ国内外からおよそ600万人が訪れるバイエルン州伝統のビール祭の中止による観光産業などへの経済的損失は計り知れないものがあります。

　さて，ビールといっても種類が実に豊富で，約1,270社以上の醸造所と6000とも7000とも言われる銘柄があり，特色

ある地方のビールを味わうのはドイツ旅行の楽しみの一つでもあります。ドイツは，大ビール醸造会社が少なく，醸造所（Brauerei）ごとの伝統の味をかたくなに守っています。もっとも有名なものはチェコのピルゼン地方にルーツを有するPilsener（Pils），デュッセルドルフ特産の赤褐色のAltbier，ケルンのKölsch，バイエルンのWeißbierあるいはWeizenbier，ベルリン名物のシロップ入りのBerliner Weiße，さらにはバンベルクの薫製ビール（Rauchbier）といった具合に実に様々な種類があります。

　ビールには何といってもソーセージです。ドイツではソーセージの種類が豊富で，ニュルンベルクやレーゲンスブルクの他にも各地に自慢の名物料理がありますが，ミュンヘン名物の白ソーセージ（Münchner Weißwurst）には洋辛子（Senf）をつけて食べます。さらにパンの一種でブレーツェル（Brezel）がビールによく合います。8の字型に焼きあげたもので，ところどころ岩塩がまぶしてあり硬めで弾力があります。

　ビールの発祥はBC4000年頃のメソポタミアとするのが定説となっています。「歴史はシュメール人に始まる」と言われるように，いわゆる「肥沃な三日月地帯」に端を発するチグリス，ユーフラテス川流域に農耕文化が生まれたことによります。シュメール人は灌漑農法を実用化して穀物を収穫し，ビールはそれから作られたとされています。しかし穀物酒は果実酒と違って自然には発酵しません。発酵させるには糖化という工程が必要です。古代人が麦からパンをつくろう

として，麦を臼で挽いて水を加えて捏ねていましたが，作業を中断して数日後見てみるとパンの素地は溶解して液体になっていました。ところがその液体を飲んでみるとなかなかの味で，自然発酵したビールがこうして生まれたのです。

ドイツビールを語る際，忘れてはならないのは「ビール純粋令」（das Reinheitsgebot）の存在です。

バイエルン公ヴィルヘルムⅣ世は1516年，ビールの品質の維持向上を目的として「ビール純粋令」を施行したことで知られています。この法律はビールは4つの原料，すなわち大麦麦芽，ホップ，酵母と水以外を使用してはならないというものです。この法律は数百年にわたって今日でもバイエルン州だけでなくドイツ全土のビール工場で遵守されてきましたが，「世界最古の食品関連法」とされており，2016年4月には制定500年を迎えました。しかしドイツ以外のヨーロッパの国々，例えばフランス，オランダ，ベルギー，デンマークなどでは麦芽以外の澱粉質原料，つまり副原料の使用を認めています。日本の税法でも麦芽の2分の1以下の副原料を認めています。副原料の使用には理由があります。すなわち，味覚と経済的理由です。ドイツビールは重厚で芳香に富んでいますが重く，切れがもうひとつと感じられます。その改善と同時に大麦の使用量を削減するという理由があるのです。

かつて一時EC諸国が西ドイツ（当時）の「純粋令」を攻撃したことがあります。アルザス地方のビール醸造業者はこの法律は保護貿易以外のなにものでもない，と非難しました。旧西ドイツは他国へ自由に輸出できるのに，他のEC諸国のビールは旧西ドイツではビールとして販売できないというものです。ヴィルヘルムⅣ世が純粋令を公布したその背景には，当時のバイエルンに質の悪いビールを販売する者がいたからです。ビール後進国の中には添加物の規制が緩やかな国があり，ドイツはそれを反論の根拠にしています。紛争には国益が絡んでいるので，何事によらず原因はそれほど単純ではなさそうです。

ところで，EU（ヨーロッパ連合）の深化・拡大が進行する中で各国間の法律や税制の相違が浮きぼりになってきていますが，ビールへの課税も大きな開きがあり，概して北欧各国が高く南の国が低いと言えます。ビール消費大国ドイツは最も税率の低いグループに属しています。ちなみに日本はヨーロッパで最も税率の高いフィンランドよりもさらに高くなっています。法制度や税制の統一はEUにとって火急の今日的課題と言えましょう。

近年は，健康志向が高まる中でスポーツ飲料などが人気を博していることによって，ドイツでもビールの消費量が減少の傾向をたどっています。ビール醸造会社の中には，企業買収や合併・統合が進行し，その存続が危ぶまれているところもあるようです。

ドイツにおけるビールやワインにみられる厳しい品質規制はパンやチーズ，牛乳といった食品にも顕著に見られ，自然のままの素材を大切にしようとする伝統が頑固なまでに守られています。

旅への誘い

ロマンティック街道のフィナーレを飾るノイシュヴァンシュタイン城

19　ドイツを旅する

　日々の喧騒の中で，無機質な建造物が林立する日本の都会の風景に慣れ親しんだ目には，都会といえども整然とした家並みのドイツの市街は，心の安らぎすら与えてくれます。家の窓という窓は季節の美しい花で飾られ，都会の生活に潤いをもたらしてくれます。

　個人主義の強い国でありながらも，市民一人ひとりが豊かな街づくりへの気配りをしているのは，一方では共同体意識が強いからでしょう。窓辺を美しい花々で飾るのは，まるで外に向かって個の美意識を主張しているかのようにも思えるほどです。送電線などが地下に埋められているのもすっきりとした印象を与えてくれます。ドイツの自治体は，家屋の高さ，屋根瓦，壁の色の配色にいたるまで条例により厳格な規制をおこなっており，「わが街」の景観の維持に並々ならぬ努力を傾注しています。またドイツは美しい森や湖に恵まれた国であることもよく知られていますが，ベルリンやミュンヘンなど大都市でも近郊には豊かな緑が広がっています。人が多く住む集合住宅にも緑地帯や公園，遊歩道が設けられており，都会にあっても常に自然を感じることができます。

　さて，ドイツの自動車道を走っていると，街道沿いにのどかな田園風景が広がり，見渡す限りの麦畑の遥か彼方から，教会の尖塔が忽然と姿を現し，私たちを中世の昔へとタイム・スリップさせてく

れます。というのもドイツの旧市街（Altstadt）で一番高い建造物は教会なので，街に近づいたことを知らせてくれるのです。また教会は街の象徴的存在でもあり，教会前には広場（Marktplatz）があり，市が定期的に開かれています。そこはまた市民の交流や憩いの場でもあり，時には市民集会などが催され，政治的な意味合いを持つこともあります。ヨーロッパの歴史，文化の中で「広場」は大きな役割を果たしてきました。そう言えばフランス大革命もバスチーユ広場に端を発するものでした。

　ドイツに限らずヨーロッパの街はどこでもそうですが，自分の足で歩いてみると文化を肌で感じることができます。足を休めて，喫茶店で少し濃い目のコーヒーと日本の2倍は優にあるケーキを生クリームを添えて楽しんでいる間も，街を行く人々の姿を通してヨーロッパという土地がいかに多様な民族で構成されているかを実感します。さらには，一時間も列車で走れば別の言葉を話す人々にも出会います。筆者にはこのような戸惑いは，快い緊張感を与えてくれるとともに旅心をそそります。国境を接し，異質な文化が共存していることを，日常の中で意識させられているヨーロッパ市民は，多様な価値観や歴史，文化を絵空事ではなく身をもって実体験しているのです。個の「まとまり」を重視し，異質なものを排除し均質であることを良しとする傾向の

強い日本人には理解しがたいことかも知れません。

しかしながら一方では，そのことが原因で歴史上幾度となく対立が繰り返されてきたこともまた事実です。そんなことを考えながら旧市街をぶらり散策すると，いくつもの洒落た喫茶店やパン屋，ケーキ屋が目に入ってきます。中でもカフェ・コンディトライ（Café Konditorei）と呼ばれる店は，パンやケーキを販売しているだけでなく喫茶店も兼ねていて，間口は狭いものの奥行が広く，美しい中庭を備えた所も多くあります。ヨーロッパでは一般的にそうですが，午後3時には喫茶の休憩（Kaffeepause）があります。厳格そうに見えるドイツ人も意外と甘いものが好きです。

美食家にはドイツは魅力に乏しい国のようですが，どうしてドイツのパンやケーキ，さらには各地の郷土料理など奥深いものがあります。食に対して，ドイツ人は身体に良いものを口にするという健康志向，本物志向がいたって強く，見た目よりも実質を重視します。

さて，昼食時のドイツではレストランで食事をするのはもっぱら観光客ということになります。学生たちはメンザ（Mensa）と呼ばれる学生食堂を利用します。外食が高くつくドイツでは市民がレストランで食事するのは何か特別な機会のあるときです。友人を家庭に招く際も，料理はもっぱら主婦の手料理でもてなします。ドイツにもレストランの中には比較的安価な日替定食（Tagesmenü）なるセット料理がありますが，概してあまり美味しくないようです。やはりドイ

ツで美味しい料理を味わうためには，前もって少し勉強しておいた方が良さそうです。ドイツ料理の名前には食材と調理法が記載されていることが多いので，基本的な用語を知っていれば役に立ちます。メニュー（Menü）と言えば定食のことをさしますが，献立表のことをSpeisekarte と言います。

ドイツでは食事の時間はたっぷりとり，食卓の会話を楽しみます。日本のように大きな音のBGMに邪魔されることはありません。またドイツ人は，自然光やロウソクの灯を好み，落ち着いた空間を演出します。

さて，客の扱いに関してはドイツ人は概して無愛想で，どちらが客か店員か分からない，といった体験を筆者もしました。食事が済むと支払いとなりますが，日本のレストランのようにレジで払うという習慣は一般化しておらず，給仕したボーイやウェイトレスにテーブルで清算します。面白いのは料金の計算の仕方で，ドイツ人は日本人のように引き算の暗算が不得手なのか，おつりの計算は足し算で行います。いずれにせよ外国を旅すると，日常の常識が通用しないことがよくあります。そのような経験を含めて，少しずつ自分の中で何かが変わっていくのを感じることでしょう。

異国の地に住んだり，旅をしたりすると，否応なく自分が日本人であることを意識させられます。人から日本のことを尋ねられるとまるで日本人の代表かのごとく受け答えをしている自分を発見すると同時に，いかに日本のことに無知であるかを思い知らされ，情けない想いをし

たことが筆者にも度々あります。さらには外国で出会う日本文化に対してもおかしなほど敏感になります。今日、ドイツのみならずヨーロッパのほとんどの国で存在感を示しているのは日本の「アニメ文化」、「マンガ」と「回転寿司」ですが、これも文化におけるグローバリゼーションの表れと見ることもできます。「寿司」とは言え、日本のそれとは似て非なるものも巷に出回ってはいますが、一方の「マンガ」や「アニメ」に関しては手塚治虫などの作品はもはやクラシックの領域に属し、高い評価を得るとともにカリスマ的な人気を集めていることを知り、日本文化が決してローカルなものではないことに驚きを覚えます。それはともかく、異文化との関わりは新たな自己の発見でもあり、これまで“眠っていた”自分自身も気づかなかった才能を目覚ませてくれる良い機会となるかもしれません。さあ、勇気をもってドイツへと旅立ちましょう！

　Gute Reise!（良い旅を！）

20 ドイツの街道と都市

a) ロマンティック街道（Die Romantische Straße）

　マイン河が流れる古都ヴュルツブルク（Würzburg）からドイツ・アルプスの町フュッセン（Füssen）までのロマンティック街道は、まさにドイツ観光の白眉と言えるでしょう。全長350kmのロマンティック街道の旅は、中世ドイツの歴史と文化、そして豊かな自然に触れる旅です。

　この街道は古代ローマ以来、軍用あるいは通商路としてイタリアとドイツ語圏を結ぶ経済的にも文化的にも重要な役割を果たしてきましたが、戦後は旧西ドイツの観光産業の復活を目的に整備され、今日では春から秋の観光シーズンにはヨーロッパバス（Europa-Bus）が運行するドイツの代表的な観光ルートになっています。

　沿道沿いには、毎年7月に催される子

ローテンブルクの城壁

供の祭り、キンダーツェッヘ（Kinderzeche）で有名なディンケルスビュール（Dinkelsbühl）や城壁都市ネルトリンゲン（Nördlingen）など、1000年の歴史をもつ中世都市が数多く発達しましたが、その中でも日本人に最もよく知られ、愛されている町がローテンブルク（Rothenburg ob der Tauber）です。

●ロマンティック街道のルート

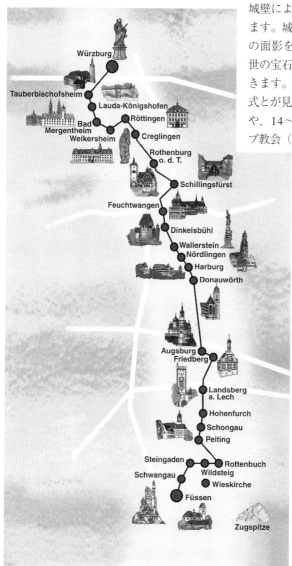

りました。街を散策するとそれぞれの城壁によって街の往時の発展が偲ばれます。城壁に囲まれた旧市街には中世の面影を残す建物が今日も並び、「中世の宝石」と呼ばれているのも納得できます。ゴシック様式とルネサンス様式とが見事に調和した市庁舎（Rathaus）や、14～15世紀に建てられた聖ヤコブ教会（St. Jakobs Kirche）はこの街の中心的教会で市民に親しまれています。教会内には数多くの芸術作品がありますが、中でもニュルンベルク生まれのアルブレヒト・デューラー（Albrecht Dürer）とともに、中世ドイツ・ルネサンスを代表する彫刻家ティルマン・リーメンシュナイダー（Tilman Riemen-schneider, 1460頃-1531）の「聖なる血の祭壇」（Der Heiligblutaltar）は、彼の最高傑作とされているものです。

ヴュルツブルクのマリーエンベルク要塞（Festung Marienberg）内にあるマイン・フランケン博物館（Mainfränkisches Museum）には、リーメンシュナイダーの作品が数多く集められています。彼の晩年の作品では彩色が排除され、造形の力だけで純粋な信仰心や精神性を表現しています。ここに筆者は近代人の自我の原型を見る思いがします。

　この町は、12世紀にまず第1城壁が造られ、さらに13世紀に第2城壁、14世紀に第3城壁といった具合に城壁が造られて、今日残っているような街の姿にな

リーメンシュナイダーはヴュルツブルクの市長も務めましたが，農民戦争を支持したかどで獄門に処せられ拷問を受け，彫刻家としての命である手首を折られた，と伝えられています。

ローテンブルクの名を有名にしているのがマイスタートゥルンク（Meistertrunk）にちなんだ逸話です。17世紀の三十年戦争（1618-1648）における旧教派と新教派の戦いでローテンブルクはカトリック軍に包囲され，まさに落城寸前となった時，敵の将軍が3.5リットルも入った大ジョッキのワインを差し出し，これを飲み干す者がいればこの町を焼き払うのをやめようと言い出したところ，当時の大酒飲みの老市長が一気に飲み干し，町の危機を救ったという由来です。お酒の好きな人なら思わず拍手したくなるというものです。毎年5月末から6月初めにはこのエピソードを再現したお祭りが市庁舎広場を中心に繰り広げられ，羊飼いのダンスや軍隊の行進など盛りだくさんの催しで市民や旅行者を楽しませてくれます。この広場にある宴会堂正面の仕掛け時計で毎日決まった時間（午前11時）に市長と将軍とのマイスタートゥルンクの様子が見られます。

マイスタートゥルンクの様子

ミュンヘン（München）から北西に列車で40～50分ほどのアウクスブルク（Augsburg）は，ロマンティック街道の要衝地で最大規模の町です。この町はローマ帝国の時代にまで遡るドイツ最古の都市で，皇帝アウグストゥスにちなんで名づけられました。中世にはイタリアのメディチ家とともにヨーロッパにおける金融と商業を支配したフッガー家（Fugger）の拠点でもあり繁栄をきわめたことでも有名です。

フッガー家は香料や羊毛，麻，絹織物などの取引きやドイツ南部の銀・銅山の独占経営で巨富をなし，16世紀初頭のヤコプ2世（Jakob II. der Reiche, 1459-1525）の時代には全盛期を迎え，皇帝や教皇の選出にも大きな影響力を持つようになりました。また，ルターによる宗教改革の契機となった免罪符（Ablassbrief, 贖宥状）の販売権も手にしました。旧市街地の中心にはドイツ・ルネサンスを代表する市庁舎があり，この町の象徴ともなっています。また，フッゲライ（Fuggerei）と呼ばれる2階建ての長屋風の建物は1519年，貧民への救済策としてフッガー家が建てたもので，いわば福祉施設とでも言うべきものです。今でも低家賃で人々が住んでいます。

さて，南の終点，オーストリアとの国境に近いアルプス山麓の小さな町フュッセン（Füssen）はノイシュヴァンシュタイン城（Schloss Neuschwanstein）で有名です。悲劇のバイエルン王，ルートヴィヒII世（Ludwig II., 1845-1886）は幼少の頃から中世騎士伝説に憧れ，リヒャルト・ワーグナー（Richard Wagner, 1813-

1883）の音楽に心酔し，その歌劇『ローエングリン』に登場する「白鳥城」をイメージして，かつて「シュヴァンシュタイン」と呼ばれた城跡に，莫大な国家予算を投入してノイシュヴァンシュタイン城を建てました。城の内部は中世の騎士物語の壁画で飾られています。白鳥のごとく優雅な中世の夢をまさに顕現しているロマンティックな城の姿は，街道のフィナーレを飾るにふさわしい，まこと

に見事な景観です。またルートヴィヒⅡ世は，ワーグナーの懇請を聞き入れ，その楽劇を上演するだけの目的でバイロイト（Bayreuth）に祝祭劇場（Festspielhaus）を造らせました。リンダーホーフ城（Schloss Linderhof）も彼の建造によるものですが，ロココ調の華麗な装飾と技巧を凝らした天井画，正面噴水の中央に横たわる金細工の女神像がアルプスの山々を背景にして美しく映えています。

b）古城街道（Die Burgenstraβe）

壮大なバロック宮殿のあるマンハイム（Mannheim）からライン河の支流ネッカー渓谷のある古い大学町ハイデルベルク（Heidelberg）を通って東へ，フランケン地方の古都ニュルンベルク（Nürnberg）に至る約300kmを古城街道と呼んでいますが，国境の緩和にともなって，この街道はさらに東へ延び，1994年以降終着点はチェコの首都プラハ（Prag）になり，全行程は実に975kmにも及び，70を超す

ハイデルベルク

城塞や古城が街道沿いに点在しています。古城と言えば日本人がまず最初に思い浮かべるのがハイデルベルクでしょう。ネッカー河畔のこの大学町はマイヤー＝フェルスターの戯曲『アルト・ハイデルベルク』（Alt Heidelberg）の物語であまりにも有名です。学生王子と町娘ケーティの甘く悲しいラブ・ロマンスは100年以上も昔の話ですが，物語は今も色あせてはいません。当地の大学は1386年創立でドイツ最古を誇っており，人口約14万人の小さな町ですが，市民のかなりの部分が学生や大学関係者で占められて，知的文化を感じさせる町です。社会学の創始者マックス・ウェーバー（Max Weber, 1864-1920）もこの大学の教授を務め，ウェーバーの名を冠した社会学研究所があります。これまで数多くのノーベル賞受賞者を輩出しているドイツ屈指の名門大学です。

他にも，ドイツ実存哲学の創始者として名高いカール・ヤスパース（Karl Jaspers, 1883-1969）は1921年にこの大学の哲学

教授に就任したものの，妻がユダヤ人であったために，やがてナチスによって大学を追われることになりましたが，戦後まもなく復職し，大学の再興に尽力しました。

かつて筆者もこの大学で4年間学生生活を過ごしましたが，新大学(Neue Universität)の講義棟入口に掲げられたヘーゲルの言葉 „Dem lebendigen Geist"（溌剌たる精神に）は留学時代の筆者の心の支えとなりました。

ゴシック，ルネサンスからバロックまでの建築様式が混在するハイデルベルク城（Schloss Heidelberg）は今も丘の上にそびえており，荘厳な美しいたたずまいをみせています。

ハイデルベルクは14～16世紀にかけて学問，文化の花を咲かせましたが，とりわけ15，16世紀には人文主義及び宗教改革の精神的，文化的中心として繁栄しました。歴代のプファルツ選帝侯の居城としてのハイデルベルク城は時代とともに増築，改築が重ねられましたが「三十年戦争」，さらにはルイ14世の起こした「プファルツ継承戦争」（1688-1697）で町は焦土と化し，城も廃墟を留めるのみとなりました。しかしこの街は19世紀初頭にはブレンターノ（Clemens Brentano, 1778-1842）などのロマン派詩人たちによって「ハイデルベルク・ロマン派」と呼ばれるドイツ・ロマン主義文芸運動の場となり，再び活況を呈することとなりました。

旧市街には人文系を中心とした大学関係の建物が多く点在し，街全体が大学といった感じがします。現在，学生食堂（Mensa）として使用されている建物は，古くは厩舎（Marstall）だと聞かされ，食事が急にまずくなったように思いました。街の中にはゴシック様式の聖霊教会や市庁舎，騎士の館(Zum Ritter, 現在はロマンティック・ホテルとして利用されている)などがあり，なかでもアルテ・ブリュッケ（Alte Brücke，古い橋）からの古城の眺めは文豪ゲーテも絶賛しています。また哲学者の道(Der Philosophenweg)から見下ろす古城とネッカー河の景観は，一幅の絵画を見るような見事な美しさです。比較的温暖なこの地方ですが，5月頃が季節としても一番美しい頃です。ぜひとも一度は訪ねていただきたい街です。

c) メルヘン街道 （Die Märchenstraße）

メルヘン街道は『赤ずきんちゃん』『いばら姫』『ヘンゼルとグレーテル』『ブレーメンの音楽隊』など，今でも私たちの心の中に生き生きと残るグリム童話（Grimms Märchen）の数々に由来する，ゆかりの地を訪ねる街道です。グリム兄弟（Brüder Grimm）の生地ハーナウ（Hanau）から北上し，ブレーメン（Bremen）から『船の妖精伝説』（Klabautermann）の舞台となったブレーマーハーフェン（Bremerhaven）へ至るほぼ600kmにも及ぶ行程をメルヘン街道と呼んでいます。

グリム兄弟はドイツに古くから伝わる昔話を収集し，『子供と家庭の昔話』

グリム兄弟

（Kinder- und Hausmärchen）を出版しました。1812年の初版本以来1857年の第7版までの過程でメルヘンのもつ残酷さやおおらかな性表現が修正され，本来の民間昔話と隔たりのあるものとなりましたが，160ヵ国語に翻訳され，今日では聖書（Die Bibel）とともに世界で最もよく読まれている書物の一つです。日本でも約130年前に初めて紹介されました。

　グリム兄弟は前記のブレンターノなどのハイデルベルク・ロマン派の詩人たちとの交流がありましたが，『グリム童話』（正確には『子供と家庭の昔話』）の出版に際しては彼らの影響を受けました。

　グリム童話は，ドイツの庶民の間で語り継がれてきたお話を，女性の語り手たちから聞き取り書き取ったものです。語り手たちの中には，中・上流階級の女性や，宗教改革の時代にカトリック国フランスからドイツへ移住してきたユグノー派の子孫も多く，フランス由来のお話も数多くあります。

　近年，日本でも『グリム童話』の初版本を読み直そうという研究がさかんですが，その背景には，現代社会がかかえる閉塞感が蔓延する中で人間の精神の所在や心のあり方の原点を『グリム童話』に求めようとする動きとなってきていることがあるようです。

　「メルヘン」には人間の本質が素朴に描かれており，そこに現代社会の病理現象を解明する糸口があるようにも思われます。

　『グリム童話』は J. S. バッハの作品番号 BWV（Bach-Werke-Verzeichnis）や W. A. モーツァルトのケッヘル番号 KV（Köchel-Verzeichnis）のようにそれぞれの物語には番号がつけられています（例えば『赤ずきんちゃん』（Das Rotkäppchen）はKHM26番といったように）。

　メルヘン街道とは言っても一本の直線のルートではなく，グリム童話の舞台となった町や有名な伝統の町，そしてグリム兄弟の生地や彼らが学んだ大学町などのゆかりの地を結んで，こう名づけているのです。メルヘン街道の起点であるグリム兄弟の生地ハーナウは，ヘッセン州にあります。この州はなだらかな丘陵，そして森や牧場や畑，また村の赤屋根の木骨組の家並(Fachwerkhaus)の美しい地方です。グリム兄弟が民話を収集したシュヴァルム地方はいまだに伝統的風習が色濃く残っており，民族衣装を身に着けた老人の姿を見かけることもよくあります。

　幕末の1862年(文久2年)，遣欧使節団がベルリンを訪れた際には，グリム兄弟の兄ヤコプに会見していますが，この使節団の中には福沢諭吉も通訳として同行していました。これより前，弟のヴィルヘルムはすでに1859年に他界していましたが，兄ヤコプも1863年に亡くなりました。

グリム兄弟は1841年，50歳半ばにしてベルリン大学の教授に招聘されますが兄ヤコプは主に『ドイツ語辞典』の編纂に，そして弟ヴィルヘルムはグリム童話集の改訂作業に没頭します。『ドイツ語辞典』は未完のうちに終わりますが，そ

の後事業を受け継いだドイツ語学者の努力により遥か100年後の1961年に全16巻32冊の大書が完成しました。

ベルリン郊外の墓地にはグリム兄弟が並んで安らかに眠っています。

d) ゲーテ街道 （Goethe-Straße）

フランクフルトからライプチヒまで文豪ゲーテゆかりの地をたどる全長380kmの行程で，別名「ドイツ古典街道」とも呼ばれ，ドイツの歴史や古典主義文化の真髄に触れる旅です。この街道は中世の頃，東西交易の要衝だったことでフルダ（Fulda）や旧東ドイツのアイゼナハ（Eisenach），エアフルト（Erfurt），ワイマール（Weimar）など歴史的な都市や世界遺産に指定されている名所旧跡が数多く点在しており，南にはチューリンゲンの森（Thüringer Wald）が広がっていて，ドイツ再統一後は最も人気の高い観光ルートでもあります。この街道にはゲーテの名が冠せられていますが，ゲーテと深い親交のあったシラーや宗教改革者のマルティン・ルター，さらには「音楽の父」と称されるJ. S.バッハやドイツ・ロマン派音楽のメ

ンデルスゾーンやシューマン，そしてライプチヒに生まれ，新たな音楽語法と総合舞台芸術としての長大な楽劇（Musikdrama）というジャンルを完成させたリヒャルト・ワーグナー（Richard Wagner, 1813-1883）など，ゆかりの土地が多く，文学愛好家や音楽好きには興味の尽きない街道です。また，この街道は嬉しいことにドイツの誇る新幹線（ICE, Intercity-Express）が走っていて，とても移動しやすく，お目当ての都市を効率良く観て廻ることができます。加えてICEは座席の快適さもさることながら，日本の新幹線から消えて久しい食堂車も健在で，美味しいドイツ料理にビールやワインなどを味わいながら鉄道の旅を満喫することができます。

さて旅の起点，フランクフルトから訪ねてみることにしましょう。フランクフルトはフランクフルト・アム・マイン（Frankfurt am Main, マイン河畔のフランクフルト）が正式の名称で（ドイツには他にもフランクフルトという名の都市があります），戦後はボンとともに旧西ドイツの首都候補に上るなど，ドイツの金融経済を牽引してきました。しかしながらフランクフルトがドイツ有数の大都

ドイツ新幹線（ICE）

イタリア滞在中のゲーテを描いた『カンパニアの
ゲーテ』(ティッシュバイン作)

市ながらヘッセン州の州都ではないのが
不思議な気がしますが、これもドイツが
地方分権制の国であることと無関係では
ありません。

　ゲーテは1749年8月28日、当地の裕福
な家庭の長男として生まれました。旧市
街のレーマー(Römer)近くの生家
(Goethehaus)は博物館になっていて、
ゲーテ直筆の原稿や肖像画、さらにはゲ
ーテ一家の家具や調度品などが展示され
ており、往時の生活の様子が偲ばれます。
さらには若き日のゲーテの書斎は彼の代
表作『若きウェルテルの悩み』や『ファ
ウスト』第一稿が生まれたところです。
フランクフルトは中世に始まる見本市
(Messe、メッセ)の街としても名を馳せ、
とりわけ書籍展は世界的によく知られて
います。今日、フランクフルトはドイツ
金融の要(かなめ)であるばかりか、EU(ヨーロ
ッパ連合)の中央銀行本部が置かれてい
ることで、名実ともにロンドンに並ぶヨ
ーロッパ金融経済の中枢都市です。フラ
ンクフルトと言えば、日本人はまず最初

にソーセージを思い浮かべるかもしれま
せんが、当地の名物はアップフェルワイ
ン(Apfelwein)です。マイン河南岸の
ザクセンハウゼン地区にはこのアップフ
ェルワイン醸造所があり、居酒屋も多く、
夜は活況を呈しています。週末には旧式
の色鮮やかな車体の路面電車 „Ebbelwei-
Expreß“ が運行し、このアップフェルワ
インを飲みながら、一時間ほどの市内観
光が楽しめます。

　さて、話をゲーテに戻しましょう。ゲ
ーテは若くしてすでに、ヨーロッパ中に
その名を知られていました。一大ベスト
セラーの『若きウェルテルの悩み』(„Die
Leiden des jungen Werthers“, 1774年)は、
当時確立されたばかりの郵便制度にいち
早く着目したゲーテが流行り(はや)の書簡文の
様式を採用した作品で、主人公の服装を
まねた若者が巷にあふれ、ピストル自殺
を遂げる事件が相次ぐなど、センセーシ
ョンを巻き起こし、「社会現象」となり
ました。

　26歳になったゲーテはザクセン゠ワイ
マール公国のカール・アウグスト公の招
きを受けワイマールへと赴きます。ゲー
テは82歳でその生涯を終えるまで当地
に住み、シラーとともにこの地にドイツ
古典主義文化の大輪の花を咲かせまし
た。ワイマールはこうして小都市ながら
もヨーロッパの文化・学芸の中心となり
ました。1918年、ドイツは第一次世界
大戦の敗北から「11月革命」を経て、翌
年の1919年、共和国となりました。ゲー
テとシラーの銅像が並んで立つ国民劇
場で、当時世界で最も民主的な共和国憲
法が採択され、1933年ヒトラーが政権

を獲得するまでの間は「ワイマール共和国」の時代と呼ばれました。

またワイマールには，建築家グロピウス（Walter Gropius, 1883-1969）により「建築の家」を意味する「バウハウス造形芸術学校」（Bauhaus）が設立され，20世紀の建築，工芸，デザイン，写真といった芸術分野に多大の影響を与えました。建築を頂点に造形芸術の統合，そして美と機能性の融合を目指した「バウハウス」は一大工房の様相を呈していました。

創立者グロピウスを初め，近代建築の巨匠ミース・ファン・デル・ローエ（Ludwig Mies van der Rohe,1886-1969），ロシア出身の20世紀抽象絵画の先駆者ヴァシリー・カンディンスキー（Wassily Kandinsky, 1866-1944），そしてスイス生まれで技巧を駆使した描線と魅惑的な色彩にあふれ詩的で音楽的神秘性を秘めた絵画が特徴のパウル・クレー（Paul Klee, 1879-1940）など，当代一流の芸術家がバウハウスの教壇に立ちました。バウハウスはその後，デッサウ（Dessau）へと移りましたが，ナチスの台頭により自由な創造活動を禁じられ，1933年に閉鎖されることになりました。しかしながら，「バウハウス」の理念や教育法は，薫陶を受けた学生たちにより世界中に浸透し，「古典」でありながらも常に進化を続け，21世紀の今日も影響を与え続けています。

アイゼナハはJ. S. バッハとマルティン・ルターゆかりの地です。バッハはここで生まれ，一家の住まいはバッハ博物館となっています。世界遺産に指定されているヴァルトブルク城（Wartburg）はローマ教皇から破門され，また神聖ローマ皇帝からも国外追放されたルターがザクセン選帝侯によりこの城内にかくまわれ，新約聖書のドイツ語訳を完成させたところです。この城では中世の頃，騎士である吟遊詩人たち（Minnesänger）の歌合戦（Sängerkrieg）が繰り広げられましたが，作曲家リヒャルト・ワーグナーはこれに着想を得て歌劇『タンホイザー』（Tannhäuser，1845年10月，ドレスデン宮廷歌劇場で作曲者の指揮により初演）を作曲しました。

古都イエナ（Jena）は戦前から顕微鏡やカメラなど，ドイツが世界に誇る光学機器メーカー「カール・ツァイス社」のある街で，世界に先駆けて登場した同社の小型カメラ「コンタックス」は名器の誉れ高いものでした。

ゲーテ街道の終点ライプチヒは，ドイツ屈指の歴史的な古都で文化・学芸が栄えハイデルベルク大学（創設1386年）に次いで1409年，ドイツで二番目に古い大学が創設されました。

若き日のゲーテも当地で学生時代を過ごしました。ライプチヒは早くから帝国自治都市として商業が栄え，今日の見本市の礎が築かれました。

旧市街のメードラー・パッサージュ（Mädler-Passage）の地下にあるアウアーバッハス・ケラー（Auerbachs Keller）は老舗のレストラン兼酒場で，ゲーテ晩年の大作『ファウスト』第一部の舞台となったところです。

ドイツ・バロック音楽を代表する作曲家J. S. バッハは，終生聖トーマス教会の

J. S. バッハ像と聖トーマス教会（ライプチヒ）

礼拝堂楽長（Kantorei）を務め，世俗曲から崇高な宗教曲まで多岐に渡る作品を世に送り出しましたが，その作曲技法は後世の作曲家たちの手本となりました。同教会内の祭壇近くにはバッハの柩が納められています。教会の向かい側にあるバッハ博物館には，バッハ自筆の楽譜や当時の楽器，バッハ家の系家図などの資料が展示されていて興味がつきません。

現代に目を移せばライプチヒの都市の歴史の中で燦然と輝きを放っているのは「ベルリンの壁」崩壊へと導いた一連の民主化運動の拠点となったことでしょう。1989年秋，ライプチヒ市民は毎週月曜日，基本的人権及び思想・言論の自由を掲げ，民主化要求の大規模なデモンストレーションを繰り返しました。「ベルリンの壁」開放1ヵ月前の10月9日，ローソクを手にしたデモンストレーションは7万人の市民による最大規模のものとなりました。この運動の拠点となった聖ニコライ教会（Nikolaikirche）は一躍

有名になりました。言論統制の厳しい社会主義体制下では教会のみが不十分ながらも自由な発言が許されていました。時と共に市民の民主化の要求はエスカレートし，ドイツ民族の統一への運動と質的に転化していきますが，旧東ドイツ政府当局はこのデモを抑え込もうとしたものの成功せず，この民主化への要求はやがて社会主義体制そのものを倒し，「ベルリン無血開城」への道を切り拓くことになったのです。この偉業によりライプチヒは名誉ある「英雄都市」の称号を得ており，2006年，ワールドカップ・サッカー大会の開催国となったドイツで，1部ブンデスリーガを持たない都市として唯一，競技場の一つに選出されました。またライプチヒは世界最古の市民オーケストラを有するドイツ屈指の文化・芸術の香り高い都市でもあります。その音楽文化はウィーンやベルリンのように宮廷文化の中から花開いたものではなく，帝国自治都市としてのライプチヒの市民によるオーケストラ，ゲヴァントハウス管弦楽団（Gewandhausorchester Leipzig）を核として育まれました。このオーケストラの響きは，あたかも音楽の故郷に抱かれているような，いぶし銀の音色と懐かしさを秘めており，良い意味でのドイツ的土着性を持ち続けています。とりわけ „3大B" と呼ばれるJ. S. バッハやベートーヴェン，ブラームスなどのドイツ古典派・ロマン派の作曲家の作品の演奏にかけては理想の音色を備えています。永らく常任指揮者を務めたクルト・マズア（Kurt Masur 1927-2015）はライプチヒ市民の民主化運動の精神的支柱として大き

な役割を果たしました。ライプチヒはまた国際見本市（メッセ，Messe）の永い伝統を有するところでもあります。そもそも「メッセ」という言葉は教会のミサに由来しますが，次第に広義に用いられるようになり，祝祭日や都市の市をも意味する言葉となりました。

21 「ドイツ的」なるもの──ライン河文化紀行

なじかは知らねど心わびて
昔の伝説はそぞろ身にしむ
寥しく暮れゆくラインの流れ
入日に山々あかく栄ゆる

　近藤朔風の名訳によって明治末期（明治42年「尋常小学唱歌」に採用される）から日本でも愛唱され続けている「ローレライ」（Lorelei）は，格調高いロマン派の詩人ハインリヒ・ハイネ（Heinrich Heine, 1797-1856）の連作詩集『帰郷』（1826年）の中からの一節ですが，ギリシャ神話『オデュッセイア』の中で甘美な歌声とその美しい姿で舟人を誘惑したという魔女セイレーンの物語に題材を得た，と言われています。

　この詩は親しみやすいジルヒャー（P.F.Silcher, 1789-1860）の曲の調べとともに，ライン河にまつわる歴史や伝説への限りない人生の郷愁を駆り立てます。

　明治の日本人は見知らぬ国ドイツへ，そしてヨーロッパの文化への憧憬をこの曲に託したのでしょうか。ハイネはこの詩の中で「昔の伝説」と詩っていますが，実際にこのようなローレライに関する伝説（Märchen）が存在したわけではありません。史実に則して言えば，ロマン派の作家ブレンターノ（Clemens Brentano 1778-1842）の小説『ゴドヴィ』（Godwi）の中に出てくる「ローレライの岩」を題材にしています。ライン河（Rhein）はザンクト・ゴアスハウゼン（St. Goarshausen）あたりで川幅が狭くなるとともに蛇行し，ひときわ険しい岩壁がせまってきます。また川底にはいくつもの岩礁があり，事実多くの舟人が命を落としたと言われています。このようなライン河の難所であることから詩人の霊感を刺激し甘美なロマンティシズムを駆り立てる「ライン河伝説」という様な表現が生まれたと言えるでしょう。

　ブレンターノはまた，アルニム（Achim von Arnim, 1781-1831）とともに民謡詩集『子供の不思議な角笛』（Des Knaben Wunderhorn 1805-1808）を発表していますが，その後のハイネを初めとするドイツ・ロマン派文学の活動に大きな影響を与えることになりました。作曲家グスタフ・マーラー（Gustav Mahler, 1860-1911）はこの詩集の中から10数篇を抜粋して歌曲集を発表していますが，後年に作曲したいくつかの長大な交響曲の中にもこの歌曲が用いられ，親しみをこめて「角笛交響曲」と俗称されています。

さて，ドイツの西部を貫流するライン河はスイス・アルプスの山中に源を発し，大河となってドイツ，フランスの国境を北上しやがてドイツ国内を流れ，オランダのロッテルダムから北海へと注ぐヨーロッパ第二の河川交通の大動脈ですが，全長1,320kmのうち850kmがドイツの国土の中を流れることからドイツ人はライン河を自らの歴史を写し出す鏡とし，「父なる大河」と親しみを込めて呼んでいます。

ラインを称えたこの「ローレライ」の歌も第三帝国の時代はハイネがユダヤ人であったがために，ナチス・ドイツは作者不詳としてこの曲を歌うことを許可したといわれています。それほどこの曲はドイツ人のメンタリティーと結びついていたのでしょう。

ライン河は幾度となくドイツ，フランスを中心とするおどろおどろしい陰惨な戦争の舞台となりました。『レ・ミゼラブル』などの作品で知られるフランス・ロマン派の文豪ヴィクトル・ユゴーは『ライン河幻想紀行』（1842年）の中でライン河への想いを熱く語っています。ユゴーはライン河がドイツ，フランスの国境を形成し数百年にも渡って戦場となったことに心を傷めライン河が平和の礎（いしずえ）となることを願い，国境を越えてヨーロッパが一つになることも構想しています。これは現在のヨーロッパ統合への発想の原点とも言えるものです。

さて，その大河ラインも観光客にとってはマインツ（Mainz）からコブレンツ（Koblenz）までの約100kmがいわゆる「ロマンティック・ライン」でおよそ30ほど

ライン河の中流域にある猫城（Burg Katz）

の古城が両岸の山々に点在し，いにしえの騎士たちの夢の跡を伝えており，旅人は中世の歴史や伝説と相まって，そこはかとない郷愁を駆り立てられ興味の尽きることがありません。ところで，「城」を意味するドイツ語には Schloss と Burg がありますが，Schloss は王候貴族の居所としての「城館」のことで，Burg は「城塞」を意味し防衛施設のことです。戦いに際しては城主は城下の農民たちを城内に避難させ，生命の安全を保障しました。Bürger という語は城壁によって守られた人々のことを指し，「市民」を意味する語となりました。ラインの船下りはこれだけでも十分堪能できますが，オランダのロッテルダムとスイスのバーゼル（Basel）間には豪華客船が就航していて，数日かけてゆったりとした「ライン河クルーズ」も楽しめます。急ぎのむきには鉄道を利用することで車窓から雰囲気を若干なりとも味わえます。わずか数分の「ライン河下り」ですが，有名な古城や「ローレライの岩」を楽しめます。ビンゲン（Bingen）からコブレンツまでのライン

河の左岸を走るローカル列車を利用するか，あるいはマインツからボン，ケルン方面へ向かう Inter-City などの特急が便利です。

ライン河の名を世界に轟かせたものにドイツ最大のオペラ作曲家リヒャルト・ワーグナー（Richard Wagner, 1813-1883）の楽劇『ニーベルングの指環』があります。

ワーグナーは北欧神話におけるジークフリートの龍退治伝説やゲルマン中世の英雄叙事詩『ニーベルンゲンの歌』に題材を得て楽劇『ニーベルングの指環』を作曲しましたが，この作品は前夜祭『ラインの黄金』，『ワルキューレ』，『ジークフリート』そして『神々の黄昏』の4部より構成され，上演には4日，延べ時間数にして10数時間を要する大がかりな作品です。1876年のバイロイト祝祭劇場でのこけら落し以来，今日に到るまでナチス時代の忌まわしい歴史を経験しつつも，夏のバイロイト音楽祭では毎年ワーグナー作品のみが上演され，その度新演出が音楽界の話題をさらっています。なるほどこの作品は指輪の所有を巡って繰り広げられる繁雑かつ冗長な作品のように一見思われる節がありますが，この楽劇には今日にも一脈相通じる重層構造の人間ドラマ仕立てになっています。

ヨーロッパの伝説や物語には，王や英雄が権力を得ようとするとき必ずといってよいほど指輪が登場します。その意味で指輪は権力の所在の象徴とも言えるものです。指輪のもつ魔力はその所有者に世界を支配する力を与えることもしますが，また呪いをかけられた指輪は人心を

惑わせ，欲望をかきたて，災いや破滅をももたらす不吉な存在なのです。この小さな黄金の指輪が持つ超自然的，かつ超人間的な魔力の物語をヨーロッパの人々が今日まで語り伝えてきたその理由は，この指輪伝説の中に，文明社会で失われてしまった人間の本質が描かれているからです。永遠の契りを込めた結婚指輪を初めとして現代人も指輪から何か不思議な力を感じるのかも知れません。今日，強大な富や権力を持った国家が世界を己が意志に従わせようとするのはアレゴリーとしての「指輪」の魔力にとりつかれた支配者のなせるわざと読み取ることもできましょう。

叙事詩『ニーベルンゲンの歌』は，中世ドイツで実際に起こったことをもとに書かれた悲劇ですが，指輪を手にした者が次々と命を落としてゆきます。ワーグナーの楽劇もライン河に住む乙女たちが守る黄金を巡って世界征服をもくろむ神々の主ヴォータンと巨人族，小人族，人間の波瀾万丈の抗争劇となっていますが，呪われた指輪を手にした者に次々と不幸が訪れ，やがて世界は没落します。しかし，神々や人間が没落することで呪いが消え，ライン河の水底に指輪が戻れることにより世界の秩序がもたらされます。この作品は現代社会の不条理を暗示しているようにも筆者には思われます。

さて，話をライン河に戻しますが，ビンゲンと聞けば，ベネディクト修道院創設者で神秘家のヒルデガルト・フォン・ビンゲン（Hildegard von Bingen, 1098-1179）の名を思い浮かべます。

またカウプ（Kaub）には船の型をし

たプファルツ城（Pfalz）があり，また
ビンゲンの近くにはライン河の中洲に建
てられた「ネズミの塔」（Mäuseturm）
がありますが，この名称はもちろんネズ
ミたちが住んでいたからではなく，
„Maut“（通行税）を徴収する関所，と
いうことに由来しています。これらの「関
所」はハイデルベルクのプファルツ選帝
侯に所属していました。ライン河は13世
紀頃にはすでに重要な通商路となり，ラ
インの領主にとって通行税は重要な収入
源となっていました。陸路には盗賊が出
没し安全のためには，高い税を負担しな
ければなりませんでした。ユダヤ人作家
ルートヴィヒ・ベルネ（Ludwig Börne,
1786-1837）は領主たちの通行税の徴収
を，ライン河には「強盗騎士」たちが徘
徊している，と揶揄しています。
　ロマン派の音楽家ロベルト・シューマ
ン（Robert Schumann, 1810-1856）の連
作歌曲集『詩人の恋』（作品48）はハイ
ネの『歌の本』（Buch der Lieder, 1827年）
の詩集「叙情的間奏曲」の中から16篇を
作曲家自ら選んで一つの青春のドラマと
して発表したものですが，第6曲「ラ
イン河，この聖なる流れの」や最終曲「昔
のいやな歌の数々」ではライン河が登場
します。同じくハイネの詩による『リー
ダークライス』（Liederkreis, 作品24）
の第7曲「山々とその上に立つ城が」に
おいてもライン河が登場します。またシ
ューマン最晩年の1850年に作曲された
交響曲第3番「ライン」（変ホ長調作品
97）は古典的な枠組みを超えた画期的な
作品で，雄大な大河の流れを想わせる名
曲です。ロマン派の詩にはHeimweh（郷

愁），Sehnsucht（憧憬）などといった懐
しさで胸が熱くなるような言葉が多く用
いられています。この2つの言葉はロマ
ン主義の文学や芸術の底流にある概念で
す。それは時の流れの中で人々が喪失し
てしまった最も純粋で無垢な頃への憧憬
と回帰を意味します。
　ドイツ人の精神構造には厳しい倫理観
が存在し，「愛」というものが主題であ
っても「無垢なるもの」への精神の昇華
を伴うものでなければその価値はなくな
ってしまいます。美しい魂と精神の高貴
さはドイツ人にとって「ドイツ的なるも
の」のよりどころであり，それゆえ過去
から現在，そして未来へと時を超えて永
遠の生命の輝きを持ち続けているのです。
　シューマンはクララ・ヴィーグとの愛
が成就したいわゆる「歌の年」と呼ばれ
ている1840年に彼の歌曲の大半を書き
ました。実に全250曲中138曲がこの年
に作曲されています。ハイネの詩による
シューマンの歌曲は二人の時代精神
（Zeitgeist）のかけがえのない結晶とい
えるでしょう。シューマンとクララ・ヴ
ィーグの夫婦の絆は今日も語り継がれて
います。後に精神を病んだシューマンは
1854年ライン河に自ら身を投げ命を絶
とうとしますが，救助され精神病院へ連
れ戻されます。その2年後の1856年，シ
ューマンは世を去りますが，同年ハイネ
もパリで人生の最期を迎えます。幼い頃
より天才ピアニストとして名声の高かっ
た妻クララですが，37歳の若さで夫を亡
くした後も，演奏家として夫ロベルトの
作品を世に問い続けました。余談になり
ますがハンブルク生まれの大作曲家ブラ

ームス（Johannes Brahms, 1833-1897）は未亡人となったクララに思慕の念を捧げましたが結ばれることなく，一生を独身で通しました。情熱的ではあっても武骨で自制心の強い生き方は，いかにもブラームスの音楽そのもののように思えます。

ライン河畔の最大の都市といえばケルン（Köln）ですが，この町の基盤はローマ帝国の時代にさかのぼります。ローマ帝国は北の防衛線としてライン河左岸に駐屯地や砦を築きました。ケルンは「コロニア・アグリッピネンシス」（アグリッピーナの植民地）の名に由来します。ケルンと言えば，その完成に600有余年を要したゴシック様式の大聖堂（Dom）を思い浮かべますが，市内にはローマ帝国の植民地時代の歴史を忍ばせる博物館や美術館が多く点在します。中でも，ローマ・ゲルマン博物館（Römisch-Germanisches Museum）やヴァルラーフ・リヒャルツ美術館（Wallraf Richartz Museum）は一度は訪れてみる価値があります。

ライン河畔の宗教都市マインツの歴史もローマ帝国の殖民の時代にさかのぼりますが，このラインラントの町はケルン，トリアー（Trier）と並んで大司教をいただく聖界権力の中心の一つでした。壮大なマインツ大聖堂（Dom）はロマネスク建築の代表作です。またマインツは活版印刷術を発明したグーテンベルク（Johannes Gutenberg, 1397頃-1468）の生地であり，ライン河下りの船着場近くにあるグーテンベルク博物館（Gutenberg-Museum）には，彼の発明になる活版印刷機とともに世界初の印刷物である「42行聖書」，いわゆる「グーテンベルク聖書」が展示されています。グーテンベルクの発明は，宗教改革者マルティン・ルター（Martin Luther, 1483-1546）がギリシャ語原典からドイツ語に翻訳した聖書を聖職者の手から解放し，あまねく民衆に普及させることに寄与しました。

さて，このようにライン河はドイツ人とともに歴史と文化を生きてきましたが，近年地球の温暖化の影響でスイス・アルプスの雪解けや大雨の時期にはライン河やその支流，さらにはヨーロッパ最長の大河ドナウ河が毎年のように氾濫し河畔の多くの町に浸水の被害をもたらしています。

地球環境を破壊することで現代文明は発展を遂げてきましたが，ライン河の氾濫は現代人のエゴに対する自然の叫びでもあり，文明への警鐘ととらえ反省の機会とすべきではないでしょうか。

22　ドイツのショッピング事情──「閉店法」の不思議

日本からドイツへの直行便の所要時間は約12時間ですが，午前の便を利用すれば時差の関係で夕刻にはドイツに到着することができます。多くの日本人旅行者にはフランクフルト空港（Frankfurter Flughafen，正式にはライン・マイン空

港，Rhein-Main-Flughafen）がドイツ国内への窓口になりますが，この空港はドイツ鉄道（DB）の駅になっていて，ドイツ各都市への移動がしやすくなっています。

さて，目的の街に着いたら，街を歩き始める前に駅の構内にある観光案内所（Information）に行き，市街地図（Stadtplan）や催し物の案内をもらい，自らオリエンテーションを始めるのが一番でしょう。ドイツ政府は観光行政に力を入れており，国内はもとより海外にも出先機関を設けています。東京にもドイツ文化会館の中にドイツ観光局（Deutsche Zentrale für Tourismus）があるのをご存知でしょうか。ドイツの主な都市の地図や催し物の案内，さらには，旅行の相談にも無償でのってくれます。

ドイツを知るにはまずその土地の人との会話から始めるのがよいでしょう。遠慮せず下手でもいいからドイツ語で目的地への行き方を尋ねてみることです。大抵のドイツ人は東洋人がドイツ語を話すと敬意を表して親切に教えてくれます。「道を尋ねるには必ず2人に聞け」というのが鉄則で，ドイツ人は自分の住む街のことを聞かれて知らないというのは，自尊心を傷つけられるのか，あいまいなことでも断定的に言ってしまうことがよくあります。何度か同じ行き先を尋ねることで現地の人との生きたドイツ語会話の練習にもなるでしょうし，また異国の旅の実感も味わえることと思います。

わずかな対話からも国民性がうかがい知れて興味深いものがあります。

ドイツでもハンブルクなどの北の都会の人々と南のバイエルン地方やオーストリアのチロル地方の人々とではずいぶんと応対の仕方が違います。総じて南部の人々は牧歌的で旅人に親切です。

外国への旅では風俗や習慣の違いから誰にでも失敗はつきものです。その昔，初めて海外旅行した旅先のホテルで洋式トイレを使用した老人が便座の上に両足をのせて見事に用を足したとか…，そんな笑い話のような失敗談も伝えられています。言葉やマナーを知らなかったため旅先で恥ずかしい思いをした人もいるでしょう。とりわけ日本人は個としては礼儀正しく控え目な国民ですが，集団になると破廉恥で傍若無人な行為に及ぶ人がいるものです。

ともあれ筆者は特に若い人たちには「旅の恥は，かき捨てよ！」と言っています。言葉もマナーも失敗することで身についていきます。勇気をもってチャレンジしてもらいたいものです。

ドイツの都市の中心街は週末や日曜・祭日は日本と大違いで人がまばらで閑散としています。近くの教会の時を告げる鐘の音が心地よく響いて落ち着いた気分に浸れます。

信仰心がおとろえたとは言え，キリスト教の安息日である日曜日の朝にはカトリック勢力の強いドイツ南部や地方都市では教会のミサに出かける人が，北部の大都市に比べると比較的多いようです。日本では週末は家族そろっての行楽やショッピングに出かけるのが当たり前になっていますが，ドイツでは人々は週末を家庭で，家族や親戚とのんびりと過ごすのが一般的です。

ことショッピングに関しては日本ほど便利な国はありません。いつでもどこでも買い物ができ，終日営業のコンビニエンス・ストアはその代表格です。

ドイツでショッピングをする時に気をつけなければならないのが営業時間です。ドイツでは一部のみやげ物店や駅構内の売店，レストラン，喫茶店を除いて日曜日はすべて閉店しています。

かつて土曜日は月に一回だけ午後6時まで開店していましたが（Langer Samstag），通常は午後2時で閉店してしまいます。平日の開店時間は午前9時から午後6時半までと決められていて，レストランや喫茶店，ホテル以外の一般の店は一斉に閉まり，筆者が初めてドイツに住むようになった頃は戸惑いを覚えたものでした。しかしデパート（Kaufhaus）や商店のショーウィンドー（Schaufenster）の照明は遅くまで灯いていて，ウィンドー・ショッピングは楽しめました。

夜の静かな通りに赤々と照らされたシ

ョーウィンドーの品を吟味して，後日お目当ての品を買うという具合です。

最近ではこの営業規制はヨーロッパ各国で揺れています。ドイツは原則として1956年に制定された閉店時間法*（das Ladenschlussgesetz）により，土曜日の午後2時から月曜日の朝までの店の営業を禁じています。イタリアはクリスマス直前の3回の日曜日を例外として日曜日の営業を禁止しています。ギリシャでも禁止されていますが，観光地は例外とされています。スペインは1985年，労働組合や商店主の反対を押し切って日曜営業を自由化しました。この背景にはキリスト教の教義によるところがあったのですが，カトリック，プロテスタントの違いだけでなく，時代の変化にともない現実には労働者の2割が日曜日も働いています。週休3日制も検討されている折，現代人のライフスタイルに合わせ日曜営業に対しても柔軟な姿勢がとられつつあるようです。

---

* 閉店時間法：1996年11月にこの政令が40年振りに改正され，平日の営業時間を午前6時から午後8時まで，土曜日は午後4時まで延長してもよいことになりました。また，日曜日・祝日は休業ですが，パン屋に限っては日曜日に3時間だけ営業が認められました。確かに消費者にとっては便利になったわけですが，従業員にしてみれば，これは労働条件の悪化にもつながりかねないということで消費者のニーズに応えるべきか，労働者保護を優先すべきか，意見は二分されています。

日本では，経済の低迷でデパートや大型スーパーなどが営業時間を延長したり，休日を返上したりして，営業成績を何とか上げようとしていますが，労働者保護の意識の強いドイツで，この改正が国民の支持を得るのかどうか見守りたいと思います。

なお，2003年3月の部分改正により土曜日の閉店時間が20時以降となりましたが，2006年には各州が閉店時間を定める事になり，多くの州で24時間営業が許可されています。

間奏曲

ハンマークラヴィーア，モーツァルトの生家にて

23 ルートヴィヒⅡ世とバイエルン

19歳の若さで王となったバイエルン国王ルートヴィヒⅡ世（Ludwig II., 1845-1886）の生涯は数奇に満ちており，当時ミュンヘンに留学中であった明治の文豪森鷗外はその自叙伝的小説『うたかたの記』の中で，王のシュタルンベルク湖における謎の死について記述しています。

確かにルートヴィヒⅡ世の死には数々の憶説を生むにたる謎があります。

バイエルン王家であるヴィッテルスバッハ家は，近親結婚が原因で，一族の中には精神異常をきたす者もいました。

巨匠ヴィスコンティ監督の長編大作『ルートヴィヒ　神々の黄昏』（1972年）は，『ヴェニスに死す』，『地獄に堕ちた勇者ども』とともに「ドイツ三部作」を成す作品ですが，ルートヴィヒの謎に満ちた生涯を描いた名画です。

孤独と芸術をこよなく愛する美貌の王ルートヴィヒⅡ世は，音楽家リヒャルト・ワーグナーの音楽に魅せられ，彼の楽劇『ニーベルングの指環』の上演のためにバイロイトに劇場を建設するなど莫大な資金援助を行いました。

また，政治をまったく省ることなく，ひたすら人里離れた山中などにノイシュヴァンシュタインをはじめ，リンダーホーフ，ヘレンキームゼーといった華麗な城を築き，中世に憧れ，ワーグナー音楽，狩猟に耽溺しました。

ルートヴィヒⅡ世は，悲劇の妃として知られるハプスブルク家フランツ・ヨーゼフ皇帝妃で従妹のエリーザベトを慕い続けましたが願いがかなわず，その心の痛手から解放されようと，次第に自棄の世界へと自らを追いやったとも言われていますが，それは憶測でしかなく，真相はわかりません。

彼の造らせた城「ノイシュヴァンシュタイン」や「リンダーホーフ」は，給仕人と顔を合わせずに食事ができるよう，階下の厨房から食卓がせりあがってくる仕掛けになっています。また，城内や庭

ルートヴィヒⅡ世

リンダーホーフ城

園内には人口洞窟を造り，外界から逃れるようにそこで過ごしたとのことです。1886年，ついに精神鑑定の結果，退位を迫られ，ミュンヘン郊外シュタルンベルク湖畔のベルク城に幽閉されます。翌日夕刻，侍医グッデンを伴い湖畔の散歩に出かけた際，突然，グッデンの制止を振り切って湖の中へ入り，自らの命を断ったと伝えられています。

理想の美と己れの世界観を追い求めた王の死は，当時から様々な憶測や伝説を生みましたが，今ではすべては謎のままとなっています。しかし，王の築いたその夢のような3つの城を訪れる観光客は今日，ひきもきりません。バイロイトの祝祭劇場では毎年7月末から8月にかけてワーグナー音楽のフェスティバルが催され，世界から熱狂的なワグネリアンが集まってきます。このチケットの入手は会員になっても8年から10年待ちと言われています。

日本人に最も人気の高いノイシュヴァンシュタイン城の築城には17年の歳月を要しましたが，王はこの城にわずか100日あまりしか住むことができなかったと言われています。

ルートヴィヒⅡ世は今もドイツ人，とりわけバイエルン州の人々に愛されています。神授王権を夢想し，結果的には退廃的な滅びの美学に身を委ねた19世紀最後のロマンティシスト──ワーグナーの音楽に異常なまでに陶酔し，築城に情熱を燃やし続け，ついには国家財政を破産寸前にまで追いやり，統治不能者として王位を剥奪され，ついには自殺（あるいは他殺？）という終幕を迎えてしまった王。人々は時を超えてその夢幻の世界に誘われるのでしょう。

シュタルンベルク湖

24 疾走する悲しみモーツァルト，生きる勇気ベートーヴェン

モーツァルト（Wolfgang Amadeus Mozart, 1756-1791）は1756年1月27日，カトリックの大司教が支配するオーストリアの地方都市ザルツブルク（Salzburg）に生まれました。

旧市街地の中心にあるゲトライデ通り9番地（Getreidegasse 9）のモーツァルトの生家（Mozarts Geburtshaus）はとりわけ有名で観光名所にもなっていますが，近年，第二次世界大戦での連合軍による空爆で半壊したモーツァルト家の住家も国際モーツァルテウム財団によって復元され，往時の姿が蘇りました。35歳という短い生涯の3分の1を旅に過ごしたモーツァルトでしたが，彼は17歳から24歳までの青春時代をこの家で送りま

モーツァルト

す。モーツァルトはやがて，劇場もオペラハウスもない田舎町ザルツブルクから大文化都市ウィーンへと居を移します。「自由人モーツァルト」にとってカトリックの大司教が支配するこの町には息苦しさを覚えたのでしょう。

モーツァルトの音楽，とりわけト短調（g-moll）で書かれた作品は「悲しみが疾走する」と表現されるように，天国的な美しさの中にも人生の悲哀を漂わせていて人の心を打ちます。

筆者は，モーツァルトというと昔読んだトーマス・マン（Thomas Mann, 1875-1955）の『神童』（Das Wunderkind）という短編作品を思い起こしますが，これはモーツァルトを意識して書かれたとのことです。幼少のモーツァルトの習作の中にはすでに最晩年のオペラ（歌芝居, Singspiel）『魔笛』（Die Zauberflöte）のパパゲーノのアリアを彷彿とさせるメロディーが既に現れており，まさに「栴檀（せんだん）は二葉より芳（かんば）し」だったのです。

もう40年以上も前にはじめて生家を訪れ，モーツァルト自身が使用していたハンマークラヴィーア（ピアノの前身）に手を触れたとき，何ともいえぬ感動を

覚えました。モーツァルトの音楽は聞く者にとっては極楽で，演奏家には地獄，と言われるように永遠に汲み尽くすことのできない神秘の泉のようです。

ミロス・フォアマン監督の映画『アマデウス』（Amadeus, 1984年，アメリカ）はモーツァルトとアントニオ・サリエリの確執を見事に描いた1980年代の名画と言えるでしょう。この映画では，若き宮廷音楽師として飛ぶ鳥を落とす勢いのサリエリが，天才モーツァルトの存在にコンプレックスを抱きつつ悩み，ついには狂気に至るまでをドラマチックに描いています。

この映画はピーター・シェファーの戯曲『アマデウス』がもとになっていますが，ベートーヴェンの師でもあったサリエリがいかにしてモーツァルト毒殺疑惑に巻き込まれていったかをドラマチックに描いています。

サリエリは時代の寵児となり，世にもてはやされましたが，やがて数多くのオペラ作品もほとんど上演されることもなく，その存在は忘れ去られてしまいました。一方，モーツァルトの作品は死後も愛され続けました。

映画ではモーツァルトの音楽に「絶対の美」，「神の声」を見出したサリエリが己の凡庸さに懊悩し，ついには狂気に至り，モーツァルトを殺害したとの妄想にとりつかれ狂人となっていきます。

しかしサリエリは本当に"凡庸なる作曲家"だったのでしょうか。今日彼の音楽に接してみるとモーツァルトの作品に優るとも劣らない素晴らしい作品が数多くあります。そのことを裏付けるかのよ

うに2004年，世界的オペラの殿堂「ミラノ・スカラ座」のリニューアル上演のこけら落としで，イタリア人指揮者リッカルド・ムーティはサリエリのオペラ『見出されたエウローパ』という作品を演目に選んでいます。

さて，モーツァルトが1791年12月5日にこの世を去ったあとのウィーンに颯爽と登場したのがドイツの田舎町ボンからやって来た若きピアニスト，ベートーヴェン（Ludwig van Beethoven, 1770-1827）でした。モーツァルトとベートーヴェンとの出会いはたった一度だけでした。1786年16才のベートーヴェンは"モーツァルト先生"から与えられた主題を即興演奏してみせ，モーツァルトをして「この男はやがて世の中に一波瀾を起す人間になるだろう」と言わしめています。モーツァルトのベートーヴェンへの評価はウィーンにおけるベートーヴェンの評判を高めることになりました。

ベートーヴェンはモーツァルトのオペラ『魔笛』をこよなく愛したそうですが，後年モーツァルトへの敬愛を込めて『魔笛』の主題によるチェロとピアノのための作品を2曲（「愛を感じる男たちには」の主題による7つの変奏曲［WoO. 46］／「恋人か女房があればいいが」の主題による12の変奏曲［op. 66］）を書き残しています。モーツァルトが死の2ヵ月前に作曲した最晩年の作品『魔笛』は素朴なおとぎ話に宗教結社「フリーメーソン」（Freimaurerei）の理念を盛り込んだモーツァルトの深い精神性が気高い香りを放っています。

モーツァルト同様，フリーメーソンの会員でもあった文豪ゲーテは『魔笛』に魅了され，後年（1798年）続編となる『魔笛第Ⅱ部』を試作しています。

1995年はベートーヴェンがウィーンの楽壇にコンサートデビューしてから丁度200年目の年でした。ベートーヴェンの秘話にまつわる映画『不滅の恋――ベートーヴェン』という映画も上映されました。また彼の作品中，日本で最も知られている交響曲第5番作品67（これは日本では『運命』という表題が付けられています）が，どうやら祖父の楽譜からの盗作ではないか，というニュースまで飛び出してきて，クラシックファンの度肝を抜く騒ぎにもなりました。

若い時期からマエストロの名をほしいままにしながら晩年は音楽家にとって致命的な耳の障害と闘い，また家族や兄弟との不和をはじめとして肉体的にも精神的にも苦境に追いやられた彼が密かに愛し続けた女性がいた…というのが，この映画のストーリー。

ベートーヴェンには手紙や手記，創作ノートといった類のものが多く残っています。さらには耳の病におかされてからは筆談による会話にたよらざるを得なくなり，その際の筆談帳も残されており，ベートーヴェンの生活の片鱗が窺い知れるとともに天下国家を論じたものまであり，思想の背景まで見えてきて興味が尽きません。1802年の「ハイリゲンシュタットの遺書」はあまりにも有名ですが，宛名のない「不滅の恋人」への手紙の宛名主が誰であったのかというミステリアスな謎解きがこの映画の主題です。

ベートーヴェンは音楽というジャンル

に思想，哲学を盛り込んだ最初の作曲家と言えるでしょう。彼の生きた時代は1789年のフランス革命を経て，ナポレオンによるヨーロッパ支配からウィーン体制による反動政治へと至るヨーロッパの大激動の時代でした。ベートーヴェンもやはり「時代の申し子」だったのです。

ベートーヴェンの唯一の歌劇『フィデリオ』の中の大団円では，無実の罪で投獄された夫フロレスタンを救う妻レオノーレの強い愛に託して理想の女性像が描かれていますが，同様の女性像はあの有名な第9交響曲『合唱付き』の『歓喜の歌』（An die Freude）の中でも高らかに歌われています。これには彼が現実に愛した特定の女性への想いが込められていたのかも知れません。

ベートーヴェンに関しては何かと孤高

の楽聖というイメージが強いのですが，今でいう不倫に明け暮れ，自由奔放な恋愛遍歴の末，身も心も打ちひしがれた作曲家の矛盾に満ちた生き方に，筆者は天才の中の凡庸性を見るのですが，そういう一面を知ると，なおいっそうベートーヴェンが身近な存在になってくるように思うのです。

ベートーヴェン

---

25 | 250年の時空を超えて──『魔笛』への讃歌，そして国民オペラの誕生へ

オマージュ

美しい音楽はとりわけ人間の精神の深い部分に影響を与えます。宗教曲に限らず，どこか宗教的なるものと繋がっているという意味では，神に近い存在と言えるでしょう。とりわけモーツァルトの音楽は，一人の天才が精神世界を自然に表現したもので，最も神に近いものでしょう。

しばしば「モーツァルトの音楽は子供には易しすぎ，大人には難しすぎる」とパラドックスを込めて形容される由縁は，純粋かつ自然な心をもつ者のみが理解し得る，という意味だからでしょう。

自然であるが故に，ごまかしや作為が全く通じない音楽なのです。とは言うもののモーツァルトの音楽について言葉で語るのは至難の業です。ベートーヴェンは幾度も訂正，加筆，削除を綴り返し試行錯誤の末，練り上げて作品の完成に至ったことが草稿の跡をたどれば理解できます。それに反してモーツァルトは彼の最高傑作と言われる最後の3つの交響曲でさえ，ごくわずかな期間に立て続けに作曲されました。

第36番の交響曲『リンツ』（KV425）も名曲の一つですが，わずか4日間で仕

上げられました。ベートーヴェンの「苦悩を通して歓喜に至れ！」という言葉に象徴されるように，彼の作品には，人類の理想を謳った世界観が色濃く反映されており，ベートーヴェンの音楽に耳を傾ける者は魂を揺さぶられる想いがします。耳の病という過酷な運命と闘いながら芸術に身をささげたベートーヴェンの葛藤の軌跡をたどるには聴く者も全身全霊で受けとめなければなりません。ベートーヴェンの音楽には人生の年輪を積み重ねることで理解が深まっていきます。人間存在そのものが小さくみえてしまうベートーヴェンの音楽に向き合うには勇気がいります。彼の音楽の前では個の生きざまが丸裸にされてしまうからです。

　一方，モーツァルトにはそのような構えたところが微塵もみられません。しかしながら全く自然な姿で音楽に接するだけで，精神の奥深いところで訴えかけるものがあります。

　モーツァルトは35年の短い生涯で何と800曲にものぼる曲を作曲しましたが，彼の最高傑作は最晩年，死の数ヵ月前に作曲したオペラ『魔笛』（KV620, Die Zauberflöte）ではないでしょうか。モーツァルトは何と14歳の時の最初のオペラ『ポントの王ミトリダーテ』（KV87(74a)）から22ものオペラ作品を世に残しましたが，『魔笛』は『フィガロの結婚』（KV492）や『ドン・ジョヴァンニ』（KV527），『コジ・ファン・トゥッテ』（KV588）などのオペラブッファと呼ばれる従来の貴族階級のための言葉であるイタリア語で歌われるオペラとは異なり，民衆の言葉であるドイツ語に

よる歌芝居（Singspiel）というスタイルをとっていることで異質です。（モーツァルトには他にも『劇場支配人』（KV486），『後宮からの誘拐』（KV384）といったドイツ語によるオペラ作品がある。）そして，何よりもまして貴族の集まる宮廷劇場ではなく，民衆のための劇場であるヴィーデン劇場で上演されたことからして，王侯貴族の飾り物であった音楽を市民階級に解放した記念碑的作品です。おとぎ話とも民衆劇とも言えるこの作品の根本思想である「自由」，「平等」，「博愛」の精神はフランス革命（1789年）を経て絶対王制が崩壊し，来るべき市民階級の台頭を予感させる讃歌ともいえるでしょう。貴族社会の封建的秩序の中にあって，すでに時代を先取りしていたモーツァルトの苦悩はいかばかりであったでしょうか。

　フランス革命前夜のオーストリア・ハプスブルク帝国の帝都ウィーンで，革命の伝播を恐れる貴族階級を前に，フランスの台本作家ボーマルシェの演劇上演禁止の作品『フィガロの結婚』で，機知とウィットで貴族を揶揄したモーツァルトでしたが，この『魔笛』により彼の時代へのメッセージは理想の型で結実することになりました。オペラの冒頭で夜の女王の国に迷い込んだ王子タミーノに「お前は誰だ？」と問われた鳥刺しのパパゲーノが「お前と同じ人間だ」と力強く答えることで，人は皆，自由で平等であるというフランス革命の根本思想が折り込まれています。ザルツブルク大司教コロレドを筆頭に教会権力や王侯・貴族に翻弄され続けたモーツァルトの面目躍如と

いった感じがします。

「人間モーツァルト」の理想を謳った『魔笛』の精神は後に共和制に傾斜していったベートーヴェンの『第9交響曲』の思想に受け継がれていきます。『第9』の第4楽章の合唱部分の原詩であるフリードリヒ・シラーのこの詩は，フランス革命勃発の数年前の1785年ドレスデンで書かれました。26才の青年詩人シラーは人類愛を高らかに謳い上げましたが，この詩に若いベートーヴェンは強い共感を覚え，人生最晩年に至るまで心にいだき続けてきたのです。その意味でモーツァルトこそが真に純粋に音楽のもつ力のみにより，アンシャン・レジーム（旧体制）を超えた最初の意識の革命家だったのかも知れません。

今日，芸術家は誰からも支配されず，また思想や信条を自由に発露することのできる個の自立した人間存在ですが，その当たり前のことが，250年以上前のモーツァルトの生きた時代には不可能でした。芸術とは皇帝や教皇の御意に奉仕する「下僕」でした。モーツァルトは，そのような時代にあって貴族たちの社交の場において自らの才能を認めさせることのできた稀有な存在でした。

そしてオペラ作品こそモーツァルトが最も書きたかったものであり，やがて貴族の「付属物」としてではなく，自立した音楽家として歩み出しました。彼は同時代の作曲家たちから一歩も二歩も時代を先取りした音楽家だったのです。

しかしながら，その作品がいかに崇高な人間愛を謳ったものであろうとモーツァルトの音楽を抜きにしては考えられま

せん。『魔笛』の生命力はひとえにモーツァルトの至純な音楽がもたらすものなのです。

モーツァルトの作曲家人生最晩年に書かれたオペラ『魔笛』はモーツァルトの音楽的集大成と言えます。『魔笛』ほど最初から最後まで序曲及び全21曲のどれもが美しさに満ちあふれた作品は他にはありません。このオペラ台本の時代や場所の設定は明らかではありませんが，古代エジプトの神々，イシスとオシリスを崇拝する高徳の僧ザラストロが登場することからエジプトであろうと考えられますが，現実には存在しない空間の世界とするのが一般的です。そのことがかえって超時代的な拡がりをもっていて演出家たちの想像力をかきたてます。また「日本の狩衣を身につけた王子タミーノ」というト書きも奇妙な設定です。このドラマを善（光の世界）と悪（闇の世界）の対立構造としてとらえ，最後には正義が勝利をおさめるという勧善懲悪のドラマとみることもできますが，それ以上にこの物語には謎めいた幅とふくらみがあるように思われます。娘パミーナを奪われた夜の女王には母親の愛情が感じとれます。また美しいパミーナに心を奪われる悪しき黒人モノスタトスには，世の男たちなら誰もが美しい女性に対してもつ心情が吐露されており，現代人も共感できます。

モーツァルトはウィーンで生活していた時代，フリーメーソンという秘密結社に加盟していたことで，このオペラもフリーメーソンの思想が盛り込まれています。そのことで後半部が「試練劇」のよ

うになり前半部との繋がりに不都合が生じていますが，この作品が宗教劇に終始しないのは民衆劇，おとぎ話であるゆえで，作品に国境を超えた拡がりをあたえています。

またこの物語には徳の力を備えた「小道具」が登場します。魔法の笛は王子タミーノに勇気をさずけ，美しい姫パミーナを勝ち取る手助けをしてくれます。また鳥刺しパパゲーノのグロッケンシュピール（Glockenspiel）には野獣や悪人モノスタトスとその手下どもをその美しい調べで一瞬のうちに善人へと変え，さらにはパパゲーナと結ばれることにもなります。このような荒唐無稽な筋立てもモーツァルトの手にかかるとたぐい稀な美しさで心に届きます。

モーツァルトにこのオペラの作曲を依頼したバイエルン地方出身のエマヌエル・シカネーダ（Emanuel Schikaneder, 1751-1812）は劇場興行師で台本作者でした。初演時はパパゲーノ役を自ら引き受けた程の芸達者な男でしたから，大衆が何を求めているかを知り尽くしていたと言えます。シカネーダはモーツァルトに作曲に集中できるよう小さな東屋風の家を提供しています。この小屋は今日，ザルツブルクのモーツァルテウム音楽院の敷地内に移築保存されています。

この作品の内容については様々な解釈が可能ですが，登場人物が人生修業を経て，徳をもった人間になっていく魂の成長過程を描いていて，後のヘルマン・ヘッセなどに見られる近代ドイツ文学における教養小説（Bildungsroman）の様相を示しています。物語の中で道徳的思想

カール・マリア・フォン・ウェーバー

を表す言葉や結社フリーメーソンの女性蔑視や人種差別ともとれるセリフが多くみうけられますが，この点を強調しすぎるとこの歌芝居の本質を見誤ることにもなりかねません。このありふれた民衆劇はモーツァルトの音楽によって光を与えられ，不朽の名作となったのです。この作品の本質は決してしかつめらしい哲学的道徳劇ではなく，高度な芸術性と子供から大人まで文句なしに楽しめる大衆娯楽性を兼ね備えた作品なのです。

さて，このモーツァルトの歌芝居形式をさらに発展させ国民歌劇を完成させたのがウェーバー(Carl Maria von Weber, 1786-1826)でした。ウェーバーはプラハの歌劇場の指揮者からドレスデンの宮廷歌劇場の音楽監督の任につきました。『魔笛』の初演から30年後の1821年，ドレスデンで作曲された彼のオペラ『魔弾の射手』（Der Freischütz，原題は「狩人の花嫁」ヨハン・アウグスト・アペルの「妖怪物語」による，台本はヨハン・フリードリヒ・キント）はプロイセン帝国の首都ベルリンで初演され，民衆から熱狂的に支持されました。これこそがオペラの本場イタリアに対抗すべく，ドイツ人に

よるドイツ人のためのドイツ・オペラでした。この時代，ヨーロッパは革命の嵐が吹き荒れ，まさに激動の時代を迎えましたが，1789年の「フランス革命」に始まり，ナポレオン戦争の敗北で神聖ローマ帝国が解体し（1806年），そしてウィーン会議による反動体制へと社会が「地殻変動」を起こした時代背景があります。多数の領邦国家に分かれていたドイツにおいて，ドイツ民族の間にはフランスに対抗すべく強力な国民国家の建設が急務となりました。屈辱的なフランス支配を受け，ドイツ国民の尊厳を踏みにじられたドイツ人がドイツ民族としての意識に目覚め，やがてはナショナリズムの高揚へと繋がり，自らのアイデンティティを各地に伝わる古い民話や伝説の蒐集に求め，民族の原点を採る運動となっていきました。

ウェーバーのこのオペラ作品はまさにドイツ民族が待ち望んだ国民オペラでした。有名な序曲とともに，主人公の狩人マックスが歌う「森を抜け，野を越え」や清純な乙女アガーテの祈りの歌，村娘たちの「花冠の合唱」そして「狩人の合唱」など音楽好きなら誰もが知っている曲に満ちています。

三十年戦争の時代を背景に深いボヘミアの森を舞台に村人の自然への畏怖の念，そして悪魔ザミエルに魂を売った狩人仲間のカスパールとのかけひきや森に住む隠者の登場，そしてアガーテの純粋な愛の結末や如何……？　おどろおどろしさとともに民話的ロマンにあふれたこの作品は『魔笛』と並んでドイツでは子供から大人まで最も愛されているオペラです。近年，この作品はオペラ映画として，舞台を200年を経たナポレオン戦争後の時代へと置き換えた演出により劇場公開されました。

ところでモーツァルトの妻コンスタンツェの父親とウェーバーの父親とが兄弟だったということで，ウェーバーにとってコンスタンツェは従姉だったことも何やら因縁めいたものを感じます。そしてこの超自然的現象を盛り込んだロマンティック・オペラの源流はウェーバーのこの作品を絶賛するとともに大きな影響を受けたリヒャルト・ワーグナーにより『さまよえるオランダ人』（1841年），『タンホイザー』（1845/1861年），そして『ローエングリン』（1848年）の誕生をみることになります。

26 ニュルンベルクの光と影──ある都市の自画像

　ドイツの都市の中で最もドイツ的な町──それはニュルンベルク（Nürnberg）ではないでしょうか。ニュルンベルクはドイツの歴史と伝統の輝かしい栄光と負の遺産を一身に抱えた特異な町です。ニュルンベルク──この名を聞けば誰しも，リヒャルト・ワーグナーの楽劇『ニュルンベルクのマイスタージンガー』（1868

年，ミュンヘン初演）を思い浮かべるように，この作品の時代背景となった16世紀のニュルンベルクは中世以来，手工業が隆盛を極め，職匠歌人（Meistersinger）ハンス・ザックス（Hans Sachs, 1494-1576）らが活躍しますが，仕立て屋，靴屋，パン屋といった職種の同業組合により職人の町として栄えました。

ニュルンベルクではすでに12世紀，商人の組合であるギルド（同業者組合）が成立し，商人たちが結束することで政治権力に対抗しました。やがて大工や石工，鍛冶屋などの手工業組合であるツンフト（Zunft）が誕生しますが，富を蓄えた商人や手工業者が商業としての基盤を整えたことで，ドイツ各地から優秀な職人が当地に集まってきました。

今日，中央駅のすぐ前の「職人広場」では主に観光客相手の見世物として中世風の職人工房の世界をかいまみせてくれます。この町に優秀な職人が集まったことで，当地で製作された手工芸品はいわばニュルンベルク・ブランドとでもいうべき高い評価を国際的に得てきました。このドイツの「モノ作り」の技術を支える「マイスター制度」は，すでに13世紀に確立されましたが，戦後法制化され，技術立国ドイツの職業教育の根幹を形成しており，マイスター資格（Meisterbrief）を持った職人の社会的地位は極めて高く，その資格は今日，ドイツを代表する自動車工業やビールやワインの醸造業から大工，左官，精肉業，製菓業などありとあらゆる手工業部門に認められています。

ニュルンベルクの旧市街には「玩具博物館」がありますが，この町はおもちゃの生産でも世界に知られています。ニュルンベルクに限らずドイツ製のおもちゃは精巧で，重量感のあるものが多くあります。私たち日本人には鉄道模型で有名なメルクリン社（本社はバーデン・ヴュルテンベルク州ゲッピンゲン市）の名はよく知られているのではないでしょうか。幼少の頃の筆者にとって同社の模型は垂涎の的でした。イギリスに続いて，1835年，ドイツで最初の鉄道が隣町フュルト（Fürth）との間に敷かれ，工業化の象徴たる蒸気機関車「アードラー号」（Lokomotive Adler, 鷲号）が走り，ドイツは鉄道王国への道を歩み始めました。

ニュルンベルクは現在，人口約50万人の中部フランケン地方の中都市ですが，11世紀中頃，神聖ローマ帝国の皇帝の居城（Kaiserburg）がおかれたことで，古城街道の観光ルートに入っています。

さて，ワーグナーは靴屋の親方，ハンス・ザックスを主人公に民衆喜劇を通してドイツ文化や芸術の気高さ，さらにはマイスターの高邁な精神を讃えるとともに，新たな芸術文化の台頭を描くことで自らの芸術の革新性を訴えました。この作品の成立の背景には1860年代のドイツの置かれた政治的，文化的状況が支配しており，台頭する市民階級のドイツ人としての意識が高まり，国家統一への夢の実現への期待が大きくなったことがあります。ワーグナーにとって16世紀のニュルンベルクはまさに「ドイツ的なるもの」の理想を具現した町だったのです。ニュルンベルクは皇帝の支配下にあったものの，自由都市のような共和主義的雰囲気を漂わせる市民の町でした。

ワーグナーと言えば，主に神話や中世英雄伝説を主題にした楽劇と呼ばれている作品や歌劇が多いのですが，この『ニュルンベルクのマイスタージンガー』はそれらとは趣きを異にし，恋愛を主題にした人間喜劇仕立てになっています。しかし，ドイツ人が最もドイツ的と呼ぶこの作品の前奏曲は現代史の節目のセレモニーで幾度となく演奏されてきましたが，第三帝国の時代，バイロイト演出とは異なり，ナチスの主導によりこのニュルンベルクの地でドイツ民族の優秀さとユダヤ民族排斥を前面に押し出した演出による『ニュルンベルクのマイスタージンガー』が上演されました。また，ヒトラーとワーグナー家との親密な関係が取り沙汰されるなど，ワーグナーの作品が憶測や誤解を生んできました。

ニュルンベルクはその輝かしい歴史や伝統とは裏腹に，ナチスの党大会が毎年開催されたことや，あの悪名高い反ユダヤ主義の人種法である「ニュルンベルク法」が制定されたことなど，連合国側にとって当地はナチスの牙城の如き存在でした。したがって，第二次世界大戦では連合軍の激しい空爆を受け，町は壊滅的に破壊されました。戦後はこの地で戦争犯罪が裁かれるなど，中世のロマンと現代史の狭間を生きた町と言えるでしょう。

ドイツ人は，戦後まもなく破壊された旧市街の復興に取りかかり，中世さながらの町へと見事に復元しました。この町で最も有名なものはクリスマス・シーズンにゴシック様式の美しい聖母教会の前のマルクト広場で繰り広げられるクリスマス市（ChristkindlmarktあるいはWeih-nachtsmarkt）です。名物の焼きソーセージ（Nürnberger Bratwurst）やレープクーヘン（Lebkuchen），そして雪の降る寒い日には身体の芯から暖めてくれるグリューワイン（Glühwein）は町の散策の供に欠かせません。

しかし，ニュルンベルクと言えば忘れてはならないのはルネサンス期に活躍した15～16世紀ドイツ最大の画家・版画家のアルブレヒト・デューラー（Albrecht Dürer, 1471-1528）の存在です。筆者は以前，ミュンヘンにあるアルテ・ピナコテーク（Alte Pinakothek）を訪れた際，デューラー29歳の時の『自画像』（1500年作）の前で釘付けになってしまいました。まるでキリストの生き写しのような凛とした顔立ちと，ゆるぎない意思を写し出したその瞳に吸い込まれてしまうのでは，と思うほどの圧倒的なリアリティーに驚嘆の念を禁じ得ませんでした。この絵を見つめている私自身が逆に

『自画像』（1500年作）

デューラーに見つめられ，心の中を見通されているような畏怖をいだきました。この絵の前では人間の存在が何と小さいものに思えたことでしょうか。デューラーの『自画像』がキリストの容貌とだぶるのは自らの芸術こそが神の手による完璧なものである，という自負の念がデューラーの心の内にあるからではないでしょうか。

金細工師の家に生まれたデューラーは生地ニュルンベルクで木版画・銅版画の製作に取り組みます。石畳の坂道を上りつめたカイザーブルク城壁近くの「デューラーの家」（Dürerhaus）は今日，観光名所の一つにもなっています。デューラーは1509年から1528年に没するまでの19年間，ここで製作活動に励みます。彼を有名にした三大銅版画の一つ『書斎の聖ヒエロニムス』（1514年作）にはこの家の窓ガラスが描かれています。

デューラーのような不世出の芸術家がこの町から生まれたのは偶然とは思えません。ルネサンス期のフィレンツェにミケランジェロやダ・ヴィンチ，ラファエロが生まれたように，都市の自由な空気が芸術家を育て上げたのではないでしょうか。

デューラーは，結婚間もない1494年23歳の時，新妻を残して新たな芸術表現の可能性を求め，徒歩でアルプス峠の難所を越えて，一路ヴェネチアへと赴きます。それはゲーテのイタリア旅行に先立つこと約300年前のことでした。ヴェネチア2度目の滞在中に描かれた『若いヴェネチア女性の肖像』（1505年，ウィーン美術史美術館所蔵）は良く知られた作品です。二度のイタリア旅行（1494-95，1505-07）でデューラーはイタリアに花開いたルネサンス文化の風を北国ドイツへもたらしました。

後にデューラーは「北方ルネサンスの巨匠」としての名声をほしいままにし，銅版画・木版画の先駆者として不動の地位を築き上げました。デューラーは油彩・水彩画家としても名を馳せましたが，版画という分野を職人の工芸から芸術へと高めた人物と言えます。

デューラー作の『メレンコリアⅠ』（1514年作）と題する銅版画ほど神秘的で不可思議な作品はないでしょう。翼を持った主人公の女性はメレンコリアのアレゴリーですが，メランコリー，すなわち憂鬱質はここでは決して疎ましいものではなく，知的創造活動の源泉と考えられています。この女性の眼差しは遠くの一点に注がれており，また翼を持っていることで彼女の想いが遥か彼方へと飛翔

『メレンコリアⅠ』（1514年作）

していることを見るものに想像させます。彼女の周囲に並べられたもろもろの道具や器具は学問や知的創造の象徴でもあります。

ドイツ人はその国民性として孤独やメランコリー，憂愁を愛する民族と言えますが，天才や知者にはメランコリー資質が認められ，いわば創造的鬱状態にあって瞑想，沈潜することにより豊かな知的創造性が育まれるのです。

ドイツで多くの偉大な哲学者や音楽家，芸術家が生まれたのもドイツ人の特性である「内省的」な性質の由縁かも知れません。デューラーの作品の魅力は解剖学的精密さ，完璧さ，知性といったものと神秘的かつ幻想的表現が一体となっていること，さらには，世界に対する分析的観察眼の正確さにあるのではないでしょうか。

27 グリューネヴァルトとヒンデミット

フランスの北東に位置し，東をドイツ，南東をスイスと国境を接するアルザス地方はフランスとドイツの歴史，文化が混在する地域です。近現代史において普仏戦争から第1次世界大戦，そしてナチス・ドイツの支配に始まる第2次世界大戦を通してめまぐるしくドイツあるいはフランスへの国家帰属が変わり，親族が敵・味方に別れて凄惨を極めた戦いを交えたところです。

南北170kmに延びるアルザス・ワイン街道の中心地コルマール（Colmar）は2度の大戦の戦禍をまぬがれたために，中世からの美しい街並みが残っています。運河が旧市街を流れ，コロンバージュ（Colombage, Fachwerkhaus）と呼ばれる木骨組みの家並みが美しいところです。この町のウンターリンデン美術館（Musée Unterlinden，13世紀のドミニコ修道院を改装し，中世からのルネサンス絵画，彫刻を所蔵）が所蔵する至宝『イ

ーゼンハイム祭壇画』（1512-15頃，Retable d'Isenheim, Isenheimer Alter）はドイツ宗教画最高傑作の一つです。作者はマティアス・グリューネヴァルト（Matthias Grünewald，1475/80年頃-1528，正式名はMathis Nithart（Neithart）Gothardt）で，アルブレヒト・デューラー，ルーカス・クラーナハ（父）と並び称されるドイツ・北方ルネサンス三大巨匠の一人です。しかしながらグリューネヴァルトの実像については多くの謎が存在します。

『イーゼンハイム祭壇画』はアルザス地方の小村イーゼンハイムにあった聖アントニウス会修道院からの発注で制作されたものです。聖アントニウスはペストなどの疫病の守護聖人として知られています。聖アントニウス修道会は実際に治療にも携わっていましたが，この『祭壇画』は疫病と戦う修道会の決意の表明であったことでしょう。

フランス革命の混乱期には，コルマールにウンターリンデン美術館が創設され，『イーゼンハイム祭壇画』がここに移されることになりました。『祭壇画』は両開きの扉式祭壇画で彫刻と11枚のパネル画29面からなる大作で，数多く存在する十字架上のキリスト像の中でも最も衝撃的な作品です。キリストの受難の悲劇が，そして生身のキリストの苦痛がこれほどまでに観る者に強烈に迫りくる作品はありません。イエスの苦しみに人々が共感することで信仰心が一層深まり，疫病や戦争，飢餓や貧困といった時代背景としての社会の過酷さが，この様なキリストの凄惨な姿をもたらしたのでしょう。

グリューネヴァルトはデューラーやクラーナハ（父），さらには農民戦争では農民側を支持したヴュルツブルクの彫刻家ティルマン・リーメンシュナイダーなどと同時代人で，中部ドイツに生まれたと伝えられています。キリストの受苦と自らを一体化しようとする神秘主義的信仰心から想像すると，人間中心の時代精神とはかけ離れた中世的信仰と芸術に身を捧げた人物であったと思われます。とりわけこの『祭壇画』の中で，信仰心の極限といえる『キリストの磔刑』は，後期ゴシック芸術の頂点に位置する傑作と言えるでしょう。強烈な色彩と幻想的表現は20世紀絵画を先取りしたかのようです。

時は宗教改革前夜のこと，腐敗した貴族階級や教会権力を批判し，聖書のみを信仰の拠り所とする改革派の抵抗，さらには熾烈を極め，およそ17万人の農民が

犠牲になったと伝えられるドイツ農民戦争の激動の時代の奔流に身をゆだねたグリューネヴァルトですが，彼は枢機卿アルブレヒト（1490-1568）の宮廷画家として絶対権力者のために絵を描き続けることに疑問を抱き，やがてその特権的地位を捨て，絵画制作から身を引き町を後にし，人知れず没したといわれています。

グリューネヴァルトは1510年までには大司教ウリエル・フォン・ゲミンゲンの，そして1516年には新たに大司教となったアルブレヒト・フォン・ブランデンブルクの宮廷画家となりました。ミュンヘンが世界に誇る美の殿堂「アルテ・ピナコテーク」のドイツ絵画館にはデューラーやアルトドルファーなどの名画とともにグリューネヴァルトの興味深い名画『聖エラスムスと聖マウリティウス』（1517-23）が展示されていますが，この作品は注文主である大司教アルブレヒトが聖エラスムスのモデルとなっています。豪華な衣裳を身に纏ったその佇たたずまいは，尊大な権力者アルブレヒトの意向を誇示するかの様です。宮廷画家として不本意にもこのような絵を描かざるを得なかったグリューネヴァルトの心中はいかばかりであったでしょうか。

4年の歳月を費して『祭壇画』を完成させ，マインツへと帰った彼の耳に届いたのは，ブランデンブルク選帝侯の次男であるアルブレヒトが大司教の座に就いたという驚愕の知らせでした。最も高潔であるべき最高聖職者の地位を，ローマ教皇庁と結託し財閥フッガー家から金銭を借り入れ，さらには，こともあろうに贖宥状（Ablassbrief）の販売で得た資金

をもとにして大司教座を得たというのです。

さて，『祭壇画』の完成からおよそ420年後，この大作に強く心を動かされ，またグリューネヴァルトの生き様に自らの境遇を重ね合わせ，創作意欲を駆り立てられた作曲家がいます。20世紀近現代音楽を代表するドイツ人作曲家パウル・ヒンデミット（Paul Hindemith, 1895-1963）がその人です。

ヒンデミットは第1次世界大戦後，ドイツ楽壇に登場しましたが，初期の作品は表現主義的傾向が強いものの，やがてその作風はドイツの伝統を重視する新古典主義的，あるいは新ロマン主義的傾向へと傾斜していきます。彼は作曲と同時に優れた指揮者として，またヴィオラ奏者としても一家をなしました。初期の前衛的なオペラ作品はその演出を巡って物議をかもしたことがあります。ヒンデミットはユダヤ系ではありませんでしたが，弦楽合奏などを通じてユダヤ人音楽家と親しく交流していたため，ナチス当局にとって目障りな存在でもありました。

ヒンデミットは宗教改革からドイツ農民戦争に至る激動期に芸術と信仰，そして創作のはざまで苦悩したグリューネヴァルトの大作『イーゼンハイム祭壇画』に心を打たれ，オペラ作品『画家マチス』（1933-34）を完成させます。ヒンデミットは7場からなるオペラ台本を自ら手がけましたが，その作品にはヒトラーによる政権掌握（1933年1月）後の暗黒の時代において芸術が政治に翻弄されていく姿が投影されています。

1933年，ヒトラー政権が誕生し，ナチス当局は文化・芸術のあらゆる分野に国家統制をかけました。ヒトラー政権の樹立は，これまで世界に拓かれたドイツ音楽の営みに暗い影を投げかけました。オペラの第6場では，画家マチスは自らが聖アントニウスと化し，魔物たち（ナチスの化身か？）により堕落の道へと誘われる幻影を見ます。主人公のマチスと大司教アルブレヒトとの葛藤を主軸に，農民の娘など架空の人物が登場することで，史実にとらわれることなく物語を叙情性豊かに仕上げています。1934年3月12日，オペラ『画家マチス』の上演に先行して，このオペラの素材をもとに3楽章からなる交響曲『画家マチス』（「天使の合奏」，「埋葬」，「聖アントニウスの誘惑」からなる）が，巨匠ヴィルヘルム・フルトヴェングラー（Wilhelm Furtwängler, 1886-1954）の指揮によるベルリン・フィルハーモニー管弦楽団の演奏で世界初演されました（オペラの初演は1938年，スイス・チューリヒ）。演奏会は大成功でしたが，ナチス当局は事前に上演許可を申請しなかったとの理由で，予定されていたオペラの上演禁止を言い渡します。ナチスによる弾圧が強まる中，両者の対立は深まっていきます。

フルトヴェングラーは『ドイツ・アルゲマイネ紙』（„Deutsche Allgemeine Zeitung"）に『ヒンデミット事件』（Der Fall Hindemith）と題する以下の寄稿文（一部，1934年11月25日号）を掲載し，ヒンデミットを擁護しました。

　　政治的な密告主義が芸術の分野にも大々的に乗り込んでくるとき，わた

したちはどこへ行けばよいのでしょうか。世界におけるドイツ音楽の普遍妥当性にとって若い世代の作曲家のなかでヒンデミットほど影響のある人物はありません。

また，それ以上にわたしたちは世界的な現象となっている真に創造的な音楽家の欠乏に直面してヒンデミットのようなすぐれた芸術家をそんなにあっさりと断念するわけにはいきません。

『指揮台の神々―世紀の大指揮者列伝』ルーペルト・シェートレ著　喜多尾　道冬訳　音楽之友社　2003年

この「事件」はドイツ楽壇を揺がす事態へと拡がり，社会現象の様相を呈することになります。フルトヴェングラーは楽壇の要職を解かれるとともに，ヒンデミットも音楽院の教授職に関して休暇申請を強要され，ついにはベルリンを離れ隣国スイスへ，さらにはアメリカへと亡命するに至りました（戦後はスイスに戻り大学で教鞭をとった）。これまでナチスに対して優柔不断な態度をとりつづけてきたフルトヴェングラーでしたが，今回のことで「消極的抵抗」から一転して明確に意思表示することで，「友人」ヒンデミットを守ったのです。

ところでフルトヴェングラーは意外にも演奏会でヒンデミットをはじめ，シェーンベルク，バルトーク，ストラヴィンスキー，プフィッツナーなどの近現代音楽（同時代音楽）作品を頻繁に取り上げ

ています。とりわけ，フルトヴェングラーとヒンデミットとの親和性，相性の良さは両者に共通するドイツ文化特有の古典派，そしてロマン派的内向性を内包するがゆえの共感が得られるからでしょうか。

文豪ゲーテは，ロマン主義の姿勢を自我の世界に沈潜し，神話や伝説の世界を賛美する病的なものと定義しましたが，古き良き伝統を重んじるドイツ音楽への傾倒は「ナチス的美学」とどこかで通底するものがあるのでは…と思われますがいかがでしょう。表現の自由，創造の自由を希求する芸術家と力ずくでそれを統制する国家権力との対立の構図は，400年前の教会の腐敗を糾弾し，聖書のみを信仰の拠り所とする宗教改革，そしてそれに続くドイツ農民戦争という時代背景と，時は移り変われども本質は変わりません。

カンディンスキー，クレー，ココシュカなどの作品が晒しものにされた「頽廃芸術展」（1937年）の例をあげるまでもなく，ナチス時代には芸術が政治の下僕と化したのです。またそれとは真逆に，本来芸術的に無価値に等しい作品が，国家によって，いわゆる「国策」として「戦意向上」，「国威発揚」を意図して賛美され，大衆に喧伝されていきました。権力と対峙した数々の芸術家が抱いたであろう誇り高い矜持に想いを馳せ，時代を生き，命がけで守りぬいた人類の宝とも言える芸術の結晶と真摯な姿勢で向い合いたいものです。

28 エンデ，ケストナーの語りかけるもの

1995年8月28日，『はてしない物語』(Die Unendliche Geschichte)や『モモ』(Momo)といった作品で親しまれている児童文学者，ミヒャエル・エンデ (Michael Ende, 1929-1995) が作家としては円熟期の65歳という年齢で他界しました。この日は奇しくもドイツの誇る文豪ゲーテの誕生日に当たっており，因縁めいたものさえ感じます。

児童文学というジャンルを超えて，エンデはその幻想的な作風の中に鋭い現代社会批判や物質文明主義への批判のまなざしを向けており，ドイツはもとより世界中の知識人から絶大な支持を得ています。まだまだ多くの素晴らしい作品を期待していた私たちの失望ははかり知れないものがあります。

エンデは1929年，オーストリアとの国境に近いガルミッシュ・パルテンキルヘン (Garmisch-Partenkirchen) というウィンタースポーツや避暑地として名高いバイエルン南部の町に生まれました。この町の家々の壁にはバイエルン地方独特のフレスコ画が描かれており，森や湖の多い牧歌的雰囲気の漂うところです。近郊にはヴァイオリン製作で有名なミッテンヴァルト (Mittenwald) という町があり，筆者も何度か訪れたことがあります。

エンデは作品の中で，日々の忙しさに人間らしい生活を忘れ，技術優先・金銭がすべて，という現代文明へ警鐘を鳴らしているのです。しかし彼は現代社会に対して絶望しているのではなく，必ずいつかは理想のユートピア（『はてしない物語』の中では「ファンタージエン」と呼ばれている）が来ると人々を励ましています。「ファンタージエン」の世界に入り，また現実の世界に戻ってくることで，人間のあり方や現代社会の病理や歪みを浮き彫りにし，物質至上主義に毒された人々に，精神の豊かさがどれほど大切かを語りかけています。

『モモ』の中の，「光を見るために目があり，音を聞くために耳があるのと同じように，人間には時代を感じるために心というものがある」という言葉を思い起こします。

『モモ』には「時間どろぼうと盗まれた時間を人間に取りかえしてくれた女の子の不思議な物語」という添え書きがついていますが，現代社会における人間の疎外化への鋭い風刺が平易な言葉に込められています。エンデは晩年，今日の資本主義経済の矛盾についても言及していますが，ドルを初めとする世界通貨に対して「地域通貨」の必要性を説いていま

す。

「地域通貨」とは地域経済の活性化を意図して発行される疑似通貨で，流通範囲や使用目的が限られていて，預金をしても利子を生まないばかりか交換価値も低下してしまいます。お金は「循環する」ことで本来の姿に戻るのです。

今日，日本でも100を超える地域で導入されており，商品や福祉，教育などのサービスの支払い代金，あるいはその一部として使用されています。

エンデという作家は私たちの目には見えない世界をファンタジーの力で語り，気づかせてくれます。

「ファンタジーとは現実から逃避したり，おとぎの国で空想的な冒険をすることではありません。ファンタジーによって，私たちはまだ見えない，将来起こる物事を眼前に思い浮かべることができるのです。私たちは一種の予言者的能力によってこれから起こることを予測し，そこから新たな基準を得なければなりません。」（『エンデの遺言──根源からお金を問うこと』，NHK出版，2000年）

この指摘ほど今日の実情にあてはまるものはないでしょう。

80年代に，『ネバーエンディングストーリー』（The Neverending Story, 1984年作品）という映画が『はてしない物語』を原作として製作されましたが，エンデはこの映画の内容には不満でした。

平易なドイツ語で書かれたエンデ文学はドイツ人の誰もが読め，少年少女から老人にいたるまで幅広い読者層に支えられています。現代のドイツ人の中でエンデの作品とともに成長した記憶をもたな

い人はいない，とまで言われています。また，彼の作品の多くが世界の主要言語に翻訳されており，エンデ（Ende, 終焉）はしかしネバーエンディング（unendlich）なのです。伝説や神話を題材に，民族や文化の違いを超えて人間の真理が存在するという信頼がエンデの心の中にあるのでしょう。彼の作品は，しかしながら説教じみたところがまったくなく，豊かな創造力で現代社会が抱える悩みを明らかにしてくれます。彼は，70年代の平和運動や反核運動にも大きな影響を与え，市民活動から生まれた緑の党（Die Grünen）の活動に力を貸したのです。奇しくも日本では一連のオウム真理教による犯罪で，精神や魂のあり方が問題になりましたが，エンデはそれが誤って現れる兆候を予感していたのではないでしょうか。若者たちにとって自分というものを見据える座標がなくなってしまったこの現代社会では，宗教は一つの解決策かも知れません。しかし宗教は，それを突き詰めていけば，排他的な「原理主義」に行き着く危険性をはらんでいます。国際的流動性の高い今日では，社会に多くの外国人が入り込んで来るためそれを自己の存在への脅威，と感じる者も出てきます。よりどころとしての自らの文化への回帰は，エスノセントリズム（自民族中心主義）や排外主義に流されかねません。エンデの国ドイツでは，ネオ・ナチや外国人への暴力が顕著な現象となってきています。

筆者のような団塊の世代の人間にはエンデの姿がケストナーという作家とオーバーラップします。エーリヒ・ケストナ

ー（Erich Kästner, 1899-1974）は『エーミールと探偵たち』（Emil und die Detektive）や『飛ぶ教室』（Das fliegende Klassenzimmer）など，大戦前夜の暗い時代の少年・少女の心をときめかせた数多くの素晴らしい作品を書きました。また，戦後発表した『ふたりのロッテ』（Das doppelte Lottchen）は映画化もされ，大変評判になりました。

　ケストナーは児童文学作家と思われがちですが，諷刺家でもあり当時の社会や人間の愚かさをユーモアと皮肉を込めて嘲笑しました。

　1927年に発表した詩「君よ知るや大砲の花咲く国」ではゲーテの『ミニョン』の歌「君よ知るや南の国」をパロディー化し，軍国主義の道をひた走るドイツを痛烈に皮肉り，やがて来たるべきヒトラー率いる暗黒の第三帝国の時代を暗示するとともに，衆愚と化した人間の愚かさを揶揄しました。ジャーナリストだった彼の作品には児童文学の領域を超えて見事なまでの諷刺と皮肉，そしてユーモアが込められていますが，時代への洞察力は読者を圧倒させるものがあります。

　ケストナーの作品に出てくる少年達は，主人公はもとよりどの子供たちもみんなケストナーの分身のような存在で，おませで，いたずらっ子ですが，親想いの，とりわけケストナー自身がそうであったように母親想いの優しい心を持った正義感あふれる元気で明るい子供たちです。

　彼らは自らの境遇に負けず，勇気と愛と知恵を持って力強く生きています。子供たちは大人のごまかしや過ち，悪事を

厳しく見つめています。そして大人たちの生き方を子供の目線で批判しています。大人たちは年齢とともに子供の心を失っていくといいます。いつまでも子供の純粋な心を持ち続けることができれば世の中から悪い人はいなくなるでしょう。

　今日，社会も政治も子供の心を置き去りにした大人たちの手で，自分達の都合だけで動かされていることに恐ろしさを覚えます。後の世代に良き社会，環境を残そうという意識が希薄です。

　また，子供たちもまるで大人のミニチュアの如く，子供時代を体験することなく大きくなっていきます。これでは頭でっかちの人間はできても豊かな感性や創造力が育まれないのは当然です。子供というのはどうにでも扱えると考えてか，子供たちは大人たちにとって都合の良い社会の鋳型に嵌められています。

　ケストナーの作品は，大人になるとはどういうことか，人間にとって一番大切なことは何か，を私たちに問いかけているようです。

　「かしこさを伴わない勇気は不法です！勇気を伴わないかしこさはくだらんものです！世界の歴史をみると，馬鹿な人々が勇ましかったり，かしこい人々が臆病だったりしたときがいくらもあります。しかしそれは正しいことではありませんでした！

　勇気のある人々がかしこく，かしこい人々が勇気を持ったとき，これまでよく間違って考えられていたこと——人類の進歩がみとめられるでしょう。」（『飛ぶ教室』第二のまえがきから，高橋健二訳，河出書房刊，1966年）

このようにケストナーは子供たちに語りかけていますが、その言葉はかつて子供だった大人たちの心にも痛いほど響きます。そして人生の中ですっかり忘れてしまった無垢の子供時代を想い出し、勇気付けられます。

どれだけ文明が発展しようとも人間の野蛮さは根本的には変わりません。

今日ケストナーの作品が次々と新たに映画化されているのは精神の不毛の時代にあって、いかに子供の心を持ち続けることが困難であるとともに大切なことかを物語っているように思われます。『ふたりのロッテ』、『点子ちゃんとアントン』、『エーミールと探偵たち』、『飛ぶ教室』など原作に親しんだ筆者の世代には、全てリメイクで時代も登場人物の社会的背景なども現代に置き換えられていることで多少なりとも違和感を覚えますが、作品が伝えるメッセージは本質的には変わりません。しかしながら、作者が生きたファシズム（全体主義）が台頭しはじめる「極限の」時代の中から生み出された作品の本来の姿に触れることによって、暗黒の時代を生きたケストナーのメッセージがより明確に伝わるのではないでしょうか。

しかしながら、ケストナー自身の生活は決して模範的とは言い難いものでした。それには彼の生い立ちが関わっていることも考えられます。にもかかわらず、彼の社会へのまなざしはナチスの時代から死の年に至るまで決してぶれることはありませんでした。

今日頭脳だけは優秀だが、社会への倫理観が欠落した人間が、少なからず社会の中枢を占めていることに危惧の念を抱きます。

不善者が権力を持つことで社会悪が世に蔓延し、社会がますますエゴイズムに汚染されていき曲学阿世の徒がはびこることになります。

教育は人間の知力を養うことはできても、倫理や道徳は自ら実体験を踏まえることにおいてしか学び得ないものです。高い教育は受けていなくても、優れた人格を備えた人達がいるのをみれば明らかです。善意を持った人たちに知恵と勇気が備わった時に、社会は大きく前進するのではないでしょうか。

エンデの作品と同様に、子供にとって魅力一杯の作品は子供の心を持った大人もときめきを覚えるものです。

エンデはインタビューに答えて、「世界は神経衰弱の一歩手前のような精神状態にあり、自分自身に暴力的になっているようだ」と語りましたが、私たちも彼の残してくれた数々の作品をよりどころとして現代が喪失してしまったものを再び取り戻す、「はてしない」思索の旅を始めましょう。

エーリヒ・ケストナー
（Erich Ohser 画）

29 『シンドラーのリスト』と杉原千畝（ちうね）

　1999年，第二次世界大戦末期にポーランドの古都クラクフでのホロコースト（Holocaust，大虐殺）から1,200人ものユダヤ人の命を救ったドイツ人，オスカー・シンドラー（Oskar Schindler）の救出名簿の原本が，シンドラーが晩年過ごしたヒルデスハイム（Hildesheim）の住居の屋根裏部屋で発見されました。

　1993年度のアカデミー賞で7部門を独占したスティーブン・スピルバーグ（Steven Spielberg）監督の映画『シンドラーのリスト』（Schindler's List）は人類の歴史の陰の部分をテーマとした力作で，これまで『E.T.』，『ジュラシックパーク』等の作品の成功によって彼にはエンターテインメントの監督としてのイメージが定着していましたが，この作品は彼のイメージをくつがえすきっかけとなりました。スピルバーグは自身もユダヤ系であり，血縁者の中にはナチス・ドイツの犠牲になった人物もいたそうです。やはりユダヤ人としての使命感がこの作品の映画化へと彼を駆り立てたのでしょう。スピルバーグはこの作品以降，『ア

ミスタッド』（Amistad）や『プライベート・ライアン』（Saving Private Ryan）など歴史の悲劇や戦争をテーマにした人間ドラマを取り上げています。

　スピルバーグはT.キーニーリーの原作を読んで衝撃を受け，『シンドラーのリスト』の映画化への構想を10年間あたため続けてきたそうです。

　この映画からはモノクロ・フィルム採用のせいか，生々しいドキュメンタリー映画のような迫力が伝わってきます。そこには，歴史の真実をダイレクトに伝えようとする姿勢が窺（うかが）えます。

　私たちは昔の出来事や事件の多くを白黒のニュース映像やドキュメント・フィルムを通して知ることになりますが，この映画も，ある意味では劇映画にもかかわらず，過去のドキュメントとしての目線で描き出すことで現代人の私たちにも絵空事ではなくホロコーストが現実に起ったこととして歴史的に今日まで繋がっているということを訴えたかったのではないでしょうか。一部分カラー映像で赤い服を着た少女が何度か登場しますが，これは歴史における過去と現在の連続性を暗示しているように筆者には思えるのです。

　映画の舞台は第二次世界大戦下のポーランドのクラクフ。軍需工場を造ったドイツ人実業家オスカー・シンドラーはナチスの高官に賄賂を贈り，ゲットーのユダヤ人を安価な労働力で働かせていま

す。その頃，強制収容所ではユダヤ人の大量虐殺が始まりますが，シンドラーはナチスの非人間的行為をまざまざと体験するうちに徐々に人間性に目覚めていきます。そしてついにはユダヤ人を救うために全財産をつぎ込むことになります。

シンドラーは戦後，アルゼンチンに渡り，事業家として再出発しましたが，事業にも結婚生活にも失敗し，1974年に不遇のうちに死去しました。1967年には，イスラエル政府から「諸国民の中の正義の人」賞を授与されましたが，彼のなきがらは遺言により彼が救ったユダヤ人たちの手でエルサレムに葬られました。

ところで，ドイツのシュレーダー前首相は1999年11月，訪問先の上海で第二次世界大戦中のナチス・ドイツによるユダヤ人迫害にふれ，ヨーロッパから上海へ逃れてきたユダヤ人について遺憾の意を表明しました。

ユダヤ人実業家たちはアヘン戦争（1840-42）を契機に中国大陸へと進出し，当時経済の中心地であった上海にはユダヤ人のコミュニティーが出来ていたとのことです。

また第二次世界大戦に際しては入国ビザが必要ではなかったためにロシア革命の難から逃れてきた人々やナチスの追及から逃れた人々など一説には3万人のユダヤ人が住んでいたとも伝えられています。この中には外務省からリトアニアの当時の首都カウナスに開設された日本領事館の領事代理（副領事）として赴任していた杉原千畝（1900-86）によってビザの発給を受けて上海に逃れてきたユダヤ人が多くいた，とのことです。資料に

よればなんと杉原が出した通過ビザは2,000枚以上にものぼるということです。彼らはここ上海から第三国へ自由を求めて脱出したのです。

杉原はロシア語を初めとする外国語に堪能で，外務省からヨーロッパ最前線の情報収集の命を受けていました。

日本人居住者のいないリトアニアに領事館が設置されたのは不思議な感じがしますが，その背景にはドイツが電撃的にソ連と不可侵条約を締結したその真相を探るための情報収集にあったと言われています。

当時，ドイツと同盟関係を結ぼうとしていた日本の状況からすれば，彼の取った行動は外交官としての責任を問われても仕方のないことかも知れませんが，このような人道的行為に対して，戦後，杉原は外務省からビザ発給の責任を問われ，依願退職を強要されました。しかも日本政府はこの事実を永らく隠しつづけていたのです。シンドラーと同様に彼も晩年は不遇でした。しかし，1985年にはシンドラーと同じ「諸国民の中の正義の人」として表彰されました。病気で出席できなかった杉原の代理として子息がイスラエルを訪問しています。そしてその翌年，彼は息をひきとりました。

近年，半世紀にもわたる外務省とのわだかまりも，国内外からの非難の声が上がり，外務大臣が正式に謝罪したことで解消され杉原の名誉も回復されました。

リトアニアは1991年，旧ソ連から独立しましたが，そのリトアニアでは，後に「日本のシンドラー」と呼ばれるようになった杉原千畝は最も有名な日本人な

のです。カウナスの民家を借りた日本領事館は現在「杉原千畝記念館」になっており近年、出身地岐阜県八百津町にも記念館ができました。

2015年12月には映画『杉原千畝 CHIUNE SUGIHARA』も公開されあまねくその存在が知られることとなりました。

戦争加害国としての日本の歴史の中で，このような人道的立場から決断を下した人物が存在したことに，一縷の光明を見る思いがします。

杉原　千畝

ドイツ人と信仰

「95ヵ条の論題」が掲げられた
ヴィッテンベルク城教会の門扉

30 誓いの「キリスト受難劇」──オーバーアマガウから世界へ

オーストラリア出身のハリウッド・スター，メル・ギブソン（Mel Gibson）が製作，監督，脚本を手がけた映画『パッション』（The Passion of the Christ，2004年，アメリカ）の公開に対して，全米でユダヤ人協会を中心にこの映画が反ユダヤ的であるとの激しい抗議が巻き起こり大論争となりました。

この映画の中では目を覆いたくなるほどに凄まじいまでのキリスト受難の場面が延々と続きますが，キリストを十字架にかけたユダヤ人民衆の扱いがユダヤ人蔑視である，と議論を呼びました。

アメリカ社会はユダヤ系の人たちが600万人いると言われていますが，彼らは少数派ではあっても政，財，官，学のあらゆる分野で社会の指導的地位を占めており，その影響力は絶大です。ユダヤ系アメリカ人はヨーロッパ大陸で様々な迫害を受け，移住してきた人々が主流です。この様な人たちはイラクと戦う大統領やイスラム原理主義者やテロリストとの戦いを掲げるイスラエル政権の政策に共鳴しています。その様なアメリカ社会で，なぜ自身敬虔なカトリック信者でもあるメル・ギブソン監督がこの時期に，私財を投じてまでもキリスト受難の映画化に情熱（パッション）を燃やしたのでしょうか。また，キリスト教信仰における「受難」とはどの様なことを意味するものなのでしょうか。

十字架はキリスト教会の象徴ですが，イエスの十字架上の死は神の子として遣わされてきたイエスが人類の罪を贖うために身代わりとして処刑され，それによって人類が罪から解放され救済されるのです。

今日，世界は民族対立やテロ行為などによる「憎悪の連鎖」が絶えることがありません。イエス・キリストが人類の犯した罪を償うためにあえて受難の道を歩んだことは，現代に生きる私たちに，この「連鎖」を断ち切るための一つの道筋を示唆しているようにも思えます。

「イエスを十字架に！」と叫んだのは，かつてイエスのエルサレム入城を讃えたユダヤの民衆でしたが，やがて暴徒と化した民衆の狂気と愚かしさはイエスを死に追いやります。十二使徒のひとりであるユダの裏切りや衆愚と化した民衆の存在は，人はなぜ憎しみあわねばならないか宗教を超えて私たちに問いかけています。

「受難劇」のルーツは，ドイツ・バイエルン州南アルプスの山麓の村オーバーアマガウ（Oberammergau）にあります。州都ミュンヘンから南へおよそ130kmの人口5,000人の牧歌的なこの村は，家々の外壁に施されたフレスコ宗教画が美しい典型的なバイエルンの田舎です。

普段は穏やかなオーバーアマガウ村も受難劇の年は村の様相が一変し，非日常的空間となります。この村ではおよそ380年の長きにわたって10年に一度，「キ

リスト受難劇」（Passionsspiele）が上演されてきました。受難劇は5月から10月にかけて50回上演されますが（2010年は5月15日から10月30日までの約半年間で100回を超える上演），この期間この村には何と世界中から50万人もの人たちが訪れるそうです。5,000人を収容するという会場もチケットの入手はバイロイト音楽祭並みの困難さで，数年前には完売するとのことです。

　総勢2,000人が出演し，オーケストラの演奏者を含めて全てアマチュア集団とは言うものの主役級には高い演技力が要求されます。上演には6時間も要する長大な舞台ですが，衣裳も全て村人の手作りといいます。村人は将来の参加を見越して小さい頃から演技や楽器の練習に励んでいます。演出家など一部のプロフェッショナルを除いて，全て村人による素人の手作りの舞台です。主役のキリスト役も村人から選出されますが，それはとても名誉なこととされています。村人は休暇を取ったり，休職したりして参加するそうですが，学校も練習のためには休校になるありさまです。

　この村の受難劇の歴史は17世紀に遡りますが，ドイツでは戦乱が続き国土は幾度となく焦土と化し，人心も疲弊しました。プロテスタントとカトリックの宗教対立に端を発した「三十年戦争」（1618-1648）は，後にはヨーロッパ全土を巻き込む宗教戦争へと拡大し，ドイツがその主戦場となり，人口は激減し国土は荒廃し尽しました。その頃この村一帯をペストが襲い，村人たちは神に救いを求め，もし神がこのペストをおさめてく

れるなら，10年に1度神への感謝の証としてキリスト受難の劇を上演することを誓います。それは1633年のことと伝えられています。

　ペストはやがておさまり，翌年の1634年，この村で初めてイエス・キリストの受難を描く受難劇が上演されますが，それ以来380年以上の長きにわたり，今日まで10年ごとに上演され続けてきました。しかしながら，この受難劇も現代史の流れに翻弄されることになります。第三帝国の時代，政権の座についたヒトラーは，その翌年の1934年，受難劇上演300周年に際し自らこの劇を観賞し，受難劇をナチスの政策に取り込み，ユダヤ人迫害政策に利用し，ユダヤ人排斥を正当化しました。

　戦後においてもこの受難劇は，ドイツという国，そしてドイツ人の歴史への反省，「過去の克服」といった大きな課題とともに歩むことを余儀なくされました。ユダヤ民衆の犯した罪は，ドイツ人がナチスを支持し，ヒトラーに政権を委ね数々の非人道的行為を許した罪や責任と重なり合います。

　1970年の公演では，全米のユダヤ人協会などから上演に対して抗議が殺到し，ボイコット運動へと発展し，約7万席分のチケットとホテルの宿泊予約がキャンセルされる事態となりました。さらに2000年の上演に際しても，同ユダヤ人協会から上演台本の改訂を求められた主催者は，神学的正当性とユダヤ人蔑視の問題をどう整合させるかを巡り，厳しい判断を求められました。結局はイエスとイエスを死に至らしめるユダヤ民衆と

いう対立構造を改め，イエスもまたユダヤ人であったことを強調することで妥協が計られることになりましたが，この問題は上演の度に再燃する永遠の課題と言えるでしょう。2010年の上演ではエルサレムにおけるローマ帝国総督ピラトの権力者としての横暴さを前面に押し出した新演出が行われました。

2010年の上演は21世紀最初となりましたが，今日も世界には民族対立や宗教紛争が絶えません。受難劇のメッセージを深く受け止め，平和への祈念としたい

受難劇の一場面（ドイツ連邦共和国外務省発行『ドイツの実情』より）

ものです。

さて，およそ400年前，村を襲ったペストがやがて終息したことで，村人たちが神への感謝を込めて演じた「受難劇」でしたが，皮肉なことに2019年12月，新型コロナウイルスが中国の湖北省武漢の海鮮市場を発生源として，その感染拡大がヨーロッパ各国へと波及し，ドイツもその影響が深刻な事態を招くことになりました。夏からの音楽祭や様々のイベントが軒並み中止の運びとなり，「受難劇」の上演も2022年5月21日の開催日まで延期（上演回数109回を予定）となりました。

長い伝統をもつこの「受難劇」は、J.S.バッハの『マタイ受難曲』に比肩する宗教芸術の最高峰です。2000年の時空を超えて上演されるこの劇で、私たちはイエスの受難に想いを馳せ、10年の節目に人類の来し方を振り返ります。コロナ禍を乗り越え、再び「受難劇」が上演される世界が来るよう、祈るばかりです。

31 「宗教改革」の聖地を訪ねて──近代的批判精神の誕生

ドイツ中世都市の旧市街（Altstadt）の中心には定期市（Markt）が立つ広場（Marktplatz）に面して市庁舎（Rathaus）と教会（Kirche）があります。中世以来，市庁舎は市民の自治の，そして教会は，市民にとって精神的な拠り所でした。そんな旧市街にしばらく身を置いていると朝夕の隔てなく鐘の音が耳に届いて来ます。最初は少々耳触りに聞こえるもの

の，やがてそれがまるで音楽のように快い響きとなってくるから不思議なものです。時計というものがなかった中世では，市民や農民はこの時を知らせてくれる教会の鐘の音を頼りに生活のリズムを刻んでいたに違いありません。今日でも少し注意して鐘の音に耳を傾けていると，一定の規則に従って時を告げていることが容易に分かります。時計を持たずともお

よその時刻を知ることが出来るというものです。鐘の音が1回だと15分、2回だと30分、そして3回で45分、4回続くときは正時、そして正時には続いて鳴る別の種類の鐘の音が今何時かを告げてくれます。ドイツでは、教会の鐘の音や市庁舎のからくり時計が、中世以来実直なドイツ人の日々の生活のリズムを悠久の時の流れを超えて律儀に刻んできたのです。

さてそんな牧歌的なドイツのとある小都市で「事件」は起りました。

ドイツ東部、ザクセン・アンハルト州のヴィッテンベルク（Wittenberg）は、今日、人口4万9千人の赤い屋根の木骨組みの家並みと石畳みの歩道が美しい牧歌的な一地方都市ですが、その「事件」が起こった当時この町は小さいながらもザクセン選帝侯フリードリヒ賢公（Friedrich III. der Weise, 1463-1525）の都が置かれ、大学が創設されていました。

今を遡ること約500年前、この小さな町の修道士がとった行動がその後のドイツ農民戦争（1524-25）はもとより、三十年戦争（1618-1648）を初めとして数世紀にもわたり、ヨーロッパ世界の世界観や秩序を根底から揺り動かす「大事件」になろうとは、誰しも予測することが出来なかったに違いありません。その修道士とは、マルティン・ルター（Martin Luther, 1483-1546）、——今日、誰もが知る宗教改革者その人です。

アイスレーベン（Eisleben）で農民の子として生まれたルターは、エアフルト（Erfurt）の大学で学び聖職者となりました。1508年には新設されて間もないヴィッテンベルク大学の招きでこの町にや

ってきました。時にルター25歳、これ以後ヴィッテンベルクはルターの終生の生活の場となりました。彼はアウグスティン派修道院の塔の一室に居を構え、思索、研究に没頭しました。この修道院は大学発祥の地でもあります。

この地の大学は賢公と称されたザクセン選帝侯フリードリヒにより、1502年に創設されたばかりでした。ルターは1512年10月、神学博士となり神学の教授職に就きます。時あたかも聖地ローマでは先の教皇ユリウス2世に続き、教皇レオ10世もヴァチカンの聖ピエトロ大聖堂の改築などの資金を集めるため、ドイツでの贖宥状（免罪符、Ablassbrief）の販売を積極的に行いました。これについてはアウスブルクの金融業者フッガー家が深く関与していました。フッガー家は当時、各地の封建諸侯はもとより、皇

城教会の内部、ルターとメランヒトンの柩が納められている（ヴィッテンベルク）
（写真提供：ヴィッテンベルク市観光協会）

帝や教皇とも密接な経済的繋がりを持ち，多大な利益を得ていました。

贖宥状はこれ以前にも販売されていましたが，ルターの時代，テッツェル（Tetzel）という名の僧侶が言葉巧みな説教をして歩き，寄進を集めていました。

「金銭により罪の贖いが得られる」ということを問題視したルターは贖宥状の販売に抗議し，マインツ大司教アルブレヒト・フォン・ブランデンブルグに書状を送りつけるとともに，1517年10月31日，ヴィッテンベルク城教会（Schlosskirche）の門扉に95ヵ条の論題（Thesen）を掲げ，公開討論に挑んだと伝えられています。10月31日といえば万聖節の前日ですが，ルターは多くの人々が教会へと参集してくるこの日を選んだのでしょう。

この「95ヵ条」はもとより神学的論題として掲げられたものでしたが，ラテン語で書かれた原文はただちに民衆の言語であるドイツ語に訳され，ドイツ全土に伝わって行きました。信仰の拠り所は聖書のみにある，とするルターの教えはやがてドイツのみならず，ヨーロッパを震撼させる大革命をもたらすことになるのです。中には「第86条」のように，法王の財産について触れるような挑戦的なものもありましたが，総じて教会法や，教義，さらにはキリスト教信者の生活態度を戒めるもので，政治的な意図は含まれていませんでした。

さて絶対的権威であるローマ教皇庁に対して，一介の修道士，神学教授が公然と反旗を翻し，論争を挑む，などということは前代未聞の出来事で，命も落としかねない無謀な行為でした。事実，ルタ

ーは後に教皇から破門され，またハプスブルク家の皇帝カール5世からも帝国追放処分を宣告されることになります。教皇からの破門がいかに厳しい罪であったかは「カノッサの屈辱」（1077年）などの歴史的事実が如実に示しています。しかしながら，ルターの批判はまさに法王権の核心を突くものであり，カトリックの教義と教会体制に疑問を投げかけるものであったがゆえに，彼の抗議は自らの意図をはるかに超えた拡がりをもって一大社会変革への動きへと転化していきました。ここはその時代背景として，社会的・経済的変動，そして14世紀にフィレンツェを筆頭にイタリア諸都市で起こったルネサンスや人文主義運動の影響を考慮しなければなりません。世の中が絶対的尺度としての神の世界から人間中心の社会へ移り変わりつつあったことを忘れてはならないでしょう。

しかしながらルターの思想の通奏低音には，1510年に彼が27歳のときにローマ巡礼で目のあたりにした，僧侶や市民の腐敗した生活ぶりがあったものと思われます。ルターの主張があまねく民衆に受け入れられたのは，当時の民衆の多く

マルティン・ルター　　カタリーナ・フォン・ボーラ

が禁欲を唱える聖職者たちの欺瞞や堕落した生活ぶりを熟知していたからです。ルネサンス期のフィレンツェの人ニッコロ・マキャベリ（Niccolò Machiavelli, 1469-1527）は『君主論』（1513年）で世に知られた政治思想家ですが，彼は戯曲『マンドラーゴラ』（La mandragola, 1518年）という民衆喜劇で聖職者に対する嘲笑と人間本来のもつ欲望や喜びを語りかけています。フィレンツェの知識人はもとより一般民衆も教皇位が神の代理人としての権力と莫大な富を得るための道具と化していることを見抜いていました。この作品は当時の人々の考え方が反映されているといえるでしょう。ルターの抗議は，お金さえ出せば罪は贖える，とする当時の世相や一般民衆の信仰心の欠如への警告でもあったことでしょう。厳しい自省に裏打ちされたルターの神への姿勢は，あのアウグスティン修道院における「塔の経験」（ルターは修道院の塔の一室に住み，そこで思索したが，苦悩の中で人は信仰によってのみ罪を許されるとの原理に至った回心体験）によって知られるごとく，「祈り」であり，神との対話でした。

　さて，ルターの行動は彼の不屈の精神に拠るところが大ではありましたが，彼を支えた人物の存在を抜きにしては語れないでしょう。

　彼の友人であり，強力な支持者であったメランヒトン（Philipp Melanchthon, 1497-1560）は，20歳そこそこでヴィッテンベルク大学の教授に就任しましたが，ルターを生涯にわたり支え続けました。「キリスト者はすべてのものを自由に支配して何人にも従属しない。キリスト者は全てのものに仕えて何人にも従属する」という相い矛盾する命題で始まるルターの代表的著作『キリスト者の自由』（„Von der Freiheit eines Christenmenschen“, 1520年）の完成もメランヒトンの助言なしには考えられませんでした。

　今日，城教会内にはルターとメランヒトンの柩が仲良く，並んで納められています。そして妻のカタリーナ（Katharina von Bora, 1499-1552）の存在も忘れてはなりません。貴族の娘で，かつ修道女でもあった彼女は僧院を抜け出し，国外追放の身であったルターのもとへと走りました。いや，実はルターその人こそが彼女を僧院から奪うが如く連れ出したとも伝えられています。1525年6月13日，ルターは妻帯を禁じられながらもかねてよりの信念に従って彼女と結婚しました。時にルター42歳，カタリーナ26歳でした。二人は生涯で6人の子供をもうけました。カタリーナは既に名を成していたとはいえ，国外追放の身の夫を支え，理想的な妻であったと言われており，当時「ズボンをはいた女性」と言われたが如く，自立した女性でした。二人の結婚

フィリップ・メランヒトン　　ルーカス・クラーナハ

はルターを慕ってヴィッテンベルクへとやって来た多くの学徒や信徒にも多大な影響を与えたものとみられます。ルター一家はアウグスティン修道院内の部屋を学生たちに貸し与え，自給自足に近い生活をしていたといいます。さらに，筆者はルターに関わるドイツ・ルネサンス期を代表するもう一人の人物について言及しなければなりません。その人物とはルターの肖像画の大半を手掛けたルーカス・クラーナハ父（Lucas Cranach d. Ä., 1472-1553）です。ルターハウス所蔵の肖像画の中でもとりわけ筆者にとって印象深かったのは「ユンカー・イェルクとしてのマルティン・ルター」です。ローマ教会から破門に処せられ，さらに皇帝より帝国追放処分となったルターその人の肖像画です。その表情にはローマ教会と対峙する修道士としてのルターの飾らぬ素朴な精神がにじみ出ています。また旧市街地の中心，マルクト広場横にある市最古の建造物，聖マリーエン市教会（St. Marien Stadtkirche）にはクラーナハの手になる有名な『宗教改革祭壇画』があります。さらに，旧市街の一角に「クラーナハ薬局」があり，彼はこの薬局をも経営していたといいます。またヴィッテンベルクの市長の任にもつき，行政の手腕をふるうなど多彩な才能を発揮しました。おびただしい数のルターの肖像画の存在からしてルターとクラーナハとの関係は密なるものがあったと推測されますが，クラーナハはルターの結婚式の媒酌人も務めたとも伝えられています。しかしながらクラーナハは，またルターと対立関係にあった枢機卿アルブレヒトの

肖像画も描いていて，世渡り上手なしたたかさを備えた人物であったことが想像されます。

ルターの思想の広範な普及には，グーテンベルク（Johannes Gutenberg, 1397頃-1468）により発明された活版印刷術が力を貸すこととなりました。チラシやパンフレットが大量に印刷され，「神の言葉」は人々のもとに届けられました。またルターによる聖書のドイツ語訳の出版は，聖書を聖職者の手から民衆に解放することとなりました。1521年，ザクセン選帝侯フリードリヒ賢公は巧みにもルターをアイゼナハ（Eisenach）のヴァルトブルク城（Wartburg）に匿いましたが，ルターはこの城にたてこもり，ギリシア語原典にたちかえり，聖書のドイツ語訳を完成させました。ラテン語で読まれていた聖書は聖職者たちの都合の良いように解釈されていたからです。なお，旧約聖書に関しては，1534年までの歳月を費してヘブライ語，アラム語からドイツ語に訳しました。

賢公フリードリヒはたしかにルターをローマ教皇の手から守りはしましたが，ルターの信奉者ではありませんでした。それには当時の政治情勢が背景にあり，

ルターが『新約聖書』をドイツ語に訳したヴァルトブルク城（アイゼナハ）

ルターを政治的に利用したものと考えられます。絶対的宗教権力であるローマ教皇と繋がる神聖ローマ帝国皇帝カール5世と対立する領邦君主や諸都市は、ルター支持を表明することにより、その対立は激化したのです。

ルターは農民戦争に際しては、封建諸侯の庇護のもとにあったことで農民一揆を弾圧する諸侯の立場を容認しました。その意味でルターは封建的な政治支配の枠組みの中でキリスト教的社会秩序の維持を理想としたと言えるでしょう。加えてルターは、社会のマイノリティーとしてのユダヤ人に対しても厳しい姿勢を向けています。

アウグスティン派の修道院であったルターの家（Lutherhaus）には、今日おびただしい数にのぼるルターの著作や出版物、さらには書簡文などが展示されています。

ルターはさらに約30篇にも及ぶ讃美歌を作曲しています。その中でも最も有名な曲は „Ein' feste Burg ist unser Gott"（われらが神はかたき砦）で、J. S. バッハのカンタータ（BWV80）としても知られています。メンデルスゾーンの交響曲第5番『宗教改革』ニ短調作品107の第4楽章はルターのこのコラールの序奏で始まり最後は壮大な管弦楽で終ります。ヴィッテンベルクでは、ルターゆかりの城教会や市教会などではこの曲が折りに触れオルガンで演奏されています。

ルターが及ぼした社会的影響の拡がりは、次のような事実を知れば明らかになるでしょう。1248年に建造が始まったドイツ・カトリックの総本山の一つケル

ンの大聖堂では、ルターの出現により寄進が集まらず、以後建造は頓挫し、最終的に完成をみたのは600年以上も後の1880年でした。

16世紀初頭、ドイツの一地方都市に芽生えた近代的批判精神の萌芽は、その後ドイツ社会の通奏低音として宗教や文学、哲学などの学問領域を超え、広く社会に根付くこととなりました。そして、それは自立、平等、社会正義を旨とし、確固たる個人主義に立脚した現代ドイツ社会の形而上学的精神基盤を形成しているのではないでしょうか。巷説では、ドイツ人はおせっかいが過ぎるとよく言われますが、直接自らの利害に関わらないところにまで口出しをするのは、世の不正や不法、偽りに対して批判や抗議するというドイツ民族の伝統でしょうか。それは取りも直さずルターを原点とする近代的批判精神のあらわれであり、それは日常の社会生活を営む中で、正義を貫く原動力ともなっているのです。宗教改革の時代、ルターのみならず、クラーナハという人物に近代的個性の誕生をみる想いがします。

さらには同時代人であるアルブレヒト・デューラーやティルマン・リーメンシュナイダーなどドイツ・ルネサンスの時代を飾った巨匠の存在も忘れてはなりません。

ヴィッテンベルク市では、ルターがこの町にやって来た1508年から宗教改革を行った1517年の10年間の軌跡を辿り、宗教改革500年を記念する「ルター年」（Themenjahr der Reformationsdekade 2008-2017）の行事が繰り広げられまし

た。2017年10月31日には宗教改革500年を記念して，聖マリーエン市教会においてプロテスタントの牧師とカトリックの神父による合同礼拝が取り行われました。今日，ドイツ社会において教会離脱者の増加現象に見られるごとく，キリスト教の影響力は低下しています。にもかかわらず，社会の隅々までキリスト教文化やキリスト教的倫理観が法規範ととも

に根強く浸透しています。ドイツ史，ヨーロッパ史を理解するにはキリスト教文化への知識が不可欠です。確かにマルティン・ルターを知らずしてJ. S. バッハの音楽の神髄に触れることは不可能でしょう。今一度「宗教改革」がもたらした意義を原点に立ち戻って考察するのも無意味ではないでしょう。

32　「ドレスデン空爆」から——和解への架け橋「聖母教会」再建へ

「エルベ河畔のフィレンツェ」と形容される古都ドレスデンは16世紀以来，ザクセン公国の首都として繁栄を誇ってきました。なかでも「剛胆王」あるいは「強王」と呼ばれたアウグスト選帝侯（August II. der Starke, 1670-1733）が統治した17世紀末から18世紀前半，ドレスデンは栄華を極めました。芸術の良き理解者であり保護者でもあった王はドレスデンをイタリアのフィレンツェのような芸術の都にするべく心血を注ぎました。バロック建築様式の粋と称されるツヴィンガー宮殿は今日も往時の栄華を伝えてい

ますが，宮殿内のアルテ・マイスター絵画館（古典巨匠絵画館）には，ラファエロの傑作『システィーナのマドンナ』をはじめ，フェルメール，レンブラント，デューラー，クラーナハ（父）などの名画が，そしてロマン主義から表現主義までの絵画を集めたアルベルティヌム（近代絵画館）には，ドイツ・ロマン派画壇を代表するカスパール・ダーヴィド・フリードリヒ（Caspar David Friedrich, 1774-1840）の『月を眺める二人の男』が展示されています。神秘的な自然の風景と一体化した人物描写からドイツ人の

アルブレヒト城（マイセン）

マイセン国立磁器製作所での絵付け作業

ロマン的心情（Gemüt）が伝わってくるようです。また『山上の十字架』は宗教画（祭壇画）が扱う聖書の世界を風景画に持ち込んだ作品で新境地をきり拓きました。

フリードリヒはバルト海沿岸のグライフスヴァルト（Greifswald）という小さな町で生まれましたが，1798年24歳の時，ザクセン公国の芸術の都ドレスデンに移り住み活動しました。フリードリヒの多くの作品は今日ハンブルク市立美術館が所蔵し展示されています。他にも様々な絵画館や「緑の丸天井」（Grünes Gewölbe）と呼ばれる宝物館などには王が情熱を込めて収集した名画や陶磁器，宝物など貴重な文化遺産が所狭しと並べられています。

また東洋の磁器に心を奪われた王は錬金術師ベトガー（Johann Friedrich Böttger, 1682-1719）に磁器の製作を命じました。ベトガーはマイセンのアルブレヒト城内で幾多の試行錯誤を経て，磁器製作に成功します。王は磁器製作の秘密が漏れることを恐れ，ベトガーを城に幽閉しました。今日，世界の名器として名高いマイセン磁器の原点はここに始まります。

街の中心に位置する聖母教会（Frauenkirche，1743年建立）はバロック様式の美しいプロテスタント教会で，ドレスデン市民の宗教的拠り所になっていますが，教会内には名匠ジルバーマンが製作した壮麗なパイプオルガンが設置されており，かつてJ. S. バッハもこのオルガンを演奏しました。その後もこのオルガンは旧東ドイツ時代を経て今日に至るまで

祈りの音楽を奏でてきました。

ドレスデンはまた世界最古のオーケストラを有する都市でもあります。宮廷楽団（Staatskapelle）は1548年の創立で，そのいぶし銀のような音色はまさにドイツ音楽に最もふさわしいオーケストラの一つと言えます。「国際化」の名のもとに機能を重視し，均質化，没個性化が進行する演奏芸術の世界にあって，ライプチヒのゲヴァントハウス管弦楽団と並んで，その存在感を示しています。今日，この座付きオーケストラが属するザクセン州立歌劇場（ドレスデン国立歌劇場）は建築家ゼンパー（Gottfried Semper, 1803-1879）によって建てられたもので，市民から「ゼンパーオペラ」と親しみを込めて呼ばれていますが，数ある歌劇場の中でも世界屈指の美しさを誇るオペラハウスです。

この様な「麗しの都ドレスデン」も第二次世界大戦末期の1945年2月13日夜半から14日の未明にかけて二度にわたってイギリス空軍の，そしてさらには14日の正午頃，今度はアメリカ空軍の空爆に晒され，甚大な被害を受けました。この無差別爆撃で街は80％近くが破壊されるとともに2.5〜3.5万人（一説には13.5万人）にのぼる非戦闘市民に死者が出たと伝えられています。この空爆でツヴィンガー宮殿や王宮，歌劇場などとともにドレスデン市民の宗教的象徴，聖母教会までもが破壊され，焼失してしまいました。先の大戦の敗北により分断国家として出発したドイツですが，ドレスデンは旧東ドイツに属したため多くの建造物が再建されたものの，社会主義国であった

がゆえに教会の再建は後回しにされ，永らく破壊の爪跡は戦争の記憶を留める記念碑として放置されたままでした。「ベルリンの壁」の開放後，当地を訪れた筆者が見たのは，教会建物の周辺に散在していた残骸でした。しかしながら，「空爆」から半世紀を経た90年代初めに，ドレスデン市民の間で聖母教会再建に向けた動きが大きくなっていきます。

莫大な再建費用は「空爆」を行ったイギリス，アメリカなどの連合国を初めとする世界各国から集められました。そして着工からおよそ10年を経た2004年6月，外装工事の完成をみましたが，再建に際しては破壊され黒くなった瓦礫の中で使用可能なものには番号を付け，新しい石材に組み込まれました。

またイギリスの財団「ドレスデン・トラスト」は英独両国の和解の象徴として

焼失した十字架を復元し，教会の尖塔に奉納しました。ドレスデンは2006年，建都800周年を迎えましたが，かつての美しい佇まいを取り戻した聖母教会は，平和と民族を超えた和解への架け橋として生まれ変わりました。

「ドレスデン空爆」は広島，長崎への原爆投下とともに，悲惨な戦争の裏面を物語っています。老人，婦人，子供などの非戦闘市民を巻き込んだ無差別爆撃は戦争のルールを逸脱する非人道的行為であり，その必然性に疑問を投げかけます。

1945年3月10日の「東京大空襲」では約10万人の命が失われました。さらに大阪や神戸などの大都市への無差別爆撃が「戦意喪失」を意図に繰り返され，多数の市民が犠牲となりました。聖母教会の再建は戦争の加害者と被害者がその立場を超えて戦争というものの本質に向かい合い，平和を祈念する第一歩を印したこととしてその意義は大きなものがあります。

聖母教会（ドレスデン）

オーストリア事情あれこれ

オーストリアの諸州

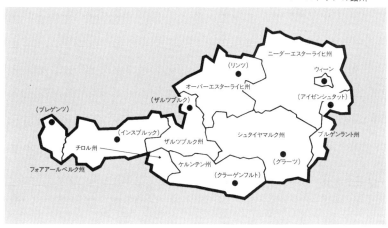

オーストリア連邦報道庁発行『オーストリア──事実と数字』より

33 芸術で知るウィーンの醍醐味

ウィーンの舞踏会
（ウィーン国立歌劇場のパンフレットから）

オーストリア（Österreich）の首都ウィーンはヨーロッパ随一の音楽の都であるばかりか，かつては欧州一の権威を誇ったオーストリア・ハンガリー帝国のハプスブルク家（Das Haus Habsburg）の栄華を偲ばせるシェーンブルン宮殿（Schloss Schönbrunn,「美しの泉」の意味），ベルヴェデーレ宮殿（Schloss Belvedere,「美しい眺め」の意味）のほか多くの美術館があり，貴族文化の宝庫とも言える都市です。その中でも，ドイツ・オーストリア系オペラ座の世界最高峰と言われているのが，ウィーン国立歌劇場（Wiener Staatsoper）で，毎年9月初旬から翌年6月末までほぼ毎日上演しています。

世界のトップスターの出る演目でないかぎり比較的チケットがとりやすいうえ，立見席（Stehparterre, Stehplätze）だと200～300円程度で世界最高のオペラが鑑賞できます。チケットは最高の席でも157～178ユーロ（約2万円）程度です。

歌劇場の座付きオーケストラでもあるウィーン・フィルハーモニー管弦楽団（Wiener Philharmoniker）は世界最高峰のオーケストラと言われ，ニューイヤーコンサート（Neujahrskonzert）のテレビ中継によってわが国にも馴染みの深いオーケストラですが，オペラ座での演奏に際してはウィーン国立歌劇場管弦楽団（Orchester der Wiener Staatsoper）の名が冠せられることになっています。「ドイツ語やイタリア語が解らないから…」と言わず，ウィーンを訪れたら是非一度足を運んでみてください。絢爛豪華な衣装や舞台を見るだけでもその価値は十分あるはずです。また幕間にはワイン・グラスを片手に歌劇場のロビーを散策するのも楽しいものです。歌劇場それ自体が重要文化財で，かつて貴族の社交場として華やかな歴史を飾った時代に思いを馳せるのも一興かと思います。

いくら外国のオペラ座の引っ越し公演が盛んになったとはいえ，劇場をそのまま持ってくるわけにはいきません。是非本場の舞台を本場の劇場で，それも手軽な料金で味わってみてください。数回の体験できっとオペラの魅力に引き込まれてしまうこと請け合いです。

このオペラ座には有難いことに立見席が560席もあり，とりわけ1階立見席がお薦めで，料金は約300円です。オペラはどうも…，という人には軽いオペレッタやミュージカルが専門のフォルクスオー

パー（Volksoper）はいかがでしょうか。ここではJ.シュトラウスやレハールなどのオペレッタや肩のこらないミュージカル作品が楽しめます。入場料金もオペラ座の半額以下と格安ですが，立見席もあります。また開演30分前になると残りのチケット全てがわずか7.5ユーロ（約1,000円）になります。

2002年秋の音楽シーズンから，わが国の誇る世界的指揮者，小澤征爾が永らく空席だったウィーン国立歌劇場の芸術監督に東洋人として初めて就任し，日本のクラシック音楽愛好家の話題を呼びました。2010年秋のシーズンからは地元オーストリアはリンツ生まれのフランツ・ウェルザー＝メスト（Franz Welser-Möst）が就任し，最近まで活動していましたが，突然辞意を表明し現在は空席となっています。歌劇場横のヘルベルト・フォン・カラヤン広場ではパブリック・ビューイングが開催されており，大画面の迫力でオペラの生中継を気軽に楽しむことができます。

オーストリアは人口約840万人の小国ながらも芸術文化を国や自治体がしっかりと助成していますが，国家財政の悪化によりウィーン国立歌劇場は株式会社化され，政府の助成が大幅に削減されました。しかしながら年間総予算約70億円のうち入場収益は30％程度で，あとは国や民間企業のスポンサーの出資を仰いでいます。

さらに美術や建築に目をやると，この地はグスタフ・クリムトやエゴン・シーレそしてオットー・ワーグナーといった画家，建築家などにより世紀末芸術が花

開いたところでもあります。特に19世紀末ウィーンの絵画芸術を代表するクリムトは耽美主義的な女性の官能の美を描いて「エロスの芸術家」と呼ばれ，新しい芸術を生み出し時代の寵児となりました。クリムトは1897年，35歳の時，保守的なウィーンの芸術姿勢に反旗を翻し，「ウィーン分離派」（Secession）という既成の概念にとらわれない革新的芸術集団を結成し初代会長の地位に就きました。「分離派」の活動の拠点となったユーゲントシュティール（Jugendstil, 青春様式）の「分離派館」には次のようなスローガンが掲げられています。

「時代にはその芸術を――芸術にはその自由を」（Der Zeit ihre Kunst―Der Kunst ihre Freiheit）

そして地階のギャラリーにはベートーヴェンの第9交響曲への讃歌であるクリムトの大作『ベートーヴェン・フリーズ』が展示されています。他にもウィーン市内には，約70にも及ぶ美術館や博物館があり，各時代のコレクションを誇っています。その中でも特に有名なのがウィーン美術史美術館（Kunsthistorisches Museum Wien）で，ハプスブルク家の遺宝を中心に展示しています。

さて皆さんは，キャロル・リード監督（Carol Reed）の映画『第三の男』（The Third Man）をご覧になったことがありますか。第二次世界大戦直後の混乱のウィーンを舞台にしたこの映画は，名画の中の名画と言われていますが，あの世界的大俳優オーソン・ウェルズがその中で「悪の美学」とも言える台詞を語るプラーター公園（Prater）の中にある遊園地

の大観覧車が今日もなお健在です。

イギリス人作家グレアム・グリーンの原作による映画『第三の男』は，英・米・仏・ソ4ヵ国の共同占領下にあった戦後まもないウィーンを舞台にして物語は展開していきますが，オーソン・ウェルズ演じるハリー・ライムは混乱のウィーンの闇社会で水増ししたペニシリンを密売することで大金をかせぎます。

旧友ホリー・マーチンス（ジョセフ・コットンが演じている）が死んだはずのハリーとプラーター公園で再会し，有名な大観覧車の中で言い争う場面がとりわけ印象的です。

ハリー曰く，「中世のイタリアでは戦争と流血が続いたが，ダ・ヴィンチやルネサンスが生まれた。スイスはどうだ。500年の平和と民主主義で何ができたか。鳩時計さ。あばよ。ホリー！」（映画『第三の男』字幕より）。この悪の美学とも言えるハリーのセリフに若い頃の筆者は妙に納得し，心を動かされました。

この映画はカメラ・アングルや光と影のカメラ・ワークが大変見事な作品ですが，中でもハリーが国際警察の手から逃れようとして迷路のようなウィーンの地下水道を走りまわるシーンは手に汗をにぎる見せ場です。また，エンディングで中央墓地の並木道をハリーの恋人が脇目もふらずホリーのかたわらを通りすぎてゆくロングショットも映画ファンの語り草になっています。

この中央墓地にはベートーヴェンやシューベルト，ブラームスなどのウィーンを舞台に活躍した楽聖たちが眠っています。

「カフェ・ツェントラール」内部（写真提供：オーストリア政府観光局）

さて，ヨーロッパの文化・芸術のメッカ・ウィーンはとりもなおさずカフェ（Café）とケーキ（Kuchen）の街。街の至るところにあるカフェは，ただコーヒーを飲むところではなく人々の憩いの場でもあり，また知識人や文化人，ジャーナリストたちの「溜まり場」ともなっています。有名なカフェハウスの常連客（Stammkunde）はいつも同じ席，同じテーブル（Stammtisch）につき，どんなに混んでいてもその席はリザーブされています。

ヨーロッパでは水道の水はそのままでは飲めません。ですから，ウィーンのカフェのようにコーヒーを注文すると必ずおいしい水も一緒に持ってきてくれるのは有難いことです（通常，水は有料です）。

コーヒーの名も実に洒落ていて，アインシュペナー（Einspänner）は原意が「一頭立ての馬車」のことで，ガラスのコップに入ったウィンナー・コーヒーのこと，またメランジェ（Melange）はコーヒーと泡立てたミルクを同量ずつカップに注いだもので，カプチーナ（Kapuziner）はいわゆるカプチーノ・コーヒーのこと

でカプチン修道士の装束の色に由来しています。威厳と風格のある少々敷居の高い店がまえをしていますが思い切って一度訪れてみてはいかがでしょうか。

ウィーンにはカフェとともに老舗の菓子店（Café Konditorei）が多くあり，甘いもの好きのウィーンっ子でいつも一杯です。その中でも国立歌劇場裏の有名なホテル「ザッハー」（Sacher）の1階にあるカフェ・ザッハー（Café Sacher）の，ザッハートルテ（Sachertorte）は世界中に知れわたっています。

ウィーンのコーヒー文化はオスマン帝国との戦いの中から生まれましたが，その後のウィーンの都市と文化の形成に大きな影響を与えることとなりました。

19世紀のウィーンのカフェハウスは，多くの芸術家や学者がそこを根城にして新たな芸術や世界観を産みだしていったところなのです。とりわけ「世紀末」と呼ばれるこの時代のウィーンは，20世紀の学界や芸術の領域に大きな影響を与えました。例えばフロイトの精神分析学に

よる無意識世界の解明は，レントゲンのX線の発見とともに思想，文学，音楽，絵画などあらゆる分野に衝撃的なインパクトを与え，人間の発想の大転換をもたらしたのです。

ウィーンっ子は洒落ていて遊び心に富んでいると言われます。このあたりが同じゲルマン系民族である厳格なドイツ人と少々異なっているようです。

物事に絶対的価値を置きたがるドイツ人に対して，オーストリア人はバランス感覚が豊かで，すべての物を相対化し，時代の中にうまく同化させてしまう天才です。保守と革新，退廃と前衛…，あらゆるものが一定の均衡を保ちながら存在しています。これはまさしく多民族国家ハプスブルク帝国が産み出した伝統そのものでしょう。

日本も余暇社会（Freizeitgesellschaft）に入って久しくなりますが，音楽に，芸術に人生を楽しむ術を知り尽くしているウィーン，ウィーンっ子に学びたいものです。

---

34 楽都に響く「フィルハーモニー」──その誇り高き伝統

ウィーンとワルツは切っても切れないものですが，J・シュトラウス2世（1825-1899）が作曲した『美しく青きドナウ』（An der schönen blauen Donau）はオーストリア第2の国歌と言われるほど，ウィーンっ子のみならずオーストリア国民に愛されている曲です。なかでもウィーン・フィルハーモニー管弦楽団による優

雅な演奏はどんな世界の一流オーケストラでも太刀打ちできないもので，この楽団員はシュトラウス自身よりも彼の音楽を熟知している，と半ば冗談めいて言われているほどです。

この『美しく青きドナウ』は1867年の春に作曲されましたが，オーストリア帝国はその前年，プロイセンとの戦いに

敗れ，ウィーンの町にはまだ暗雲がたちこめ人心は疲弊していました。そんなウィーンを勇気づけるためにこの曲は作曲されたとのことですが，原曲は男声合唱団用のワルツで歌詩の内容があまりにも陳腐なものであったがために評判は決して良くありませんでした。時代の寵児シュトラウスはパリの万国博覧会やアメリカ合衆国独立100年祭に招待され，ニューヨークやボストンなど各地で演奏会を行い，彼のワルツは世界を駆け巡りました。パリでの演奏会に際してシュトラウスはこの『美しく青きドナウ』をオーケストラ用に書き改めたところ大評判となりました。

　今日，日本でもすっかりおなじみになっている元旦恒例のニューイヤー・コンサートは，ウィーン・フィルハーモニー管弦楽団創立100周年の1942年に指揮者クレメンス・クラウス（Clemens Krauss, 1893-1954）によってはじめられました。彼は，記念すべき楽友協会ホールでの第1回コンサートを指揮しこの世を去るまで毎年指揮しました。新年初めにゴールデンザールと呼ばれている楽友協会大ホールに軽やかに鳴り響くウィンナ・ワルツは，時代が変わっても人々の心を酔わせます。2002年のニューイヤー・コンサートではウィーン国立歌劇場の音楽監督就任が決っていた小澤征爾（1935- ）が東洋人として初めてタクトを振り大いに話題を集めました。保守的土壌の強い楽都ウィーンが，ヨーロッパ音楽界最高の地位に東洋人音楽家を迎えたその柔軟性に驚きを覚えたものです。

　この年，パイプオルガンの下には元旦

より流通が始まったヨーロッパ共通通貨「ユーロ」のデザインが掲げられ，時代の移り変わりを痛感させられましたが，ウィーンから芸術のみならずヨーロッパの新しい政治の風が吹く象徴的な出来事でした。

　ウィーン音楽界の恒例行事と言えばもう一つ，大晦日から元旦にかけて上演されるシュトラウスのオペレッタ（喜歌劇）『こうもり』（Die Fledermaus）がありますが，この作品は近づく帝国の崩壊を背景に凋落するハプスブルク家の貴族階級や，19世紀後半のウィーンを舞台に経済力をつけてきた新興ブルジョアジーの頽廃的でものうい雰囲気に満ちた恋愛珍騒動劇で，文句なしに楽しめる作品です。

　厳冬のウィーンはバル（Ball, 舞踏会）の季節ですが，国立歌劇場を会場にした大規模なバルを初め，医者やパン屋，大工，消防士などの職業，組合別の大小さまざまなバルが催されます。

　名門ウィーン・フィルハーモニー管弦楽団は，1842年，指揮者オットー・ニコライにより第1回目の演奏会を行ないました。ウィーン・フィルはウィーン国立歌劇場の座付きオーケストラで，総団員約200名の中から歌劇場で3年以上の経験を経たのちウィーン・フィルの団員によって選ばれた百数十人の団員で構成されており，外部からの入団は認められていません。4名のコンサートマスターは歌劇場とウィーン・フィルのコンサートマスターを兼任しています。1933年以降常任指揮者を置かず，自主的に運営されており，収入は年10回の定期演奏会（同一プログラムの2回公演で20回）やレ

コードやCD録音，それに演奏旅行による収益に依っています。定期演奏会の数が極端に少ないことから，旅行者がウィーン・フィルの演奏会に出会えるのは全くの幸運と言えるでしょう。

ウィーン・フィルをウィーン・フィルたらしめている要素はシュトラウス一家などのワルツやポルカなどの独特の奏法にありますが，それとともに楽都にふさわしい独特の雅（みやび）な音色にあります。とりわけオーボエやホルンなどは通常の楽器とは異なる特殊な楽器を使用しており，ウィーン・スタイルにこだわっています。

指揮者はもとより独奏者にとってもウィーン・フィルとの共演には特別の感慨があるようですが，また聴衆にとっても音楽家の力量を知る試金石ともなっています。

ウィーン・フィルは創設以来，オーストリア出身の男性のみで構成され，徹底した純血主義を守ってきた世界でも稀な団体です。この「女人禁制」の伝統は150年以上存続してきましたが，東洋人の入団もその外見上の理由で拒否してきました。「純血主義」とはいうものの，650年続いたハプスブルク家の民族融和政策や，1867年に成立したオーストリア＝ハンガリー帝国の伝統ゆえにチェコ系，ユーゴ系などの団員も数多くいます。したがってウィーン・フィルはオーストリア国民のみから成る，という主張は厳密な意味では正しいとは言えません。最近では，外国人男性演奏家も採用されています。

小澤征爾が指揮した2002年の「ニューイヤー・コンサート」では女性のハープ奏者の姿が初めてテレビの映像に映し出されました。さらに2003年のコンサートではフルタイムで演奏する女性ヴィオラ奏者が一名加わっていました。

この背景にはこれまで女性を排除してきたウィーン・フィルが1996年，女性音楽家やフェミニズム運動家の女性排除に対する抗議の声に押されるなど，内外からの圧力で女性にも門戸を開くことになりました。そして初めてフランス人女性ハープ奏者がウィーン国立歌劇場管弦楽団に採用され数年の経験を経て正式にウィーン・フィルの団員に迎えられることになりました。さらには本国オーストリアの女性ヴィオラ奏者が団員に迎えられるなど「純血主義」は徐々に崩れつつあります。ベルリン・フィルを初めとして世界の著名オーケストラが多国籍化する中でウィーン・フィルが保守性をかたくなに堅持してきたのは一見時代遅れのようにも思えますが，ウィーン・フィルがローカル性を保持しているのはそれなりの理由があるように思えます。ウィンナ・ワルツの演奏にかけてはどんな一流のオーケストラもウィーン・フィルに太刀打ちできないと言いましたが，ウィーン・フィルの独特の響きは誰でも聞き分けることが出来ます。

ベルリン・フィルがカラヤン以来，イタリア人のクラウディオ・アバド，イギリス人のサイモン・ラトルにより世界のトップスターを集めたスーパー音楽家集団と化し，その結果洗練されすぎてもはやドイツのオーケストラというよりも無国籍化した世界の超一流オーケストラと呼ぶにふさわしい団体となってしまい，

フルトヴェングラー時代の昔の音色を懐かしむオールド・ファンも多くいます。

ベルリン・フィルが当代超一流の国際的ソリストの集団であるのに対して，ウィーン・フィルはその母体がウィーン国立歌劇場管弦楽団であることからも解るように，アンサンブル集団で，楽器もフィルハーモニー所有のもので音色も変わることなく昔のままの響きが維持されてきましたが，小編成の室内楽を最も得意としています。

ウィーン・フィルはまさにその保守性ゆえに普遍性を持ち魅力を放っているとも言えるのではないでしょうか。合理性や機能性だけでは語り尽くせぬ不思議な魅力を備えているのです。ドイツにもベルリン・フィル以外にライプチヒ・ゲヴァントハウス管弦楽団（Gewandhausorchester Leipzig）や世界最古のオーケストラとして名高いドレスデン国立歌劇場管弦楽団（Staatskapelle Dresden）など愚直なまでも文化の地域性に愛着を持ちつつ，ドイツの伝統的音色を守ろうとする素晴らしいオーケストラが存在するのはクラシック愛好家にとって喜ばしい限りです。これらのオーケストラはドイツ古典派やロマン派の音楽にかけては右にでるものがないような見事な演奏を披露してくれます。オーケストラの存在意義をグローバリゼーションやフェミニズムと結びつけて論じるのは少々的はずれのように筆者には思えます。ウィーンにもウィーン交響楽団やトーン・キュンストラー管弦楽団（2015年秋に佐渡裕が音楽監督就任）などの一流のオーケストラがあるのですから，フェミニズム論をかざして職場への女性排除論を持ち出すのは極端すぎるように思われます。日本の文化にも「歌舞伎」や「宝塚歌劇団」が存在するごとく男性が女性を，また女性が男性を演じることでより味わい深い趣がかもしだされるのです。

全てのものが画一化される時代にあって，せめて世界に一つぐらいこんな頑固なまでに保守的なオーケストラがあっても良いのでは，と思います。逆転の発想で女性音楽家達だけでウィーン・フィルに匹敵するようなオーケストラを作ってみれば面白いことになるのでは……と筆者は密かに思ってみたりもしています。

伝統と格式を重んじるウィーン・フィルも第1コンサートマスターのライナー・キュッヒル（Rainer Küchl）の定年を期に，その後任として30歳という若いブラジル系ドイツ人が決まりました。さらには女性団員を積極的に受け入れるなど，新たな時代に入り，ウィーン・フィルは変貌しつつあります。

35　オーストリアの外国人締め出し法

オーストリアは，1995年1月，スウェーデン，フィンランドとともに，ヨーロッパ連合（EU）に加盟しました。人口わずか約840万人の小国ですが，戦後，社

会民主党（SPÖ）主導のもと，国民党（ÖVP）との連立政権で福祉や年金制度を充実させてきました。オーストリアはフランス，イタリアと異なりストライキが極めて少なく，労使協調が戦後復興と経済成長の要でした。また，ドイツと並んで外国人にも寛大で，国民の半数がスラブ系など東欧諸国やゲルマン民族などとの「混血」で，13世紀から第一次世界大戦まで650年も続いたハプスブルク帝国時代を通じて歴史的に外国人受け入れには抵抗の少ない国とされてきました。

19世紀の後半，ヨーロッパでは市民が民族意識に目覚め，民族自立，独立を求める運動が各地で高まりました。多民族国家であるオーストリア帝国にはバルカン半島のスロヴェニアやセルビアなどの小国が含まれ，ボヘミアやハンガリーもその支配下に置いていました。中でもハンガリーはハプスブルク帝国への反発が極めて強かったため，フランツ・ヨーゼフ皇帝はハンガリーと「和協」（Ausgleich）を結び，1867年オーストリア＝ハンガリー二重帝国を成立させました。その時以来ハプスブルク帝国が崩壊する1918年までこれが国家の正式名称となりました。

オーストリアは第二次世界大戦のあと，アメリカ，イギリス，フランス，ソ連の4ヵ国に分割占領され10年後の1955年，永世中立国となることを条件に独立を回復しました。戦後の冷戦時代「東西の架け橋」としての役割を演じてきたオーストリアですが，冷戦の崩壊は永世中立国としての独自性を失い，その外交は西欧へと傾斜を強め，EUへの加盟へと

動き出したのです。

そのオーストリアで1993年夏から「外国人滞在法」が改定され，事実上，外国人を締め出し始めたのです。旧ユーゴスラヴィアの内戦や，東欧の社会主義国の体制崩壊を契機に難民や移民が，西欧と東欧・中欧の接点にあるオーストリアに大量に流入してきたのです。

1983年には26万9,000人（人口の3.6%）だった外国人の数が1992年には58万2,000人（人口の7.4%）にまで増加しました。このほかにもいわゆる不法滞在者が推定10万人は存在する，と言われてきました。

この改定により，査証発給枠が設けられ，年間2万7,000人しか新規ビザを発給しないことになり，事実上，外国人の受け入れを制限したものになっています。これに対して，各政党や市民団体から非難の声が上がりましたが，次第に外国人敵視が強くなりました。とりわけ失業中の若者たちには，この外国人労働者の存在が「目の上のたんこぶ」になったのです。

2000年2月極右政党の参加による連立政権成立の背景には，EUの中で，小国オーストリアが自らのアイデンティティーを喪失するのでは，との国民の危機感のあらわれのようにも感じられます。

オーストリア政府は，「外国人統合化政策」（2003年1月より実施）により，1998年以降にオーストリアに移住したEU加盟国以外の永住希望者に対して，ドイツ語の日常会話やオーストリアおよびEUに関する基礎知識の習得を目的とした講習への受講を義務付けることとしました。

しかし，オーストリアは一方では外国人に開かれた社会を目指しており，賃金・社会保障・年金など国籍で差別はしていません。

ボーダーレス時代が到来して既に久しいですが，これから日本でも様々な形で定住する外国人が増加してくるでしょう。欧州大陸の中央に位置するオーストリアやドイツと，海に囲まれた日本とでは条件が異なるものの，外国人労働者の受け入れにはまだ法的合意が形成されていません。好況のときは不法就労を黙認し，不況になれば締め出すという場当たり的な対応では国際社会からは到底理解は得られないでしょう。

日本政府は，国内におよそ27万人いるとされる不法労働者に対して，退去を求める方策をとっていますが，しかし社会正義や人権，さらには「アムネスティ」の立場からすればこれまで法的整備を怠ってきた政府に責任がないとは言えません。真の意味で国際化の道を歩むには，「異なるもの」と和する知恵を日本人も学ばなければなりません。

どこの国においても，不況になれば排外主義が社会の隅々にまではびこるものであることは歴史が証明しています。外国人労働者をさらには難民・移民をいかに受け入れるか，日本も決して避けては通れない共通の難題です。

ドイツのこれからの課題，そして日本

連邦議会議事堂の丸屋根（「Zeitschrift Deutschland"より）

36 いま，回顧するドイツ再統一劇

1989年，「ベルリンの壁」が当時の人々の予想を超えた早さで崩壊したその原因の一つは，ハンガリーが西側に急接近し，共産党の一党支配から複数政党へと移行したことにあります。

ハンガリーの自由化が旧東ドイツの市民に自由への逃避の道を開くことになったのです。ハンガリーは中立国オーストリアと国境を接していますが，旧東ドイツから押し寄せる「逃亡者」を制しきれなくなったことで東側に留まるか，西側に歩み寄るかという重大な決断を迫られました。

結局ハンガリー政府は旧東ドイツの警告を無視して国境を開放することになります。このような不測の事態に旧東ドイツは何らなすすべを知らなかったのです。

「ベルリンの壁」が崩壊するおよそ2ヵ月前，ライプチヒ（Leipzig）では市民による民主化要求の大規模なデモンストレーションが起きましたが，この運動の拠点となったのが聖ニコライ教会（Die Nikolaikirche）でした。

教会のみが反体制活動家たちにとって，社会主義体制のもとで，不十分ながらも平和の祈りを通じて自由な発言を許された「避難所」でした。

旧東ドイツ市民は，„Wir sind das Volk"「私たちこそが主権者たる人民だ」をスローガンに市民運動を強めていきました。やがてこのスローガンは，„Wir sind ein Volk"「私たちは一つの民族だ」に変化してゆきます。民主化への要求が統一への運動に転換していったのです。

壁崩壊1ヵ月前，月曜日のデモンストレーションは7万人規模に膨れ上がりました。いつもの様に聖ニコライ教会での「平和の祈り」の集会後，多数の市民が合流し，片手にローソクを持ち整然と旧市街を囲む環状道路を行進し，再び教会へと戻ってきました。一歩間違えば流血の惨事になりかねない緊迫した事態でしたが非暴力による「革命」により，10月18日，ホーネッカー国家評議会議長が失脚し，社会主義体制は崩壊へと加速します。

ベルリンの壁は「無血革命」によってあっけなく開放されることになりました。事態の急転にドイツ統一を巡って舞台裏では様々な駆け引きが行われました。ドイツ連邦共和国（BRD）とドイツ民主共和国（DDR）との間では「ドイツ再統一」について議論が重ねられましたが，当初は東西間の条件が整うのを待って対等の立場による「国家連合」が現実的である，との考えが支配的でした。しかし旧東ドイツでの最後の選挙が1990年3月18日に実施されましたが，計画経済の急激な崩壊とゴルバチョフ政権のゆくえ如何では統一に多大な影響を与えかねない，という憶測から一気に統一へのテンポが加速しました。

旧西ドイツの基本法第146条では「この基本法は，ドイツ国民により自由な決断で議決された憲法が，発効する日に，

その効力を失う」と定められており，ドイツ統一に際しては新憲法の作成が念頭におかれている条文でした。

当時の野党SPD（社会民主党）などは第146条を主張しましたが，コール首相（Helmut Kohl, 1930-2017）は手っ取り早く統一を可能にする基本法第23条を採択しました。第23条においては，旧西ドイツの州以外のドイツの他の地域が加盟すれば，基本法の効力が生じるとしているのです。

これによって東ドイツという国が西ドイツに組み入れられ，完全に消滅することになりました。したがってこの統一は東ドイツの西ドイツへの編入であり，社会主義国としての東ドイツの消滅を意味しており，旧東ドイツの遺産のすべてが消去されてしまったのです。もちろん抱えてしまった負の遺産が圧倒的に多いのも確かですが，社会主義国家ゆえに成しとげたものをも切り捨ててしまったことは，国家という存在そのものがあたかもなかったかのようにする考え方ではないでしょうか。旧東ドイツ市民は新たな社会環境に適応できるのか，そして自らの

アイデンティティーを見出せるのか，大きな混乱もなく統一へのプロセスが進行したのは喜ばしいことですが，今後，ドイツ人に大国としての優越感が生まれることも懸念されます。社会主義を本来の姿に戻すべきである，と考えていた旧東ドイツの知識人たちは，資本主義社会という荒波に投げ出されて孤立感を深めました。1999年度のノーベル文学賞を受賞した戦後ドイツを代表する作家ギュンター・グラス（Günter Grass, 1927-2015）は統一は西と東の「連合」という国家形態が望ましいとし，文化的多様性をもった知性と品位を備えた統一ドイツのあるべき姿を理想と考えていました。

統一ドイツが東ドイツを「吸収合併」したことで，それを旧西ドイツによる植民地化という表現をする人もあり，既に旧東ドイツ市民はOssi（東のヤツ）と呼ばれて2等国民扱いされてもいます。さらには旧東ドイツの経済再建に旧西ドイツ市民の税金が使われることへの不満も噴出しました。

旧東西ドイツの人々が互いに非難しあう情況は，人々の心の中に宿る「精神的

ベルリンの壁崩壊

な壁」が皮肉なことに冷戦構造が崩壊した今日のほうが以前よりも厚く存在していることを示しているのかも知れません。少なくとも冷戦以前には西側の人々は東の同胞への配慮があったでしょうし，また東の人々も西側への憧憬があったように思います。そこには体制を超えて目に見えない心の絆が結ばれていたのではないでしょうか。40年に及んだへだたりは人々の価値観や歴史観を一朝一夕には解消させるものではないでしょう。

近年公開された映画『グッバイ，レーニン！』（Good Bye Lenin!, ヴォルフガング・ベッカー監督，2003年）は再統一によって消滅してしまった旧東ドイツという国の姿を，国家に忠誠を尽くす母親と民主化運動に情熱を燃やすその息子という二人の視線を通して描いたコメディータッチの作品ですが，笑いと涙で物語ることにより，西側世界の価値観を痛烈に皮肉っています。さらには2007年のアカデミー外国語映画賞に輝いた映画『善き人のためのソナタ』（Das Leben der Anderen, フローリアン・ヘンケル・フォン・ドナースマルク監督，2006年）は，シュタージ（Stasi, Ministerium für Staatssicherheit, 国家保安省）による密告体制が隣人はもとより，親子，兄弟，夫婦に至るまで，市民生活の隅々まで網の目のように張り巡らされていた時代の恐怖を，人間関係を綾にして描いています。シュタージは約9万1,000人の職員と

約18万人の協力者を擁し，ナチス時代のゲシュタポに優るとも劣らぬ監視体制を敷いていたのです。

40年にも渡る夜警国家での生活は疑心暗鬼を増幅させ，人間そのものに対する拭いきれない不信感を植え付け，被害者であるとともに自らも加害者になり得る構造を社会全体に蔓延させていました。今日，シュタージへの協力者の名前は公表され，人民裁判の様相を呈しています。

ライプチヒ市の「ドイツ近代博物館」（Zeitgeschichtliches Forum）では市民のイニシアチブにより，旧東ドイツ時代の歴史や市民の生活の軌跡を記憶に留めようとする作業が営々と営まれています。それは自らの拠り所としての歴史が消滅してしまうことへの危惧の現れとみることができるでしょう。

統一に際しては旧東ドイツの5つの州が復活することになり，連邦共和国の州となりました。ドイツ再統一への真の成功にはこの5州の経済的自立が何よりも必要でした。1991年には経済再建のための投入資金は1,500億マルクにも達しました。40年間の社会主義計画経済体制がもたらした負の遺産を解消し，経済を活性化させるにはさらなる時間を要しましたが，このドイツ再統一という人類の理想と英知を結集させた20世紀最後の試みは中台関係や朝鮮半島の統一への試金石となりました。

ドイツ連邦共和国基本法 （1949 年 5 月 23 日制定）
Grundgesetz für die Bundesrepublik Deutschland (23. Mai 1949)

第23条

この基本法は，さしあたり，バーデン，バイエルン，ブレーメン，大ベルリン，ハンブルク，ヘッセン，ニーダーザクセン，ノルトライン＝ヴェストファーレン，ラインラント＝プファルツ，シュレースヴィヒ＝ホルシュタイン，ヴュルッテンベルク＝バーデンおよびヴュルッテンベルク＝ホーエンツォレルンの諸ラントの領域に適用される。ドイツの他の領域については，その加盟後効力を生ずるものとする。

Artikel 23

[Geltungsbereich des Grundgesetzes]

Dieses Grundgesetz gilt zunächst im Gebiet der Länder Baden, Bayern, Bremen, Groß-Berlin, Hamburg, Hessen, Niedersachsen, Nordrhein-Westfalen, Rheinland-Pfalz, Schleswig-Holstein, Württemberg-Baden und Württemberg-Hohenzollern. In anderen Teilen Deutschlands ist es nach deren Beitritt in Kraft zu setzen.

第146条

この基本法は，ドイツ国民により自由な決断で議決された憲法が，発効する日に，その効力を失う。

Artikel 146

[Geltungsdauer des Grundgesetzes]

Dieses Grundgesetz verliert seine Gültigkeit an dem Tage, an dem eine Verfassung in Kraft tritt, die von dem deutschen Volke in freier Entscheidung beschlossen worden ist.

37 文化の多元性と国家の活力

　ベルリンの壁の崩壊はドラマティックな出来事でした。ゴルバチョフ書記長のグラスノスチ（情報公開）とペレストロイカ（民主改革）により，ハンガリーなど東欧・中欧諸国の民主化の動きが高まり，ひいては旧東ドイツの市民運動が怒濤のようなうねりとなって，社会主義体制を根こそぎ揺り動かしたのです。

　奇しくも，「ベルリンの壁」が崩壊した1989年11月9日は，「水晶の夜（ポグ

ロムの夜）」と呼ばれる事件のあった日と一致しています。ナチスは50年前の1938年11月9日，ユダヤ人街を襲撃したのです。

この事件はこれに先立つ10月28日にドイツ国内のユダヤ系ポーランド人の国外退去令が出されたことで，ユダヤ人少年が11月7日，パリのドイツ大使館の書記官を射殺したことへの報復行動でした。SA（突撃隊）による破壊活動で壊された街灯や商店のガラス窓の破片が飛び散る様から「水晶の夜」（Kristallnacht）と呼ばれたのです。

もう少し詳細にドイツの近現代史を調べてみると，さらなる偶然の一致に出くわします。すなわち第一次世界大戦が終結した1918年11月9日，敗戦国であったドイツで「11月革命」が起こり，皇帝ヴィルヘルム2世は退位し，オランダに逃亡，ドイツ帝国は終焉を迎えます。それが契機となり「ワイマール共和国」が成立します。さらに1923年11月9日には，あのヒトラーがミュンヘンで国家への反逆を企てたいわゆる「ミュンヘン一揆」を起します。反乱は失敗に終わりヒトラーはランツベルク収容所に収監され，獄中でその著書『わが闘争』（Mein Kampf）の構想を練りますが，これが後の一連のナチスの反ユダヤ活動の端初となり，ドイツを悲劇へと導くことになります。1929年にアメリカに端を発した世界恐慌はヒトラーの利するところとなり，「全ドイツ人に職とパンを」というヒトラーの政策が国民の絶大な支持を得ることになったのです。

ベルリンの壁の開放が11月9日でさえなければこの日はきっとドイツ再統一を記念する輝かしき日となり得たことでしょう。したがってドイツ人は，この壁の開放の日を，ユダヤ人への蛮行の日とあわせて思い起こさねばならないということになりました。歴史とは何とも皮肉なものと言うしかありません。

1990年10月3日の再統一からすでに歳月が流れましたが，40年間の分断によるイデオロギーや世界観の相違によって形成された旧東西ドイツの人々の「心の壁」は容易に解消されません。

しかしながら本来，ドイツは部族や領邦の長い伝統に基づく地方差の大きい国です。歴史的に見てドイツは数百年の間，中央集権の国家ではなく，三十年戦争後は皇帝直属の領主が治める領邦が数多く存在していました。19世紀も後半になって，プロイセンを中心に北ドイツ連邦が成立し，オーストリア，フランスとの戦いに勝利し，ドイツ帝国として国家の統一を成し遂げたのです。

プロイセンを中心とする北ドイツと，バイエルン（バイエルン州は今日でも自由国家として，Freistaatという名称を公式に用いています）を中心とする南ドイツとでは言語（方言）はもちろんのこと，宗教（北方のプロテスタントに対して南はカトリック），風俗，習慣，気質に至るまで著しく異なっています。また同じバイエルン州でもニュルンベルクなど北部フランケン地方と南部のミュンヘン周辺のバイエルン地方とでは生活様式も異なり，それぞれの地方が独自の文化をもっており，人々は土着の文化，風俗，習慣に誇りと愛着を感じています。

このような地方文化の優位性（Kultur-hoheit）はドイツ文化の強みであり，この多元的文化の存在こそが今日のドイツ連邦共和国（Bundesrepublik Deutschland）の理念を根底から支えているのです。隣国フランスの中央集権的体制とは大いに異なるところであり，わが国と異なる点でもあります。

ドイツでは地方文化の優位性により，文化の画一性を排除するとともに異文化への寛容性と共存の精神を育んでいるのです。教育や文化行政は日本のように中央の文科省が行うのではなく，地方の州政府に委ねられています。また財政的基盤も日本と異なり，所得税，法人税，付加価値税などの税収は国と地方が分かち合っており，州財政の中央からの独立性が守られているのです。

もっとも，民族の歴史や地方文化を重視しすぎることの危険性もないわけではありません。偏狭な民族主義や地域主義のはびこる温床ともなりかねないからです。

ドイツ文化の多元性をさらに複雑にしているのが730万人を数える外国人労働者（ausländische Arbeitnehmer, Gastarbeiter, 主にトルコ系など南欧の人々）やその家族，難民の存在があげられます。さらには，1,540万人が移民の背景を持つとも言われ，ドイツ人口に占めるその割合は実に20%にも達します。一方，ネオ・ナチなど極右組織や団体による外国人への暴力や排斥運動は，ドイツ社会の健全な発展を揺るがす不安材料となっています。

かつてドイツ人ジャーナリスト，ギュンター・ヴァルラフ（Günter Wallraff）は自らトルコ人労働者になりすまし，危険な職場で働きながら取材活動を続け，後に『最底辺』（„Ganz unten"，邦訳1987年，岩波書店刊）という著作を発表し，過酷な外国人労働の実態を暴露しましたが，これはセンセーショナルなベスト・セラーになりました。今日も外国人労働者の多くは程度に差こそあれ，ドイツ人の嫌がる危険な低賃金労働に従事しているのです。

それでも他国に比して高賃金のドイツはトルコ人や旧ユーゴスラヴィア地域の人々，ギリシャ人には魅力的な国で，10年も辛抱して働いて国に帰れば，物価の格差で一財産を手にすることも可能です。

ヨーロッパの中でも突出した経済力を誇るドイツへと周辺諸国から流れ込んでくる難民に対して，ドイツ政府はこれまでの姿勢を一変して基本法（Grundgesetz）を改正し，「安全な国」を経由しない政治難民のみを認める，という事実上の規制強化に乗り出しました。これまで一貫してナチス時代のいまわしい過去への反省から，政治難民に対しては寛大な政策を取ってきましたが，ドイツが社会情勢の悪化などの国内事情により，政策を転換しました。1993年に起こったゾーリンゲン市でのトルコ人家族への放火殺人事件などは悲惨な出来事として記憶に新しいところです。

ヨーロッパは今まさに経済の統合，さらには国家統合への困難な道のりを歩み続けています。

多民族国家として歩むことがドイツの精神性をさらに高め，再び過去の過ちを繰り返さないための歯止めともなり，異

文化や異質なものに対して心を開いて受け入れるだけの懐の深さと寛大さが，ドイツ国民の生活の中に定着していることを，今こそ世界に示して欲しいものです。

統一ドイツの将来にとって，経済的繁栄が極めて重要であることは間違いありませんが，民族の共存共栄こそが国家の発展をより強固なものにすることでしょう。

ドイツは2000年「国籍法」を改正し，「血統主義」から「出生地主義」へと移行しました。そして2005年には「新移民法」を制定し移民国家への大きな第1歩を踏み出しました。ところが2015年には過激派組織「イスラム国」（IS）の台頭により中東の国シリアの政治情勢が悪化し，この年だけで100万人を超える難民・移民がギリシャなどを経由してヨーロッパに流入してきました。

ギリシャはEU加盟国であるとともに「シェンゲン協定」*にも参加しているのでギリシャに入国しさえすれば目指すドイツや北欧のスウェーデンなど経済が好調で難民・移民受け入れに寛大な国へは国境検査なしに入国出来ます。

短期間にあまりにも大量の難民・移民が流入するという想定外の事態は，国境をなくし，人や物資，カネの自由な移動を目指すEUの政策の根幹を揺るがしています。

ヨーロッパ各国では移民排斥やEU離脱の動きが活発となり，極右政党が躍進しています。2014年には，ドイツではドレスデンやライプチヒなど旧東ドイツの都市でメルケル政権の移民・難民の受け入れ策に反対する一般市民の"ペギーダ"（Pegida）と呼ばれるヨーロッパのイスラム化に反対するデモンストレーションが顕著となったこともありました。

多民族・多文化共生を掲げるヨーロッパ統合の理想とは裏腹の「複合危機」は深刻の度を増していますが，難題に直面するヨーロッパ，そしてドイツがその英知を結集し，人道的見地に立ち平和裡に事態の正常化に取り組むことに期待しましょう。

---

* シェンゲン協定（1985年調印，1995年発効）
ヨーロッパの国々の間で国境検査なしに国境を越えることを許可するもの。
ルクセンブルクのシェンゲン村で，フランス，ドイツ（旧西ドイツ），オランダ，ベルギー，ルクセンブルクの5ヵ国で調印，後に加盟国が拡大。EU非加盟のスイス，ノルウェーもこの協定に参加。EU非加盟国を含め26ヵ国が参加。イギリスは不参加。

38　多民族国家になるドイツ

私たち日本人がドイツ語（Deutsch）と聞けばすぐに思い浮かべるのはドイツという国でしょう。これは日本とドイツの関係が密接だからです。かつてヒトラ

ーの第三帝国時代，「優秀なるゲルマン民族」という標語が人種論的イデオロギーとして声高に叫ばれ，「ドイツ」というアイデンティティーは，言語，文化，国家の「三位一体」（Dreieinigkeit）であるとし，民族の同一性を排他的に強調しました。しかし，日本のような島国ならともかく，ヨーロッパ大陸の中ではこのような民族観は現実性を欠いています。例えばオーストリア（Österreich）は，かつてのハプスブルク帝国の末裔らしくドイツ系，スラブ系，イタリア系の民族から成り立っています。彼らの母語はドイツ語ではあっても人種的にも文化的にも「ドイツ」ではありません。スイス（Die Schweiz）はさらに複雑で，一つの国家の枠組みの中に，複数の言語，文化が併存しています。ドイツの中でも人種的にも文化的にも明確に異なるのが，通俗的にはGastarbeiterと呼ばれている外国人労働者の存在です。公式にはausländische Arbeitnehmerという呼称が用いられているわけですが，このGastarbeiterという呼び名は差別とまではいかないまでも，非„deutsch"の烙印が押されています。外国人労働者は，その家族も含めると現在730万人にものぼり，その中でもトルコ人の占める比率はとりわけ高く，200万人近くに達します。他にはギリシャ，旧ユーゴスラヴィア地域，イタリア，スペインなどが出身国です。近年の傾向としては好調なトルコ経済を反映してトルコ人移民の数は減少しています。一方，経済危機に苦しむギリシャやスペインなどの南欧諸国からの移民が増えています。

これらの国の人は宗教的にも文化的にもまた日常の習慣や作法においてもドイツ人と多少の差ではあれ異にしており，総人口の約9％という決して少ないとは言えない異文化集団を抱えたドイツが，一枚岩の „Deutschland"となり得ないことは自明です。このような状況の中で「ドイツ人」による「ドイツ」の崩壊への危機に対する警戒の声が様々な局面で表面化しています。アメリカ型の「人種のるつぼ」へと向かうのか，それとも歯止めがかかるのか，現政権は様々な抵抗があるにもかかわらず，相対的に移民，難民に対して寛大と言えましょう。

日本を見てみれば難民の受け入れに対して，極めて厳しい対応をしてきました。ここにも日本社会の閉鎖性を感じざるを得ません。

ちなみに2000年に日本政府が認定した難民の数は申請者216人に対してわずか22人でした。法務省によれば，2015年度の難民申請者は5年連続の増加で7,586人，難民認定者数は27人，認定未処理は13,831人（15年末時点）とのことです。日本が難民認定に際して国際的にみて極めて厳しい基準を課していることがその理由です。

将来，大きな問題となるのは，外国人労働者の子弟のドイツ社会への受け入れ（Integration）です。ドイツで生まれた彼らは，18歳になった時点で自動的にドイツ市民となる権利を得ます。これによりドイツは好むと好まざるとに関わらず「移民国家」，「多民族・多文化国家」に向かって進むことになるでしょう。

補　足

　ドイツでは2000年1月1日をもって「新国籍法」が発効した。この法律によって，ドイツ国内で生まれた子供は，自動的にドイツ国籍が取得できるようになった。ドイツもこれまでは血統主義（両親のどちらかがドイツ人）を採用してきたが，これによって出生地主義に転換した。これには保守派の抵抗が強く，さらにはネオ・ナチなどの右翼勢力の妨害も少なからずあったが，この決断にはドイツ民族としての国家よりも多様な文化を内包するグローバル国家への方向性が見てとれる。やがて「典型的ドイツ（人）」（typisch deutsch）というようなものは存在しなくなるかも知れない。

　一方，日本人の国家観は共通の祖先や言語，文化を背景に成り立っている。外国人の国籍取得や政治参加には消極的で血統主義をとっており，外国人が日本国籍を取得するには5年以上日本に居住していることなど様々な条件を満たさなければならない。また二重国籍も認められていない。大国アメリカは国家成立の歴史からして国籍については出生地主義をとっており，また二重国籍も認められている。

39　徴兵制見直し論

　東西対立の時代が去り，冷戦が過去のものとなり，ヨーロッパでは徴兵制のあり方をめぐって様々な論議が活発になりました。戦後の欧州は過去の過ちを再び繰り返さないために欧州統合への道を模索してきましたが，経済の統合から政治の統合を目指す欧州連合（EU）の姿勢は徴兵制のありようにも大きな変化をもたらしました。軍隊の任務は祖国防衛を旨としますが，冷戦構造が崩壊した世界において，国際紛争や民族対立を初めとする地域紛争への解決には，国連を中心に各国が共同で部隊を派遣することが一般的になってきています。ヨーロッパの隣国同士が一つの連合を形成しつつある中で，若者たちの自衛の意識は希薄になってきており，徴兵制廃止は時代の趨勢と言えましょう。このような政治情勢の

中でオランダやベルギーが早々と兵役義務の廃止を打ち出しましたが，フランスやイタリアでも徴兵制から志願制へと移行し，職業軍人制に向かいました。

　その一方，ソ連邦が崩壊した現在のロシアでは今も18歳から若者には1年間の兵役義務が課されていますが，若者たちの間では祖国を守るという意識は年々低下しており，兵役への関心は薄れてきています。また社会奉仕活動に従事することで兵役に替えられることを制度化する動きも出てきています。チェチェンなど民族紛争をかかえるロシアでは兵役は時として命をかけることにもなり，病気や学業，親の介護などを理由に何とか兵役を逃れたり，時期を遅らせたりする者も増加しています。中には多額の金銭を支払って偽りの診断書を手に入れ提出する

ようなケースもあるとのことです。

　日本に目を向ければ安倍内閣時には「安全保障関連法案」の成立により，将来徴兵制の導入もあり得るのでは，との危惧が市民の間に拡がりました。

　さて，ドイツは戦後分断国家としてスタートし，冷戦構造の真っ只中にありましたが，旧西ドイツはNATO（北大西洋条約機構）に属しており，18歳以上の成人男子には15ヵ月の兵役（Wehrdienst）が課せられていました（統一後は12ヵ月，そして1996年からは10ヵ月に短縮，さらに2002年度からは9ヵ月に短縮されました）。ただし基本法第4条および第12条によって思想信条による兵役の良心的拒否が基本的権利として保障されています。その場合は代替役務として病院や障害者施設などの非軍事の社会貢献が義務づけられています。これがいわゆるZivildienst（兵役代替役務）と呼ばれているものです。この期間も以前は15ヵ月でしたが，1996年からは13ヵ月，そして2000年には11ヵ月，2004年からは兵役と同様に9ヵ月に短縮されました。1995年の兵役拒否者は約15万人にものぼり，兵役に対する若者たちの反発は強くなってきている一方で，統一後のドイツが旧ユーゴスラヴィアの民族紛争に際して国連の要請を受け，連邦国防軍をNATOの枠を超えて派遣したように，ドイツに更なる軍事的貢献が求められる可能性が高まってきました。そうした情勢に，兵役を避けて代替役務を望む者が急増してきました。

　1999年度では兵役拒否者の数が17万4,000人にものぼり，兵役の意味は大き

な変化を遂げています。2001年度には18万3,000人に達し過去最高を記録しましたが，その数は連邦軍に採用された人数に匹敵するまでになり，若者たちの国防意識は年とともに低下してきました。それでもドイツ政府はヨーロッパの軍事的安定を国是とし，徴兵制存続にこだわってきましたが，2011年7月，ついに徴兵制を中止しました。※

　一方，病院などの医療機関にとって安価な経費で済む若者の代替役務は，人員確保の意味から今ではなくてはならないものとなっています。徴兵制により老人や障害者の介護に携わる青年が毎年10万人以上確保できることは，高齢先進国でかつ社会福祉先進国ドイツを支える大きな財産になっていました。そして，この制度が若者たちにとって，社会への参画，奉仕の精神を育んできたことは間違いないようです。

　冷戦下の旧西ベルリンでは市民は兵役の義務を免除されていましたが，再統一後は徴兵制が導入されることとなりました。徴兵制には恒久的に兵力を確保するという意味だけでなく，職業軍人の独走を抑止するという意味もあります。しかしながら兵器の専門化，ハイテク化が進む中で防衛は軍人の専門家に任せるべきだ，という議論もその一方で存在します。社会が豊かになり恵まれた高学歴の若者には軍隊は関心の対象とならなくなっています。

　戦争の放棄をうたった平和憲法のもと，日本には徴兵制は当然のこととして存在しませんが，災害大国であり，地震や風水害が日常化する中で，国家の危機

管理が今ほど問われている時代はありません。付け焼刃的に自衛隊を出動させたりボランティアを募る，という対応では国家の責務はまっとうできないことは明白です。徴兵制というようなきな臭いものではなく，若者たちに平和的なボランティア活動を義務づけることも一つの見識ではないでしょうか。もっとも，義務となればもはやボランティアとは呼べなくなりますが…。

大学生活が社会へ出る前の一種のモラトリアム化しつつある状況に鑑み，社会と直接かかわる意義はひょっとすると大学教育から受ける恩恵よりも強いものがあるかも知れません。体験をふまえた上で理論を学べば，より実体のある学問的成果が期待されるというものです。社会人入試による入学者の学問への情熱が一般学生に比べて高いといわれることからもこのことは説得力があると思われます。

現在の若者はぎりぎりのところで国家という大きな権力の存在と対峙することがありません。国家によってある一定の期間，個人の自由が束縛されることにより，より鮮明に社会の姿が見えてくるのではないでしょうか。日本では少子高齢化がますます進む中，18歳以上の若者にこうした奉仕活動を制度として義務づけることは彼らの意識改革の一助となるのではないでしょうか。

── 補 足 ──

戦後分断国家としてスタートした旧西ドイツは冷戦下，東西陣営の要（かなめ）として1956年兵役義務制を導入した。しかし兵役期間は年を追うごとに短縮され，2010年には6ヵ月にまで短縮された。その時代背景として若者たちの国防意識の低下が顕著となり兵役を拒否して代替役務に就く者が圧倒的多数を占めてきた。2011年度に兵役に就いた者は徴兵対象者の約16%だったという。ドイツ政府は今後，約22万人規模の連邦軍を18万5000人にまで兵力を削減することで国防費を圧縮し，職業軍人と志願兵（6ヵ月から23ヵ月の兵役期間）からなる部隊に再編成する方針を示した。

政府は代替役務に変わるものとして新たにボランティア奨励制度を設けるとしたが，この度の決定で兵役拒否者の社会的役割を当てにしていた病院，養護施設などの非営利機関が大きな打撃を受けることになるものと危惧されている。

ドイツ政府は2011年7月1日をもって徴兵制を中止し，志願制へと移行した。基本法第12a条の改正には触れず，「中止」（Aussetzen）とし，「廃止」（Abschaffen）としなかったのは，今後国防上及びヨーロッパにおける安全保障に脅威が生じた際，すみやかに「徴兵制」を復活できる余地を残したためであるが，事実上の廃止と受けとめられている。

しかしながら，2022年2月のロシアによるウクライナ侵攻は事態を急変させた。ドイツ基本法は連邦軍のNATO域外への派兵を禁じているが，1994年のボスニア・ヘルツェゴビナ紛争では連邦憲法裁判所により合憲との判決を下したが，以後アフリカ，中東での平和維持活動へ派兵している。この度のロシアによるウクライナ侵攻に際して，ショルツ政権はNATO，EU諸国とともにウクライナへの武力供与を決め，ロシアとの対決の姿勢を明らかにしたが，ドイツにとって国防，安全保障政策の一大転換を迎えたと言える。

かなり昔のことになりますが，当時の文部省（現文部科学省）も「休学のすすめ」なるものを発表し，大学生の社会体験やボランティア活動を促しましたが，大学生人口の約70％が私学で学んでいる現状では学費などの問題や就職活動のあり方など，休学への配慮は今日になってもまだまだ行き届いていません。それよりも高校卒業後一定の期間，社会への参加を経た後に大学へ入学してくる方が人間形成という面から，また学業にも問題意識をもって取り組むことができると思います。大学の中にはカリキュラムにボランティア活動を採り入れているところもあるようですが，場当たり的な対応ではなく，社会全体で支える方向へと転換することが急務と思われます。

ドイツ連邦共和国基本法

第4条

（3）何人も，その良心に反して，武器使用の軍務を強制されてはならない。（以下略）

Artikel 4

(3) Niemand darf gegen sein Gewissen zum Kriegsdienst mit der Waffe gezwungen werden.

第12 a 条

（1）男子に対しては，18歳から軍務，連邦国境警備隊または民間防衛団における役務に従事する義務を課すことができる。

（2）良心上の理由から武器使用の軍務を拒否する者には，代替役務に従事する義務を課すことができる。（以下略）

Artikel 12 a

(1) Männer können vom vollendeten achtzehnten Lebensjahr an zum Dienst in den Streitkräften, im Bundesgrenzschutz oder in einem Zivilschutzverband verpflichtet werden.

(2) Wer aus Gewissensgründen den Kriegsdienst mit der Waffe verweigert, kann zu einem Ersatzdienst verpflichtet werden.

40 ヒトラー回帰と「アウシュビッツ」の記憶

1944年7月20日に起きた「ヒトラー暗殺未遂事件」から60周年の記念式典を前にしてシュレーダー首相（当時）は，この暗殺を計画し銃殺されたルートヴィヒ・ベック陸軍参謀総長（Ludwig Beck, 1880-1944）や，C. フォン・シュタウフェンベルク大佐（Claus Schenk Graf von Stauffenberg, 1907-1944）とこの計画に関わった陸軍将校たちを讃え，「彼らは当時もう一つのドイツ，善良で民主的なドイツがあったことを示した」と述べました（朝日新聞，2004年7月21日記事より）。

ヒトラー暗殺計画は40回を数えたそうですが，その全てが未遂または失敗に終わりました。大戦末期，ヒトラーの無謀な計画に危惧の念を抱いた陸軍の一部がクーデター（Putsch）を計画しました。大本営内の会議室に仕掛けられた時限爆弾の爆破には成功したものの，ヒトラーは軽傷を負っただけでこの計画は失敗に終わりました。シュタウフェンベルクはこのクーデター計画の首謀者の一人でした。近年公開された映画『ワルキューレ』（Valkyrie，2008年，アメリカ，ブライアン・シンガー監督）はこの史実を基に描いた作品です。

現在，ベルリンの旧陸軍総司令部跡は「ドイツ抵抗記念館」として関連資料が一般に公開されています。このモニュメントは，あの時代，一人の人間が何を成し得たのかを私たちに問いかけています。

そもそも，教育とはものごとに対して一律のマニュアルをあてはめるのではなく，実社会において自らの世界観に立った価値判断が出来る自立した個としての人間を育てることにあります。

戦後日本の教育の中では，「個の自立」は大きな目標でした。しかしながら現実にはそれとは逆に画一的平等主義の教育が自立心や個を重んじる「個人主義」の成長を阻んできました。

ドイツでは戦後，「第三帝国」の時代，ナチスに対してレジスタンス運動に身を投じた人々の復権がなされましたが，日本では戦争の賛美者がいつのまにか国家によって今日の繁栄と平和を築いた「平和主義者」に生まれかわりました。一方，戦争反対を唱えた真の平和主義者たちの人権回復は今日に至るまで不問に付されたままです。

軍国主義から対米追随外交へと時代が転換していくとともに，主義・主張の座標軸を180度変える日本人の体質は，融通無碍な日本文化の特徴に起因するのかも知れません。

国家を裁くことは自らの歴史を裁くことと表裏一体をなしています。個の責任を棚上げにし，国家を裁くことで自らカタルシスを感じるというナイーブなものであってはなりません。私たちの記憶に新しいところでは「ベルリンの壁」の崩壊後，旧東ドイツの国家犯罪が厳しく裁かれましたが，西側へ逃れようとして国

境警備隊に射殺された旧東ドイツ市民の数は少なくとも136人にものぼったのです。

国家の命令で殺人行為に及んだ人間にどこまで個人の責任を問えるのか、過去の戦争犯罪とともに国家と個人の関係が問われ続けています。

世の東西を問わず、どの国においても社会秩序を持続的に安定させるために国家による「タブー」が形成されることがよくあります。ドイツにおいては永らく絶対悪として「ヒトラー」は最大のタブーでした。しかしながら近年、ドイツではヒトラーブームとでも呼べる社会現象が再燃しています。その背景には戦後70年を経て、ドイツ人が原罪としてのナチズムの負の遺産に、正面から向き合うまで成熟したことがあげられるのではないでしょうか。

ドイツ人は戦後ヨーロッパ諸国の懐疑の眼差しを背にしながら現代史を生きてきました。ドイツ人の多くが国家や自らの歴史に愛着を覚えられなかったのは社会生活全般に通奏低音としてナチスの贖罪が見え隠れしていたからでしょう。

確かにドイツ人にとってこれまで愛国心を声高に叫ぶことはタブーでした。ヒトラーを初めとするナチス指導者の犯罪を防ぎ得なかった罪を国家、国民が率直に認め、許しを乞うことでしか、ヨーロッパの同胞と共に戦後史を歩めなかったのです。戦争で被害を与えた周辺諸国と和解し、「過去を克服」することが逼緊の課題でした。今日、ドイツは悲願の再統一を平和裡に成就した自他共に認める第一級の民主国家です。自国の歴史に厳

しい姿勢は時として自虐的である、とする見解もありますが、近隣諸国からその姿勢は高く評価されています。それは過去の歴史に目を閉ざし、忘却の彼方へと押しやろうとする国家が、世の中に存在するからです。今、そのドイツでナチスの時代の歴史と正面から向き合おうとする姿勢が顕著となってきています。もっとも旧東ドイツではナチスの原罪の全てが旧西ドイツにあり、とすることで社会主義国としての正当性を主張し続けてきました。旧西ドイツでもドイツ人はナチスにより支配された民族であるという都合の良い解釈が行われてきました。ドイツ人はヒトラーの指導者としての犯罪を防げなかった罪は認める一方、ヒトラーを絶対悪とすることにより、社会秩序の安定を図ってきました。敗戦はドイツ人をヒトラーの手から解放し、ドイツとドイツ人を救済したという矛盾にみちた解釈が国民全般のコンセンサスとして定着してきました。しかし時間の経過とともにあの時代の歴史の問い直しへの想いが

演説するヒトラー（写真提供：dpa／時事通信フォト）

強まってきました。

ドイツでは公の場でナチス式の敬礼をしたり，鉤十字の旗を掲げることは犯罪です。ナチスによる犯罪について時効は存在しません。ドイツは敗戦によりファシスト国家から民主国家に生まれ変わりましたが，次第に過去に犯した罪に対していつまでも責任を問い続けることはない，という主張も一部でなされるようになってきました。その様なことに余計なエネルギーを費やすことよりも，ヨーロッパ連合の主要国としてもっと国際貢献することに専念すべきだ，とする風潮が再統一後のドイツ社会で優勢を占めています。時として外国人排斥を主張する極右勢力やネオ・ナチの若者たちが不穏な動きをみせる社会情勢ですが，そんなドイツ社会のタブーを破って独裁者ヒトラーの人間性に焦点を当てた映画『ヒトラー〜最期の12日間〜』（Der Untergang, 2004年ドイツ，オリバー・ヒルシュビーゲル監督）が2004年に公開され，大きな反響を呼び起こしました。この映画はヨアヒム・フェストの著作とヒトラーの秘書の一人であったトラウデル・ユンゲ女史の回顧録を基に製作されましたが「人間ヒトラー」の側面を強調して描くことでドイツ人が，如何にしてヒトラーの嘘にだまされ，彼の「魔術」にかけられていったか，を描いています。映画のエピローグでユンゲ女史はユダヤ人のホロコーストに対する自らの「無知の罪」を告白しています。ドイツではナチスの犯罪に積極的に関わった罪はもちろんのこと，何もしなかった，という無作為の罪に対しても厳しく問われています。

ヒルシュビーゲル監督の最新作『ヒトラー暗殺，13分の誤算』（Elser，2015年ドイツ）は実在の家具職人ゲオルグ・エルザーが1939年11月8日ミュンヘンのナチス党大会に際して，単独でヒトラー暗殺を企て未遂に終わった事件をもとにした興味深い作品です。

折りしも一般市民の間では難民・移民の受け入れを巡って排他的風潮が高まりつつありますが，かつてヒトラーの思想的根拠となり，戦後は出版が禁じられてきた『わが闘争』（Mein Kampf，1925年）の著作権が2015年末に切れたことで2016年1月，70年振りに歴史専門家の手により原文付の注釈本が出版されドイツ社会に波紋が拡がっています。

このヒトラーの妄想と民族・人種への偏見に満ちた『わが闘争』の再出版では専門家による詳細な批判的解説文が付されていることで極右勢力やネオ・ナチによる悪用，乱用は避けられるとするものの，今後はこれに続いて様々な種類の恣意的な注釈本や書物が出版されることが予測され，社会的，教育的影響が懸念されています。

20世紀の喜劇王チャールズ・チャップリン（Charles Chaplin，1889-1977）の映画『独裁者』（The Great Dictator，1940年）はこれまでの山高帽にステッキとチョビヒゲの放浪紳士"チャーリー"のラブロマンスと社会風刺の映画とは一線を画する作品です。

権力者の狂気に対してチャップリンは命がけでこの作品を製作しました。まさにヒトラーの絶頂期に彼を揶揄する映画を世に問うことはいかにチャップリンと

独裁者ヒンケルを演じるチャップリン

言えども命をも落としかねない決断でした。

　この映画でチャップリンは初めて言葉を発しました。ラストシーンの6分間の大演説はチャップリンが世界の人々に警告を発したメッセージだったのです。言葉を介在しなければ世界に訴えることが出来ないほど事態は逼迫していたのです。

　ヒトラーの怒りを恐れたアメリカはチャップリンに共産主義者のレッテルを貼り，事実上アメリカ社会から追放するという愚挙に出ます。常に貧しい者や社会的弱者の視線から社会の不条理を徹底した「笑い」の姿勢で追究し続けたチャップリンでしたが，自分と異なるものを受け入れる心の寛容さを生涯訴えかけてきた人でもあります。

　チャップリンは喜劇を通じて人間が人間であるために根源的に必要なものは何か，を私たちに問い続けてきました。チャップリンの作品には弱者を虐げる社会の理不尽さへの怒りが笑いの中に込められています。貧困と無知に対して社会が，そして私たちが一体何をしてきたのか，

　この作品は彼のヒューマニズムの頂点に君臨する作品で，70年，80年の歳月を経ても色褪せない深いメッセージの輝きを持っています。

　チャップリンはこの時，「映画」という武器で独裁者に立ち向かったのです。

　ヒトラーへの抵抗運動としてはミュンヘン大学の学生ハンス・ショル，ゾフィー・ショル兄妹の「白バラ運動」がよく知られていますが，これもドイツの良心として記憶に残っています。

　ヒトラーは56歳の誕生日から10日後の4月30日，ベルリンの総統官邸の地下壕（Bunker）でピストル自殺しました。帝都ベルリンはソ連軍の猛攻にさらされ，焦土と化しました。

　ヨーロッパで終戦を迎える数ヵ月前の1945年1月27日，ポーランドのアウシュビッツ（オシフィエンチム）強制収容所はソ連軍により解放されました。

　ナチス政府による国策としてのユダヤ人大虐殺（Holocaust，ホロコースト）はドイツ人に加害者としての自覚を強くうながすことになりました。収容所跡は人間が成し得た最も残酷な行為の現場として訪れる者たちに強烈な印象を与えます。ナチスの戦争犯罪は人類の平和と安全への罪として国際法により裁かれましたが，それは世俗的な意味しかもちません。

　キリスト教的世界観では罪の自覚と贖罪は神の許しによってのみあがなわれるのです。

　「言葉の政治家」と評されるヴァイツゼッカー大統領（当時）は敗戦40周年にあたる1985年5月8日，連邦議会におい

て「荒れ野の40年」と題する演説の中で「過去に目を閉ざすものは現在にも盲目となる」（„Wer vor der Vergangenheit die Augen verschließt, wird blind für die Gegenwart."）という有名な言葉で，過去の歴史の認識を踏まえて現在にも生き

ることの大切さを訴えています。ドイツでは国が犯した負の歴史に対して厳しく向き合い，記憶を風化させないための努力が社会や教育の現場で営々と続けられています。

41 『ハンナ・アーレント』と社会の「アイヒマン化」

　近年公開され，話題を呼んだ映画『ハンナ・アーレント』（Hannah Arendt. 監督マルガレーテ・フォン・トロッタ，2012年）は，ナチス・ドイツの国家保安本部ユダヤ人担当課長としてユダヤ人の絶滅収容所移送に深く関与したアドルフ・アイヒマン（Adolf Eichmann）に対するイエルサレムでの軍事裁判を傍聴し，このアイヒマンという人物の実像にせまったユダヤ人女流哲学者ハンナ・アーレント（Hannah Arendt, 1906-1975）の心の葛藤を描いた作品です。

　アイヒマンは「ニュルンベルク裁判」で戦犯として裁かれましたが脱走に成功し，ついにはアルゼンチンにまで逃亡し，

『ハンナ・アーレント』©2012 Heimatfilm GmbH+Co KG, Amour Fou Luxembourg sarl, MACT Productions SA, Metro Communicationsltd.ポニーキャニオンより Blue-ray＆DVD好評発売中！

その後消息はとだえたままになってしまいました。

　そのアイヒマンもイスラエルの秘密諜報機関「モサド」による追及の手が及びついに1960年5月逮捕され，イスラエルの法廷で裁判にかけられましたが，この裁判は8ヵ月も続き「ユダヤ民族に対する罪，人間性に対する罪，そして戦争の罪」で死刑を宣告され，翌年絞首刑が執行されました。

　アイヒマンを無傷のまま捕らえ，犠牲者たちの目の前に立たせて裁くことがユダヤの人々に課せられた使命だったのです。しかし，アイヒマンは自らの罪こそ認めたものの，一貫して自分はナチスという組織の一員にすぎず上官の命令に忠実に従っただけであると主張しつづけました。

　「組織の歯車として上官の命を忠実に果たしただけ」という善悪に対する自らの判断力を欠いたアイヒマンのこの言葉は，人間の本質とは何か，という問いを私たちに投げかけています。さらに，アイヒマンが有能なナチスのユダヤ人虐殺遂行者であったという反面，家族を愛す

る凡庸な人間であったことは現代に生きる私たちを驚愕させます。

アーレントは，雑誌"The New Yorker"に寄稿した論文で，アイヒマン裁判の正当性を疑い，アイヒマン自身大罪人ではなく，ただの小役人にすぎなかったと指摘。このことが，ナチスの蛮行を容認するもの，との誤解を招きユダヤ人社会から非難され苦悩しますが，彼女は決して自説を曲げることはありませんでした。

この映画の中で，アーレントが何度となく口にする「悪の陳腐さ」（Banalität des Bösen）とは何を意味するのでしょうか。どこにでもいそうなごく平凡な人間が邪悪な権力機構の歯車として思考することを停止してしまい，ただ与えられた任務を遂行するだけの「陳腐」極まりない人間と化し，とてつもない非人道的行為に及ぶことの恐怖を物語っているように筆者には思えます。

アーレントは，人類に対する残虐極まりない行為を断罪することにも増して，歴史上，時を変え姿を変えて限りなくくり返され続ける戦争犯罪がいかにして「思考停止」した大衆社会の中で形成され，それを許してきたか，その情況を感傷的ヒューマニズムを超えて検証する必要性を問いかけています。

ところで，アイヒマンを初めとするナチスの残党が南アメリカのアルゼンチンを逃亡の地に選んだのにはそれなりの根拠があります。

ドイツはすでに12,13世紀頃，領主の圧制や食糧難，さらにはペストなどの疫病から農民が東方移住を開始していましたが，開拓政策をすすめていたドイツ出身のロシア女帝エカチェリーナ2世（1729-1796）の時代，ヴォルガ河流域に大々的に植民します。当時ドイツでは度重なる飢饉に襲われましたが，ドイツ農民たちは新天地を求めてロシアやさらにははるか離れた南北アメリカへと移住していきました。

20世紀のアルゼンチンにはすでにドイツ人コロニーとでも呼べる地域が存在しており，ナチス残党にとって絶好の隠れ家だったのです。ヨーロッパのドイツの隣国では旧ナチス党員への追及の手が厳しく，はるか南米大陸へと逃避していったのです。さらには「元ナチス親衛隊員組織」で「オデッサ」（Odessa）と呼ばれる秘密結社が彼らの逃亡に手を貸したと言われています。

さて，国家への愛国心や企業への忠誠心といった問題では，社会や組織に対して異議を唱えることは大変な勇気と決断がいります。

今日の日本は画一化されたがんじがらめの教育により，個の自立や自らの論理の正当性を信じて生きぬくことが極めて困難な時代となってしまいました。平等主義の名のもとにみんなが同じ道を歩くことが幸福への最短距離であるかのような教育が徹底されており，それから逸脱したものは落伍者の烙印が押されます。個が自立しはじめるやいなや企業や官公庁，学校といった「世間」の掟につぶされてしまいます。西欧における「社会」や「個人」という概念に対して日本人の生き方を支配してきたものに「世間」という枠組みがあると指摘する阿部謹也氏はその著書『「世間」とは何か』（講談社

新書　1995年）の中で次のように述べています。

　　日本人は一般的にいって、個人として自己の中に自分の行動について絶対的な基準や尺度をもっているわけではなく、他の人間との関係の中に基準をおいている。それが世間である。（中略）

　　西欧の社会は、（中略）さまざまな工夫を凝らし互いに孤立した個人の集合がそれでも一つの社会として何とかやってゆけるように努力を重ねてきた。（中略）

　　西欧における個人主義は、原理として個々人は互いに理解しえないものだという点をふまえながらも、その個人がどのようにして社会をつくるのかという展望を持ち、社会との絆を拒否する人にもそれなりの場が用意されていた。

　今日、日本の19〜39歳代の自殺者が増加しているその背景には多元的な価値観の存在を許さない「世間」の圧力と呪縛にさいなまれている人々の存在が考えられます。

　「世間」の目を必要以上に意識する日本人は、また「日本人論」や日本語の研究、分析の好きな民族でもあります。それは日本人自身が世界でもまれな特別な文化をもつ民族である、との認識に立っていると見ることができます。

　戦前、戦中、人間の個としての尊厳をかなぐり捨て、思考することを停止させられた情況は、程度の差こそあれ今日も変わらず、戦後は企業や官公庁、教育の現場という「世間」の命令にとって変わっただけです。そのような背景から「集団的無責任体制」が形成されてきたと言えるでしょう。

　一流と思われていた企業の不祥事が相次ぎ、国民を欺く反社会的行為が日本の社会の閉塞状況に拍車をかけています。1875年創業、従業員20万人をかかえる名門巨大企業「東芝」社長による不正会計指示は企業トップのコーポレート・ガバナンス（企業統治）能力の低下とともに倫理観の著しい欠如をあらわしています。そして不正であることを知りつつも上司の命令に諾々として従ってしまう部下の存在があります。なるほど企業は収益をあげることを第一義的目的とはしていますが、コンプライアンス（法令遵守）はもとより、企業にも「文化」あり、企業倫理に裏打ちされたものでなければなりません。権力を有する者の犯罪は権力を持たざる者のそれより何倍も重いはずです。

　不正、不義を隠蔽したり無批判に受け入れることが愛国心や愛社精神でないことは明らかです。毎年くり返される企業犯罪に関しても当該企業は「世間」に対しては「おわび」はするものの、自らの組織の罪については不問に付すことがまかり通っています。戦争責任も直接には国家の責任に帰せられますが、広義においてはそのような政治指導者を選択した国民の責任でもあります。企業の犯罪が組織ぐるみであろうが一部の人間によるものであろうが、組織に属する者は直接、間接を問わず責任を問われてしかるべき

です。

これまでの不祥事も「内部告発」によって事件が明るみに出ました。しかしながら，内部告発者がいじめや解雇などの不利益を被る日本の体質が法制度を整えたからといってドラマティックに変わることはないでしょう。現役の責任ある立場の社員にとって「内部告発」をするのには相当な覚悟が必要です。企業の社会的責任や倫理観は日本人全体の意識と密接に係わっており国民の「良識」が根底になければ善良なる企業は成長しません。

マックス・ウェーバー（Max Weber, 1864-1920）はその大著『プロテスタンティズムの倫理と資本主義の精神』（1905）において，現世での営利の追求とは相容れないはずのピューリタニズムの倫理が思いもかけず近代資本主義形成に大きく貢献したというパラドックスを解明しています。ウェーバーは「資本主義の精神」を発展させた要因として禁欲的プロテスタンティズムの厳しい倫理観（エートス）があったと指摘しています。

民主主義という制度は人間が有する善悪の両面性のバランスの上に成り立つ不安定極まりない思想なのです。民主主義，すなわちデモクラシーとはデモス（民衆）によるクラトス（支配）を意味するギリシャ語を語源としますが，その民衆が愚かであれば，民主主義はゆがんだものとなります。もっとも民主的であると思われたワイマール共和国が衆愚に陥り入り，ナチスを生むことになったような危険性を民主主義は内在しているのです。

ヴァイツゼッカー元大統領は敗戦40周年にあたる1985年5月8日，連邦議会において「荒れ野の40年」と題する演説で「過去に目を閉じるものは現在にも盲目となる」というあの有名な言葉とともに，現代に生きるドイツの若者に向けて次のような厳しい言葉で訴えかけています。

「若い人たちにとってかつて起こったことの責任はありません。しかし（その後の）歴史のなかでそうした出来事から生じたことに対しては責任があります」

ドイツのみならず，日本の今日の若者たちが過去の歴史を踏まえて現在ある自分を把握しているのか心もとない気がします。しかしながらこのことは何も若者たちだけに限ったことではないでしょう。

政治家や世に有識者と呼ばれるような人までもが歴史の事実を踏みにじるような軽率な発言や，真実を直視しようとしない歴史認識を欠いた言動には枚挙にいとまがありません。

ヴァイツゼッカー氏はまた「（過去の出来事を）心に刻むことなしに和解はありえない」とも述べています。

日本では閣僚の失言に対してもその政治家個人の資質が厳しく問われることはまれですが，ドイツでは歴史認識の欠如に対して国民は極めて敏感に反応します。そこには政治家は国民の代表であり，それはとりもなおさず国家の知的レベルの代表という意識が強いからでしょう。また政治家の個々の発言には地続きである隣国の厳しい視線が注がれるという地政学上の相違も大きなものがあります。

ドイツでは過去の歴史認識へのわずかの誤差をも許容させない姿勢が貫かれており，「過去の克服」という命題が戦後

史の大きな流れとなっています。

　命令に対して盲目的に従うことは組織や集団の犯罪や残忍性の容認にもつながるかも知れません。かつてドイツ人は主体的に物事を考えることを怠ったがためにヒトラーの嘘にあざむかれ、ナチズムという非人道的な大罪を犯してしまいました。その反省を込めて、ドイツの教育の現場では自らの頭で考える個人主義的な教育がなされています。

　日本では「和」とか「調和」という言葉で代表される画一的教育や集団主義が未だに大手を振って闊歩しています。

　本来、自己主張の強いドイツ人ですが、反面「規律」とか「秩序」を重んじる国民性も備えており、それがひいてはナチスを生む土壌となったことも事実です。ドイツでは過去の負の遺産を忘却のかなたへと追いやらないために、加害者としての立場から、ダッハウやブーヘンヴァルトなどの強制収容所跡が保存されており、加害の歴史を心に刻む取り組みがなされてきました。一方、日本には広島、長崎など被害者としての戦争の爪跡だけが強調され続け、加害者としての歴史教

アドルフ・アイヒマン

育がなおざりにされるとともに、現代史教育が軽視され続けてきました。

　ドイツの歴史教育では数ヵ月かけて第二次世界大戦の検証がなされています。ドイツが犯した近現代史の最大の過ちは、ナチズムの本質をドイツ国民が見抜くことができなかったがために、その中に引きずり込まれヨーロッパ大陸のみならず世界を悲劇へと導いたことです。それがために半世紀以上にわたってドイツ人はその罪にさいなまれ続けてきたのです。ドイツ人は過去の誤りと対峙することによってしか、国家の復権はあり得なかったのです。

　かつて、喜劇王チャップリンは映画『独裁者』（The Great Dictator, 1940年）で笑いを武器にヒトラーを痛烈に批判し、その正体をあばきました。やがてヒトラーは自殺に追い込まれナチズムは崩壊し世界は平和の実現を迎えるかに思われましたが、新たな緊張関係が生まれ、冷戦時代へと突入していくことになります。チャップリンが次に挑んだテーマは「大量殺戮」でした。映画『殺人狂時代』（Monsieur Verdoux, 1947年）において、彼は連続殺人犯の初老ブルジョワ紳士ヴェルドゥをして次のように告白させています。「一人を殺せば絞首刑になるが、百万人を殺せば勲章がもらえる。」

　障害児をかかえたごく凡庸な愛妻家が次々と殺人を重ねるストーリーは、筆者にはアイヒマンという人物と重なります。数あるチャップリン作品の中でも特に成功作であると言えないまでも非人道的行為をパロディー化することで子供から老人まで、大量殺戮を正当化する戦争

を身近な問題として痛烈に批判しました。

「かつて私はナチス親衛隊に所属していた。」——2006年8月，1999年にノーベル文学賞を受賞した作家，ギュンター・グラス（Günter Grass, 1927-2015）の突然の告白に世界は驚愕しました。映画化もされた彼の長編小説『ブリキの太鼓』（Die Blechtrommel, 1959年）は成長を拒否した子供の目線でナチ支配へと落ちていく大人社会の変化を描いた作品で日本でもベストセラーになりました。戦後ドイツの「知の世界」を代表する左派文壇の代表作家の突然の告白はドイツ社会のみならず世界を震撼させました。SPD（社会民主党）のシンパでもあったグラスはナチズムや戦後ドイツの保守政治に仮借なき批判を浴びせてきましたが，その彼が青年の一時期武装親衛隊員（SS）だったのです。

グラスは，ポーランドのグダニスク（元ドイツ領ダンチヒ）の出身で彼の入隊は，ドイツの無条件降伏まであと半年という1944年11月，17歳の時のことでした。グラスはこの事実を60年余り心の奥底に封印してきました。2006年に発表した自伝小説『玉ねぎの皮をむきながら』（Beim Häuten der Zwiebel, 依岡隆児訳，集英社）の中で，「玉ねぎにはたくさんの皮がある。——皮はむかれて初めて真実を語るのだ」と自らの過去を告白しました。この「告白」は社会から糾弾されることの苦しみから逃避することよりも自らの良心を優先させた結果でしょう。

過去を語ることについては自己欺瞞や美化されることも大いに考えられます。

その一方で自らの「誤ち」を語らないまま，戦後を生きてきた多くの人々によって今日のドイツの繁栄が築き上げられてきました。ナチズム支配が大多数の国民によって支えられてきたという事実から，国民は少なからず戦争犯罪の一翼を任ってきたと言えるでしょう。

若き日のグラスの「誤ち」をどれだけのドイツ人が責めることができるでしょう。ファシズムの根絶には「戦犯」のみを裁くことだけで終わりません。グラスのこの「告白」の重さを自らの過去と重ね合わせて受け止めることによってのみ新たなファシズムへの警鐘となり得ます。

人生には墓場まで持って行くほかない「誤ち」，「記憶」というものがあります。世界的ベストセラーになったベルンハルト・シュリンク（Bernhard Schlink, 1944-）の『朗読者』（Der Vorleser, 松永美穂訳，新潮社）は映画化もされましたが（『愛を読むひと』2009年劇場公開），主人公の法律家が少年時代，ひとりの女性と偶然出会い後に法学生となってから法廷で再会しますが，彼女がどうしても明かしたくなかった過去の秘密とは何だったのか……。

自らの存在を歴史の中に置くことを忘却のかなたへと追いやってしまった現代日本人の姿勢は筆者にはアイヒマンの言葉とオーバーラップします。

「一人の死は悲劇であっても，数百万の死は統計上の問題にすぎない。」

—A.アイヒマン

42 ユーロ誕生とヨーロッパの知恵

　1999年1月1日，ヨーロッパ連合（EU）は，欧州経済通貨同盟（EMU）の共通通貨として新たにユーロ（Euro）を誕生させました。私たち日本人にはヨーロッパ諸国が自国の通貨を捨てるなどとは思いもよらなかったことでした。専門家たちですらユーロについてはなべて懐疑的でした。日本が時代の流れに鈍感であったのは，おそらく海外の情報源としてほとんどアメリカ，イギリスなどの英語圏に依存していることから来るのではないでしょうか。

　ユーロ加盟国の条件として財政赤字をGDP（国内総生産）の3％以内にするという厳しい条件はスペインやポルトガル，イタリアなど，このハードルをクリアすることがほとんど不可能と思われた国々にも構造改革を義務づけ，国内世論の反対にもかかわらず，社会福祉や労働政策をも改めさせ，財政状態を改善させました。ユーロの導入は，一極集中型の日本の政治，経済，社会構造に対する改革への示唆を含んでいるようにも思えます。

　ちなみに今日，日本は国の債務残高，つまり借金の額が1000兆円を超え，毎年赤字国債も30〜40兆円に達しています。とても健全とは言い難いほどの財政状態でGDPに対する赤字比率は10％に近づいており，日本がヨーロッパの一国であると仮定するならば，EUの加盟条件を満たすことができず，二流，三流国の烙印を押されかねません。日本の政治家や経済人には時流に対する緊張感が欠落していると言えないでしょうか。

　各国家間の経済格差は日本の地域間の格差にも置き換えることができましょう。中央政府からの財政支援だけを拠り所にしていては地方分権制も空論に終わってしまうでしょう。

　江戸時代の幕藩体制下では藩は地元産業の育成に力を注ぎました。その都市，その地域ならではの地場産業を活性化させたわけです。私たちは自らの過去の歴史からも大いに学ぶことができるのです。統合と地方分権制は一見正反対の方向のようにもみえますが，EU域内市場における金融改革の一元化によって，より公正な競争条件のもとで効率的な経済活動を行うことで両者の利点を活かすのです。

　ヨーロッパ各国が通貨を共有することで賃金や商品の価格が透明性を増すために企業間の競争が激化することになります。

　2002年1月1日から当時のEU加盟国15ヵ国中，イギリス，スウェーデン，デンマークを除く12ヵ国で「ユーロ」が市場に導入され，マルクやフランなどの各国の通貨は同年2月末をもって消滅しました。

　同じ通貨を使用することでヨーロッパの人々は一つになったことを身をもって実感しました。

ヨーロッパの統合への動きは決して各国の独自の文化や言語，生活習慣といったものを捨てることではありません。むしろ国境というものがなくなることで自らの歴史や文化，伝統に対して誇りや愛着を持つことに繋がるように思われます。わが国では，「ユーロ」の成功，失敗といった経済的側面ばかりが強調されることが多いようですが，その一連の流れの本質は，ヨーロッパの地から戦争や対立をなくすためのあくなき努力の過程でした。シュミット旧西ドイツ首相とジスカール・デスタンフランス大統領による欧州通貨制度構想から30年もの長きにわたって，「ユーロ」という共通通貨が生まれるまで紆余曲折を経験してきたヨーロッパ文化が持つ深遠さを痛感します。まさに「ユーロは一日にしてならず」です。

今世紀において2度の世界大戦を経験したヨーロッパは，平和で豊かなヨーロッパの建設を模索してきました。「ユーロ」のアメリカや日本への経済的対抗措置としての側面も否定できませんが，より本質的にはヨーロッパの歴史的背景があると思います。面白いことに「ユーロ」が導入されたことによりむしろ近代国家が成立するまでの地理的な繋がりが復活してきたと思えることがあります。国境地域においては，国家という枠組みを超えて，地域結合体（Euroregion）が経済の面のみならず，文化や教育の面でもお互いに協力しあっていることです。さらに興味あることには，これまで国境のために分離，統治されていた少数民族（たとえばスペインと南フランスの国境に住むバスク族を中心とする独特の文化圏やカタルーニャ文化圏※）がヨーロッパ連合の中で国家を超えて一つの民族文化圏を形成しつつあるということです。更に中世に栄えた地域経済圏が市場統合の動きの中で結びつきを強めています。一方では国境がなくなったために民族を基盤とした新たなナショナリズムすら台頭するのではないかとの危惧もささやかれています。

ドイツ人，特に年配者の多くはドイツマルクがユーロに変わったことで資産が目減りするのではないか，と危惧の念を抱きました。もちろん彼らもヨーロッパ統合という崇高な理念に反旗を翻すわけではないのですが，戦後ドイツ経済の発展の象徴たるドイツマルクはヨーロッパNo.1の通貨でもあり，ドイツ人の多くがなみなみならぬ感情と誇りを寄せてきたがゆえに，理想と現実の間で心がゆれました。欧州中央銀行（ECB）の本部がフランクフルト（Frankfurt am Main）に設置されたのもドイツ人への配慮と，強いユーロへの期待を込めたもの，と察することもできます。そんな中2010年5月，ギリシャに端を発した財政危機は図らずもユーロの危うさを露呈しましたが，"PIIGS"（ポルトガル，アイルランド，イタリア，ギリシャ，スペイン）と呼ばれる財政基盤の弱い国々にも飛び火するのでは，との憶測を呼びました。2015年夏ギリシャが三度目の財政危機に見舞われ，IMF（国際通貨基金）への返済が出来ない，いわゆるデフォルト（債務不履行）状態に陥る事態になりました。

EUはギリシャに対して増税，年金改

革，公務員改革，公共投資削減などEUの緊縮財政政策の受け入れを条件に金融支援を約束しましたが，ギリシャ国民の反発が強くユーロ離脱，EU脱退への市民の運動が高まりを見せました。

ドイツでもギリシャをユーロ圏から離脱させることに賛成する意見も多く聞かれましたが，これには同様の問題を抱えるポルトガルやスペイン，そしてイタリアなどにも波及しひいてはEUの屋台骨を揺るがす事態に発展しかねません。

結局は紆余曲折を経てチプラス政権はEUの要求を受け入れることで何とか事態は収拾しましたが，何時また同様の問題が生じるかも知れません。

ギリシャを孤立化させることは，EUと対立するロシアのギリシャ接近を許すことにもなりEUに地政学的リスクを生じさせる可能性があります。

ギリシャの財政危機は難民・移民問題とともにEUにとって悩ましい「今そこにある危機」と言えるでしょう。いずれにせよ，この20世紀末からの大実験が成功するか否かは21世紀に生きる私たちの未来にも大いに関わっているように思われます。

─ 補 足 ─

バスク族：

　ピレネー山脈の西，スペイン北部の山岳地方に住む少数民族。民族の歴史は古いがその起源はいまだ不明で，ラテン語やゲルマン語とも異なる独自の言語体系・文化をもつ。

　スペイン内戦（1936－39）では1937年4月26日，バスク族の聖地とされるゲルニカ（Gernika）の町がフランコ将軍率いる軍部反乱軍と手を組んだナチス・ドイツ空軍により無差別空爆を受けた。これに激怒したピカソが描いた大作『ゲルニカ』（1937年）はあまりにも有名。今日も民族独立運動が活発でテロ活動も起きている。

カタルーニャ（Cataluña）：

　スペイン北東部の自治州で州都はバルセロナ。スペイン内戦で勝利したフランコ将軍による独裁政権下で，カタルーニャ語の使用が制限された。

　世界的チェロ奏者パブロ・カザルスの他，多くの芸術家がこの地を去った。フランコ没後，民主化に移行し，1978年には新憲法が制定され，カタルーニャ語がスペイン語（カスティーリャ語）とともに公用語に加えられ，自治権も拡大した。スペインからの独立意識が強く，また首都マドリードとの対抗意識も強い。白血病を克服し復活を果した世界的テノール歌手ホセ・カレーラスはこの地の出身。

43 | どこまでがヨーロッパか？──EU入りを目指すトルコ

ベルリンやフランクフルト，ミュンヘンといった大都市では人の集まる中央駅や下町のスタンドバーや酒場にたむろする外国人労働者の姿を多く見かけます。

彼らの話す母語がドイツを旅する者にはなんともいえぬエキゾチックな想いを抱かせるとともに，重厚なドイツの風景やいかにも几帳面そうな町並みとのミスマッチに戸惑いを覚えます。

ドイツ（旧西ドイツ）は敗戦の傷を受けたものの，60年代，飛躍的な経済復興を成し遂げましたが，それを底辺から支えた力として大量の外国人労働者の存在があげられます。戦争によって人口が激減したドイツは労働力不足を補うべく国をあげて近隣諸国から外国人労働者を呼び寄せましたが，中でもトルコ人を筆頭に南欧の出稼ぎ労働者は低賃金の肉体労働や単純労働にも文句を言わず働いてくれることからドイツ人経営者には雇い易く有難い存在でした。

一方，外国人労働者にとっても，ヨーロッパで経済力を強めてきたドイツで働くことは，手っ取り早く強いドイツ・マルクを手に入れることが出来ることから大変な魅力でした。数年あるいは10年とドイツ市民から時には軽蔑のまなざしを背中に受けつつもそれに耐え，一生懸命働いて貯金をすれば故郷に錦を飾ることも可能でした。中には母国に帰らず定住を決め，家族をドイツに呼び寄せる者も大勢いました。今日，半世紀近い月日が流れ，今や第2世代，第3世代がドイツに育っており，彼らはドイツ社会や文化とのつながりを深めています。

青少年の多くがドイツ語を自由にあやつり，ドイツ社会に同化しつつある半面，母語を話すことに困難を覚えるとともに，文化を背景とした親世代との価値観のギャップも広がっています。ドイツは日本

と並んで少子高齢化が急速に進んでいますが，トルコ人は多産で都会の小学校の教室では半数近くが外国人の子弟で占められるといった現象も見られます。南欧系の決して少ないとは言えない外国人をドイツ社会に文化的に統合し，多民族・多文化国家へと脱皮していくことがドイツ社会にのしかかる重大かつ困難な課題ですが，依然として極右組織による外国人排斥も後をたたず，ドイツ社会は複雑な難問題を抱えていると言えるでしょう。

観光立国であるトルコは地中海やエーゲ海，黒海に面しており，夏休みにはヨーロッパから多くの観光客が太陽を求めてやって来ます。ドイツ人は無類の旅行好き，との定評がありますが，ドイツ人観光客にとってトルコはイスラム圏では最もよくドイツ語が通じ，ドイツ人には居心地のよいところで，トルコは「ドイツの第17番目の州」と皮肉をこめて語るむきもあります。経済的な結びつきが文化交流に思わぬプラスの影響を与えているのは大変興味深いことです。英語が今日国際的な汎用語として他言語を圧倒している事実は疑う余地もないことですが，ドイツ語が国家間，地域間を結びつける重要な役割を果たしていることも注目すべきでしょう。

また，トルコは極めて親日的な国であることが知られています。その理由は，トルコの宿敵であったロシアにアジアの新興国日本が日露戦争（1904-05）で勝利したこと，さらにはトルコの軍艦「エル・トゥールル号」の日本寄港の帰途，和歌山沖での遭難に際して多くの船員を救助したことがあげられます。

さて，トルコはEU加盟に向けて一歩踏み出しましたが，トルコがヨーロッパに属するかどうかは別としてもヨーロッパ各国と同様のスタンダードを持つには少数民族であるクルド族の人権保護などまだまだ越えなければならない高いハードルが存在します。キリスト教が主流のEU諸国に，いかに戒律が緩やかであるとは言え，イスラム教徒が大半を占めるトルコが加われば様々な局面での摩擦は必至です。世界観を異にする民族との「同居」は大きな実験にも思えますが，ヨーロッパ統合それ自体が20世紀から21世紀にかけての大きな人類の歴史的実験であるとも言えるでしょう。もし，人口約7,470万人を抱えるトルコの加盟が実現すれば，ドイツに次いで多い人口となり，自動的にEUの中で発言権を強くすることにもなります。

一般的にヨーロッパ人にはトルコ加盟に対する根強い抵抗感も深層心理として働いています。かつて絶大な勢力を誇ったオスマン帝国（1299-1922）が二度に渡ってハプスブルク家の都ウィーンを包囲し（1529年第1次，1683年第2次ウィーン包囲），ヨーロッパを震撼させた歴史の事実も記憶から消えません。しかしながら，トルコはまた「東西文明の十字路」でもあり，多様な文化を育んできたことでヨーロッパに最も近い国でもあります。今日，イスタンブールはアジアとヨーロッパが混じり合う独特のエキゾチックな雰囲気を漂わせており，世界有数の観光都市として数多くの観光客を魅了しています。歴史的にこの町は330年，コンスタンティヌス帝によりビザンティ

ン帝国の帝都コンスタンティノープルとして遷都され，1000年以上の長きにわたり，シルクロードの西の要衝地にある世界最大の人口を抱える都市のひとつとして大いに繁栄しました。

1453年コンスタンティノープルはスルタン，メフメト2世のオスマン帝国により陥落します。1000年の歴史をもち，古代ギリシャ・ローマ文化を継承してきたビザンティン文明が滅びることになります。町にはモスクが立ち並び，すっかりトルコ風に塗り変えられ，キリスト教文化の面影はかすかに偲ぶしかありません。

しかし，ビザンティン帝国はその最盛期には地中海世界を支配する大帝国で，その領土内にスラブ人など多くの民族をとり込む柔軟な社会を形成していました。またオスマン帝国も異なる民族や宗教を融和させる柔軟な帝国でした。

さらには対ギリシャ戦争で軍人として名を上げ，近代トルコを築いた建国の父ケマル・アタチュルク（1881-1938）の厳格な政教分離政策やスルタン制度，アラビア文字の廃止など，親西欧の姿勢がトルコ理解に大きく貢献しています。文明論上からはイスラム文明とヨーロッパ文明は極めて密接な関係にあったと言えるでしょう。中世以前においては，ヨーロッパにとってイスラム文明は先進文明であり，科学技術の多くがヨーロッパにもたらされました。歴史的に見ても8世紀から15世紀末までイベリア半島はイスラムの支配を受けましたが，スペイン南部のアンダルシア地方の小都市グラナダにあるアルハンブラ宮殿は，過ぎ去ったイスラム文明の栄光を今日に伝えると

ともにキリスト教文明との融合も見られます。

トルコのEU加盟問題がイスラム文明の再考察のきっかけとなれば異文化理解がさらに深まることでしょう。いずれに

せよトルコのEU加盟の実現は人権軽視の姿勢が顕著な強権右派のエルドアン大統領の下では困難で，将来の問題ではありますが，「拡大EU」の動向には目が離せなくなってきました。

── 欧州統合の歴史 ──

1950. 5	フランス外相ロベール・シューマンによりヨーロッパの石炭・鉄鋼資源の生産および消費の共同管理が提唱される。
1952. 7	パリ条約が発効し，欧州石炭鉄鋼共同体（ECSC）設立（フランス，西ドイツ，イタリア，オランダ，ベルギー，ルクセンブルク）。
1958. 1	ローマ条約により，欧州経済共同体（EEC）と欧州原子力共同体（EURATOM）設立。
1967. 7	ECSC，EEC，EURATOMの3共同体を統合する欧州共同体（EC）が発足。
1973. 1	イギリス，アイルランド，デンマーク加盟。
1979. 3	欧州通貨制度（EMS）創設，イギリスを除く加盟8ヵ国で発足，ECU（欧州通貨単位）がこの制度により登場。
1981. 1	ギリシャ加盟。
1986. 1	スペイン，ポルトガル加盟。
1987. 7	単一欧州議定書発効。
1992. 2	欧州連合条約（マーストリヒト条約）調印。
1992. 6	デンマーク，国民投票で欧州連合条約批准を否決。
1993. 5	デンマーク，2度目の国民投票で同条約の批准を決定。
1993. 11	欧州連合条約が発効し，欧州連合（EU）が発足。通貨統合を1999年とし，共通外交を明文化する。
1995. 1	オーストリア，フィンランド，スウェーデン加盟。
1998. 6	ヨーロッパ中央銀行（ECB）設置。
1999. 1	単一通貨「ユーロ」導入，アムステルダム条約が発効し，共通外交に多数決を導入し先行統合ルールを新設する。
2001. 2	ニース条約調印。
2002. 1	ユーロ紙幣，硬貨がイギリス，スウェーデン，デンマークの3ヵ国を除く12ヵ国で流通開始。
2004. 5	中・東欧8ヵ国と地中海の島国2ヵ国の計10ヵ国が新たに加盟し，25ヵ国体制となる。
2004. 6	EU首脳会議で欧州憲法条約案を採択。
2005. 5	ドイツ，欧州憲法条約批准を議会承認（5月27日）。
2005. 5	フランス，国民投票で欧州憲法条約の批准否決（5月29日）。
2005. 6	オランダ，国民投票で欧州憲法条約の批准否決（6月1日）。
2007. 1	ルーマニア，ブルガリアが加盟し，27ヵ国体制となる。
2007. 10	EU首脳会議で，これまでの欧州憲法に代わり「改革条約（リスボン条約）案」を採択（10月19日）。
2007. 12	リスボン条約調印（12月13日）。
2008. 6	アイルランド，国民投票でリスボン条約批准を否決（6月12日）。
2009. 10	ギリシャの財政赤字粉飾が発覚
2009. 12	リスボン条約発効

2010.	5	IMFと加盟国により300億ユーロのギリシャ金融支援
2010.	6	EFSF（欧州金融安定基金）設立
2012.	2	ギリシャへ第2次金融支援
2012.	10	ESM（欧州安定メカニズム）設立
2012.	12	ノーベル平和賞がEUに授与される
2013.	7	クロアチアが加盟し28ヵ国体制となる
2014.	9	スコットランド住民投票により独立否決
2016.	6	イギリス，国民投票でEU離脱を決定。
2020.	1	イギリス，EUを離脱。

44 「拡大EU」と世界——21世紀を生きるヨーロッパの叡智

　これまでヨーロッパを旅する人々にとって訪問国の通貨への両替は面倒なだけでなくその手数料は無視できないものでした。これが欧州共通通貨「ユーロ」（Euro）の導入によって両替手数料がかからなくなっただけでなく各国の物やサービスがユーロ表示で統一されることで国による価格格差が鮮明になりました。

　さらには，税率などの比較が容易になり，それが市場競争を高め，経済成長をもたらすだけでなく抜本的な構造改革を促す原動力ともなります。

　ユーロへの域内市民の信頼が増せば消費増加も見込めます。機軸通貨としてのユーロの将来を危ぶむ声も聞かれますが，ユーロは本来EU各国の経済環境を良くするために生まれたもので，決して米ドルにとって変わろうとするために意図されたものではありません。

　新世紀を迎えた2001年1月1日，ギリシャが新たにユーロ圏に加わりましたが，ギリシャは1999年1月1日のユーロ誕生の際には財政赤字が GDPの3％以内とい

う条件を満たすことができず，参加を見合わせた経緯があります。

　デンマークは2000年9月の国民投票の結果，ユーロ導入を見送ることになりました。デンマークは人口約540万人とEUの中でも小国であり，独仏主導で統合が推し進められることへの警戒感や，高福祉が伝統の国であることから社会福祉が切り捨てられるのでは，との懸念からユーロ導入には今も一歩距離をおいています。

　1999年1月に誕生したユーロは主に各国間の為替による決済などに使用されていましたが，2002年1月1日から実際にユーロ紙幣や硬貨が市場に導入されました。

　さらに2004年5月にはEUはさらに中欧，東欧へと拡がり，新たに10ヵ国が加盟したことで25ヵ国，総人口4億5,000万人の「拡大EU」となりました。バルカン半島の政情や移民難民の流入はヨーロッパの不安定要素ではありますが，市場も通貨も1つになり，政治統合へと進め

ば国家という枠組を越えて地域や民族としての連携が顕著となってきました。

新たに加盟した国々は米ソ対立の冷戦下、人為的に「東欧」と呼ばれていた国々が中心です。ドイツ語の「中欧」（Mitteleuropa）という呼称は13世紀から第一次世界大戦までヨーロッパ大陸に君臨したオーストリアのハプスブルク帝国を中心としたドイツ語文化圏とほぼ呼応し、ドイツが歴史、文化、経済の中心、との響きがあり、「汎ゲルマン主義」を想い起こさせます。

オーストリアを併合したヒトラーのナチス・ドイツが第二次世界大戦に敗北し、ドイツは国を東西に分割されましたが、ヨーロッパは西側諸国と「東欧」という政治概念により区別され、戦前まで用いられていた「中欧」という言葉は政治の表舞台から消し去られ、永らく死語と化していました。

しかしながらその「東欧」における社会主義体制が崩壊し、続いてベルリンの壁の崩壊というドラマティックな出来事により再び「中欧」という言葉がドイツの隣国のポーランドやチェコ、ハンガリーなどで用いられ始めました。これらの国々はソ連指導による社会主義体制の下、ヨーロッパ世界から排除されていたからです。そこには西欧社会への憧憬やかつての古き佳き時代へのノスタルジーとともに、ソ連の衛星国であったという忌わしい記憶を払拭したいという願望がこめられていたのです。そんな中、EUは1994年10月、EU加盟を希望するポーランド、チェコ、スロヴァキア、ハンガリー、ルーマニア、ブルガリアの6ヵ国

の呼称を正式に「中欧」とすることを決め、「東欧」とは独立国家共同体（CIS = Commonwealth of Independent States）の西側に位置するベラルーシやウクライナなどの国々を指すこととしました。

この「中欧」とは地理的に言えば南北は北海、バルト海とアドリア海の間、東西はロシアとフランスに挟まれた地域を指すのが一般的で、EUの定義にはドイツ、オーストリアが含まれておらず、政治的意図が込められています。地理的にはオーストリアの首都ウィーンはチェコの首都プラハよりも東に位置しています。

この非ドイツ人地域をもって「中欧」とすることの背景にはヨーロッパの中心はドイツにあるとする政治的、歴史的意図が隠されていると言えるのではないでしょうか。

それはかつてナチス・ドイツのヨーロッパ支配のスローガンにもされた暗い過去をもっています。

EU加盟国が25ヵ国から、さらに28ヵ国へとふくらみ、民族の共存が前提とされる中で、この中欧の再編という問題は国境の修正と新たな民族問題を生む事態も想定されます。

さらには、EUの東欧、中欧への拡大は賃金抑制と福祉水準の切り下げ、そして安価な生産コストを追求する「新自由主義」を生むことの危惧の念がもたれます。

ヨーロッパの歴史は戦争の歴史であったと言っても過言ではないでしょう。ヨーロッパ統合への道はヨーロッパ大陸から戦争をなくすための平和への模索の歩みでした。中でも永年の宿敵関係にあっ

たドイツとフランスは国益の対立から近現代史においても、わずか100年の間に普仏戦争から第一次、第二次世界大戦へと3度も戦火を交え、ヨーロッパを悲劇へと巻き込みました。ドイツとフランスの和解にはユーラシア大陸に現れた社会主義の大国ソ連の存在と米ソ対立による冷戦構造が理由としてあげられます。戦後のドイツをどう処理するかという「ドイツ問題」が常にヨーロッパ各国を悩まし続けていましたが、1950年フランスの外務大臣ロベール・シューマンにより「欧州石炭鉄鋼の共同管理」が提案され、1952年にはフランス、ドイツなど6ヵ国による「パリ条約」が発効し、「欧州石炭鉄鋼共同体（ECSC）」が発足し、ヨーロッパは統合に向けての第一歩を踏み出しました。これによりドイツとフランスは積年の怨恨（ルサンチマン、ressentiment）を超えて盟友としてヨーロッパ統合の中核を担うことになり、両国の動向が統合の成否の鍵を握ることになりました。

　今日、ドイツとフランスはかつてないほどの友好関係にありますが、これは両国の敵対関係がヨーロッパを戦火に導いたことへの反省からです。戦後の冷戦時代にアデナウアー首相とドゴール大統領によりパリのエリゼー宮殿で締結された「エリゼー条約」（1963年）は宿敵同士の両国が過去のいまわしい歴史を清算し、盟友としてヨーロッパの平和を築こうとする意気込みのあらわれと言えます。

　1991年12月、オランダのマーストリヒトで開催されたEC（ヨーロッパ共同体）の首脳会談で、通貨導入による経済および市場の統合、さらに外交や安全保障対策など国家主権を国家連合体に委譲し、ヨーロッパ統合のさらなる深化を計る枠組みを示しました。そして翌年2月「欧州連合条約」（マーストリヒト条約）は調印され、政治統合を目標とするヨーロッパ連合（EU）への歩調を深めることになりました。しかしデンマークがドイツやフランスといった大国の主導による運営への警戒心から1992年6月の国民投票ではマーストリヒト条約の批准を拒否したことで、統合への足並みに乱れが生じ、統合の将来を危惧する声も聞かれました。しかしながら、1993年11月にはヨーロッパ連合（EU）が発足し、1995年1月にはオーストリア、スウェーデン、フィンランドの3国がEUに加盟し、15ヵ国体制へと拡大しました。1999年1月には単一通貨「ユーロ」（Euro）が加盟国中11ヵ国に導入され、さらに同年「アムステルダム条約」が発効し、共通外交に多数決制が導入されましたが、中欧、東欧諸国の新たなEU加盟に向けた動きをにらんでドイツ、フランスなどの中核国による「先行統合」（特定の政策に対して積極的な国だけで統合を進めること）を認めるルールを設けることとなりました。しかし、2000年12月のフランスのニースにおける首脳会談では「アムステルダム条約」に盛り込んだ「先行統合」のあり方の再検討が行われるなど、まだまだ紆余曲折が予想されます。「ニース条約」*の合意内容は少なからず、EUの行方を左右するだけでなく、世界の政治・経済にも影響を与えるでしょう。今後は中欧・東欧、さらにはEU加

盟候補国ではないものの，加盟に意欲を燃やすイスラム圏トルコの扱いなどEUの深化と拡大が課題の中心になってくるでしょう。さらには「ヨーロッパ連邦」への構想もにわかに現実味を帯びてきたことにより，ヨーロッパはダイナミックに動いています。新たに大統領や外務大臣などを創設し，ヨーロッパ議会の権限の強化と，ヨーロッパ理事会の意思決定の効率化を目指した新基本条約（リスボン条約）が2009年12月に発効しました。何事につけてもアメリカの単独行動主義（ユニラテラリズム）が目につく今日，大欧州の存在はアメリカのその様な行動への抑止力となるでしょう。EUが国際舞台において，その発言力を増せばアメリカ中心の政治力学に変化が生じること

でしょう。

この半世紀ヨーロッパは多くの困難を抱えつつも平和を築くための制度づくりに努力を傾注してきました。経済力や軍事力に任せて，強引に世界を己が意思に従わせようとするアメリカとは対照的に，叡智と寛容さによって様々な矛盾や対立と試行錯誤を繰り返しつつも民族を越えたヨーロッパのさらなる統合を目指すその姿勢に学ぶべきことは多くあるように思います。

アジアの国日本が隣国の中国や韓国，北朝鮮を初めとするアジア諸国といかなる国際関係を築いていくか，拡大欧州は日本に大きな課題を突きつけていると言えましょう。

---

* ニース条約

2002年10月「ニース条約」（2001年2月調印）の批准をめぐってEU加盟国15ヵ国中，最後に残ったアイルランドで再び国民投票が行われ，今回は賛成が多数を占めたことにより同条約批准が承認されました。その結果，同条約の発効によって2004年にはEU加盟候補にノミネートされていた12ヵ国のうちポーランド，チェコ，ハンガリー，スロヴァキア，リトアニア，ラトヴィア，エストニア，スロヴェニア，キプロス（ギリシャ系キプロス共和国），マルタの東・中欧及び地中海の10ヵ国が加盟，さらにルーマニアとブルガリアが2007年1月に，そして2013年7月，クロアチアが加盟し28ヵ国体制となりました。（2020年12月、イギリスのEU正式離脱により27ヵ国体制となる。）

— イギリス，国民投票で「EU離脱」を可決 —

　2016年6月23日はイギリスにとって歴史的な「運命の日」となった。「EU離脱」を問う国民投票でおおかたの予想に反して離脱派が勝利したことで（離脱派51.9％，残留派48.1％），世界に衝撃が走った。国家の重大な政治的決断を国民の多数決に委ねることの是非は別としても，代議制民主主義で選ばれた政治家たちの責任の放棄ともとられかねない出来事である。「残留」を主張してきたキャメロン首相は辞意を表明し，10月までに退任することで，次期首相（EU残留派のテリーザ・メイ内務大臣に決定）のもとでEUと約2年間を目処に離脱交渉に入る旨を明らかにした。

　イギリスの離脱はEUの統合への求心力の低下をもたらすことになるだろうが，常にEUの政治的統合のプロセスに懐疑的であったイギリスが離脱することで，原加盟国を中心に，それも経済力の強いドイツを主軸に結束が深まるのではないだろうか。今回の国民投票ではスコットランド全土で残留派が多数を占めたことで（残留派約62％，離脱派約38％），再び独立への機運が高まり，2014年に続いて住民投票が実施されるのでは，とも考えられる。この影響はさらに北アイルランドやスペインのカタルーニャ自治州の独立運動へと波及することも考えられよう。

　離脱決定後，EUとの間で交わされた協定案の内容を巡り（英領北アイルランドとEUに加盟しているアイルランド共和国との国境や関税問題など），メイ首相（当時）と議会が対立を繰り返し，2019年3月29日の離脱期限を過ぎても，主張の一致をみなかった。「合意なき離脱」のリスクが高まるなか，離脱決定から3年余りが過ぎ，政治の混迷に終止符を打つべく，ジョンソン政権は総選挙を実施。これに圧勝したことで，2020年1月31日の「離脱」への道のりが定まり，約1年間の移行期間を経て，2020年末にはイギリスはEUから完全離脱することになった。

　一方，EU残留を望むスコットランドではスコットランド民族党が躍進し，再度住民投票を求める機運が高まっている。さらには「離脱」による北アイルランドとアイルランド共和国との国境紛争が再燃するのでは——との危惧もささやかれ，今後の政治・経済への影響が懸念されている。

　（なお，ジョンソン首相は「コロナ禍」の下，不祥事により引責辞任，後任には2022年9月トラス外相が選出された。2022年10月からスナク首相がその任にある。）

●EU加盟国（2023年8月）

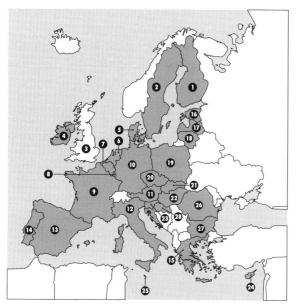

1. フィンランド	8. ルクセンブルク	15. ギリシャ	22. ハンガリー
2. スウェーデン	9. フランス	16. エストニア	23. スロヴェニア
3. イギリス	10. ドイツ	17. ラトヴィア	24. キプロス
4. アイルランド	11. オーストリア	18. リトアニア	25. マルタ
5. デンマーク	12. イタリア	19. ポーランド	26. ルーマニア
6. オランダ	13. スペイン	20. チェコ	27. ブルガリア
7. ベルギー	14. ポルトガル	21. スロヴァキア	28. クロアチア

（2020年12月イギリス離脱）

●EU（EEC，EC）27ヵ国加盟の歩み

加盟年	国名
1958年　原加盟国（6）	ドイツ，フランス，イタリア，ベルギー，オランダ，ルクセンブルク
1973年（3）	イギリス，アイルランド，デンマーク
1981年（1）	ギリシャ
1986年（2）	スペイン，ポルトガル
1995年（3）	オーストリア，フィンランド，スウェーデン
2004年（10）	ポーランド，チェコ，ハンガリー，スロヴァキア，リトアニア，ラトヴィア，エストニア，スロヴェニア，キプロス，マルタ
2007年（2）	ルーマニア，ブルガリア
2013年（1）	クロアチア
2020年（-1）	イギリスのEU正式離脱により27ヵ国体制となる。

合計27ヵ国

●共通通貨ユーロ導入の推移

1999年	オーストリア，ベルギー，フィンランド，フランス，ドイツ，アイルランド，イタリア，ルクセンブルク，オランダ，ポルトガル，スペイン（11ヵ国）
2001年	ギリシャ（1ヵ国）
2007年	スロヴェニア（1ヵ国）
2008年	キプロス，マルタ（2ヵ国）
2009年	スロヴァキア（1ヵ国）
2011年	エストニア（1ヵ国）
2014年	ラトヴィア（1ヵ国）
2015年	リトアニア（1ヵ国）

（19ヵ国）

※共通通貨ユーロ導入不参加国9ヵ国
　イギリス，スウェーデン，デンマーク，ポーランド，
　チェコ，ハンガリー，ルーマニア，ブルガリア，クロアチア

エピローグ

ベルリンのポツダム広場

● 文化が交差する国ベルギー──異文化共存の試金石

ベルギーの首都ブリュッセル（人口約100万人）の旧市街の中心にあるグラン＝プラスは，世界で最も豪華な広場と讃えられており，後期ゴシック様式の市庁舎とともに，ヨーロッパの交易と文化の交差点としての中世ブリュッセルの富と繁栄を偲ばせる佇まいである。フランドル地方の商人は，毛織物や世界的に有名なゴブラン織りなどの織物の貿易で富を築いた。ベルギーはまた，ファン・アイクやブリューゲルなどの北方ルネサンスの画家を生んだ国として絵画愛好家には魅力の尽きない国でもある。農民の画家と言われるブリューゲルは働く人々の生活を生き生きと描いたが，代表作『農民の結婚』や『雪中の狩人』，さらには『バベルの塔』などはウィーンの美術史美術館に所蔵されている。

今日，ベルギーは人口約1,100万人のヨーロッパの小国ながらも，EU（ヨーロッパ連合）の原加盟国としてその本部及び欧州議会がおかれ，またNATO（北大西洋条約機構）の所在地でもあり，欧州統合の中心としてヒト・モノ・カネの自由な移動を実践してきた国である。移民の受け入れにも寛大で，モロッコやトルコなどからのイスラム系移民も多く，EUの超国家的姿勢を象徴する国である。

そのベルギーが今や過激派組織「イスラム国（IS）」によるテロの温床となっている。2015年11月13日のパリの同時多発テロ（死者130名，負傷者約300名）に続いて，2016年3月22日にはブリュッセルでも連続テロ（死者38名，負傷者約200名）が起こった。民族の融和を目指すEUの理念を根底から揺るがすこの事態は，世界を震撼させている。

歴史と芸術が今も息づくベルギーは，中世の時代からフランスやドイツなどの国にとって，戦略上重要な地位を占めてきた。そのため，長きにわたる戦争によって，領有権がめまぐるしく交代し，歴史の波に翻弄され続けた歴史がある。

第二次世界大戦後も，北部はオランダ語を話すフラマン人，南部はフランス語圏のワロン人と，言語文化が錯綜し，南北対立は今日も根深いものがある。経済力のあるフランドル地方のオランダ語圏では，ワロン地方のフランス語圏に対する不満が大きく，自治権拡大や北部の分離独立を掲げる極右政党の存在が社会不安を増大させている。

東部ドイツ国境に近い地域ではドイツ語も話され，公用語は三ヵ国語である。ゲルマン系とラテン系の文化が混在するベルギーにおいては，多元的文化の共生が国家安定の最大の課題となっている。ベルギーは歴史的に人為的国家であったために，国土の中に外国（オランダ）の「飛び地」が存在し，問題を一層複雑化させているが，近年イスラム系移民の受け入れ反対を声高に主張する勢力も顕著となるなど，懸念材料となっている。

大航海時代にはヨーロッパの一，二を

争う貿易港だった商業都市アントワープ（人口約45万人）は『フランダースの犬』の舞台として日本人には馴染み深い。有名なゴシック建築のノートルダム大聖堂には主人公ネロ少年が夢見たルーベンス（Peter Paul Rubens, 1577-1640）の大作『キリスト降架』が『キリスト磔刑』、『聖母被昇天』とともに所蔵されている。

17世紀バロックの大画家ルーベンスは外交官としても活躍したが，フランドル美術の伝統を基盤とし，さらにはルネサンス絵画のもつ人間の自由奔放さや大胆さを絵筆に取り入れ壮麗な様式を完成させた。バイエルン王国のルートヴィヒⅠ世によって創設された，ミュンヘンのアルテ・ピナコテーク（Alte Pinakothek）には，15-18世紀のヨーロッパの名画とともに，『最後の審判』（1617-18）など，ルーベンスの大絵画が所狭しと展示されているが，その躍動感は観るものを圧倒させずにはおかない。

ベルギーは隣国オランダやフランスの先進文化の影響を強く受けたが，食文化においてもとりわけフランス料理の洗練された良き伝統が現在も生きている。またドイツとともにベルギー産のビールは高い評価を受けており，ビールの醸造の歴史は中世の修道院に遡る。その種類は300～400種類にものぼると言われており，ビールの国民一人当たりの年間消費量は日本人の約3倍にも達する。またベルギーのチョコレートやワッフルなどもよく知られている。

今日，EUは中核をなすドイツ，フランスなどの大国の主導で運営される傾向がますます強くなってきている。と同時

グラン＝プラスにある市庁舎

に，EUの概念は，今や中欧，東欧へと拡大され続けている。国家主権に深くかかわるこの「ヨーロッパ連邦」構想を実現させるには，ベネルクス諸国をはじめとする中小国の立場や意見を，EUの政策に反映させていくことが必要だろう。

ノルウェーや永世中立国スイスは国境検査の廃止を定めた「シェンゲン協定」には参加しているものの，今だEUには加盟していない。またEU加盟国28ヵ国中9ヵ国が共通通貨ユーロを導入していない（2016年5月現在）。難民・移民の受け入れをめぐっては各国の対応に大きな差異が生じている。様々な文化が国境を越えて融和する一方で，文化は本来，国や民族に根差した独自性を有するものだ。それゆえ，未知なるものへの好奇心や憧憬とはうらはらに，異質なものに対して，不寛容かつ排他的となる様相をみせることもある。異なる人種や民族との共生という課題は，偏狭なナショナリズムを生む土壌となる危険性をもはらんでいる。これまで半世紀以上にわたって幾多の困難を乗り越えてきたヨーロッパが，その叡智を結集し，21世紀の人類の壮大な「実験」を成功へと導くその「現場」にベルギーという国がなることを筆者は期待するものである。

● 変貌するドイツ

2017年9月24日，連邦議会選挙が行われ，メルケル首相の率いるCDU／CSU（キリスト教民主/社会同盟）は，前回から大きく得票を減らしたものの第1党の座を堅持した。この選挙では新興極右政党AfD（ドイツのための選択肢）が国政に進出，また前回議席を失ったFDP（自由民主党）は議席を回復した。左派党，緑の党もそれぞれ議席を延ばした。

一方，SPD（社会民主党）は戦後最低の得票率にとどまり退潮傾向に歯止めがかからず，大きく支持を失った。選挙から5ヵ月半にわたって政治的空白が続いたが，困難な連立交渉を経てメルケル首相は再びSPDとの連立を決め，2018年3月第4次メルケル政権が発足した。

しかし2018年10月，地方選挙で大敗を喫したCDU／CSUのメルケル首相は，2021年の任期満了をもって首相を退くと発表した。2005年から4期16年，ドイツのみならずEUの盟主としてヨーロッパを牽引してきたメルケルの首相退任は，歴史の大きな転換点となったと言えよう。

●2021年ドイツ連邦議会総選挙結果

	政党名	得票率	議席数
連立与党	SPD（社会民主党）	25.7%	206
	同盟90/緑の党（Bündnis 90／Die Grünen）	14.8%	118
	FDP（自由民主党）	11.5%	92
野党	CDU／CSU（キリスト教民主／社会同盟）	24.1%	196
	AfD（ドイツのための選択肢）	10.3%	83
	DIE LINKE（左派党）	4.9%	39

総議席数735
議席獲得に必要な得票数5％に達しなかった政党：
南シュレースヴィヒ選挙人同盟(SSW)0.1%

ドイツの選挙制度は「比例代表併用制」で，有権者は小選挙区候補者と政党に投票（2票制）する。比例代表制に重点を置きながらも小選挙区制を付加的に併用した制度と言える。

まず定数の半分が小選挙区で選出され，政党得票によって総議席数が比例配分され，その議席配分数から小選挙区当選者の数を引いた数が比例代表議席となる。基本定数は598だが小選挙区の当選者が比例代表の配分議席数を上回った場合は「超過議席」が認められる。

後任首相を決める連邦議会総選挙が2021年9月26日実施され、SPD（社会民主党）が1998年以来、僅差ながら16年振りにCDU／CSU（キリスト教民主社会同盟）に勝利し、第1党に返り咲いた。今回の総選挙ではCDU／CSUとSPDの両党とも得票率が30％に届かない事態となり、過半数を確保するには両党による大連立かSPDを主軸とした緑の党、FDP（自由民主党）の3党による連立しかなく、各党の政策に大きな隔たりがあることから連立交渉は難航を要することが予想された。

大連立により党の独自性が埋没することを回避したい両党は3党連立を選択し、約2ヶ月間の交渉を経て合意に達し、中道左派政権が成立することになった。首相には前政権のSPDのオラフ・ショルツOlaf Scholz財務大臣兼副首相が選出され、緑の党からは2名、FDPからは1名が入閣した。合意の内容は、環境政党緑の党の看板政策である気候変動対策を前面に打ち出す一方、SPDの最低賃金政策を、そして産業界寄りのFDPにも配慮し、富裕層への課税を据え置く、というようになっている。メルケル前首相のようなカリスマ性に乏しいショルツ新首相にとって、モザイク政権は当初から難題を抱えることとなり、厳しい船出となるだろう。

振り返れば、永年、経済不振にあえいでいたドイツだが、企業によるリストラや中・東欧などの新興EU諸国への工場移転による人件費の削減や好調な輸出を背景に、経済も順調に回復軌道に乗っていった。2003年SPDのシュレーダー前首相により、財政緊縮政策を柱としたいわゆる「アジェンダ2010」による構造改革が、実を結んだとの見方もある。次のメルケル政権もこの政策を継承し、財政赤字の改善、景気回復と成果を上げ、今やEUの中でドイツは独り勝ちの様相を呈している。しかしながら旧東ドイツ地域では失業率が依然として西側の約1.5〜2倍という高さで、国内で貧富の差が拡大しているのも厳しい現実である。

さて、環境先進国として定評のあるドイツだが、日々の生活でのドイツ人の環境意識の高さには感心させられる。風力発電や太陽光発電などの再生可能エネルギーへの転換も着実に進んでいる。

シュレーダー元首相は「反原発」を党是とする「緑の党」との連立政権において「原発」を段階的に廃止する「脱原発」政策を推進してきたが、2005年から政権を担当したメルケル首相は革新派のSPDとの大連立であったためシュレーダー前首相の原発政策を継承せざるを得なかった。ところが、2009年の総選挙に勝利し、新たに保守派のFDPとの連立を組んだことで「原発」の稼働期間の延長を決定した。しかし、2011年3月、東日本大震災による福島第一原子力発電所の事故により市民の反原発運動が高まるとともに州議会選挙での敗北を受け、世論に押されて再び政策を転換し「脱原発」へかじを切り、2022年までに全廃するとの閣議決定をした。

しかし2022年2月、ロシアによるウクライナ侵攻（侵略）で事態は一変した。アメリカ、イギリス、EU各国などの西側諸国はこぞってロシアへの経済制裁に打って出たが、ロシアはその対抗策とし

てドイツなどヨーロッパへ送る天然ガス・パイプライン「ノルドストリーム1」の供給の一時停止を継続する旨を示唆した。

このためドイツ政府はエネルギーの供給不足という最悪の事態を回避すべく、2022年中に稼働を終了することになっていた3基の原発のうち2基（バイエルン州のイザール原発及びバーデン・ヴュルテンベルク州のネッカーヴェストハイム原発）について、2023年4月中旬まで緊急時の稼働延長を決定した。そしてこのほどドイツ政府は無事「脱原発」を完了したのである。

ドイツで2000年4月1日に施行された「再生可能エネルギー法」は家庭で発電した太陽光や風力などの再生エネルギーを、電力会社が市場価格よりも高値で買い取ることを義務付けたものだが、「脱原発」という大きな目標の達成を後押ししている。

ドイツでは、ベルリンなどの大都市でも森林や公園の面積が広く、河川や湖の水質も厳しく管理されている。また有機栽培の農作物、さらにはエコやバイオの食品も多く販売されている。ミネラルウォーターなどのプラスチックボトルもデポジット制が導入されており、レジ袋は有料化され客は買い物袋を持参している。ドイツ人の環境意識の高さは彼らの民族性と無関係ではない。もともと森の民族だったドイツ人は自然と向き合って生活してきたのである。しかしながらその「自然」も、維持のために常に人間の手を加えてきたものである。あの「黒い森」（シュヴァルツヴァルト、Schwarz-

wald）も実は植林によるものだ。19世紀後半には産業革命による工業化が進行するが、都市住民の間で集団式菜園・庭園であるシュレーバーガルテン（Schrebergarten, Kleingarten）が広まったが、これは健康増進と余暇利用を目的としたものである。さて一方、日本人の環境意識はどうだろうか。まだ使えるものを廃棄し、いたずらに国民の購買意欲を喚起しているだけではないだろうか。まだまだ「もったいない」という発想が一般市民に定着していないように筆者には思われる。

これからの社会ではアメリカ型の剥き出しの市場原理経済に対抗して環境や食の安心・安全など生活の豊かさをより重視するヨーロッパ・ドイツ型の理念が世界の主流となるのではないだろうか。食料自給率40％、エネルギー自給率に至ってはわずか4％という日本において、将来いかにして環境資源、生活資源を確保していくのか、ということこそが国家の最重要課題といえるだろう。

ドイツでは所得に応じて、医療・年金・失業・労災・介護保険の徴収額が算出され、給与から天引きされるが、その総額は平均して43％にも達している。税金も含めると国民負担率は50.5％（2010年度、財務省データより）、また付加価値税も19％（生活必需品は7％──2020年の「コロナ禍」による経済対策として時限的に19％が16％に、7パーセントが5％に引き下げられた）と高く、一般市民の生活は決して楽なものではないが、それでも金銭では計れない生活の豊かさがある。豊かな自然と都市景観の美しさ、

広い居住空間と長い有給休暇，安価な教育費と充実した奨学金制度，保育所や介護施設の充実など日本と比べて将来への不安がはるかに少ないことがあげられよう。それはドイツ社会が戦後，蓄積された国家の富とその経済力を福祉や教育，文化・芸術などに還元してきたからだろう。

　一方日本では近年，富の偏在化，すなわち「格差社会」と表現されるような不平等社会へと急速に向かっている。少子高齢化へと加速する日本社会の未曾有の社会変革を前に今，国家として何をなすべきか，来るべき時代に対し新たなライフスタイルの創造により明るい展望を見いだすための発想を，ヨーロッパ，そしてドイツから学びたいものである。

●「コロナ禍」とドイツ社会──「コロナ」が暴いた現代文明の脆さ

　2019年12月，中国湖北省武漢市が発生源とされる「新型コロナ」がもたらしたパンデミック（感染症）による社会の混乱は，現代文明がいとも簡単に崩壊するものであることを知らしめた。

　新型コロナの発生から早や数年が経過したが，いつ収束するとも知れないこの厄介極まりないパンデミックは社会の中でたまりにたまった現代文明の脆さ，弱点をさらけだした感がある。現代人はこの「コロナ禍」によりこれまであたりまえとされてきた価値観の180°転換を余儀なくされた。この地球規模の大災害を前にして戦争やイデオロギーの対立など意味をもたなくなった感があるが，もはや以前の日常の営みはもとのようには戻ってこないかも知れない。この「新型コロナ」ウイルスによるパンデミックの拡大は目下全世界で1億人を超えるまで世界に拡がりいつ収束するのか予見できない。さらにはポスト・コロナの社会がどのようなものになるのかもまた不透明で

ある。ステイ・ホームやロックダウン（都市封鎖）を強いられた人々のストレスやフラストレーションは感染状況が長期化する中で，生活不安や恐怖は日増に増加しつつあり，関連犯罪や自殺も報告されている。またイギリス型の変異ウイルスも発生し事態はさらに悪化している。経済の面からはコロナ禍にいち早く対応できた企業ビジネスは別としても，旧態依然とした古い体質の組織は，コロナ禍の中で消滅せざるを得なくなっている。

　感染拡大はヨーロッパ全土へと波及し，イタリア，フランス，イギリスなどの国々とともにドイツにもその影響が深刻な事態を招き，ハンブルクやケルン，ミュンヘンなどの大都市で「ロックダウン」されることになった。

　長期間移動を制約された市民の中には，パンデミック被害から生じるフラストレーションからであろうか，政府による規制に少なからず反発を覚える者も続出した。

「ロックダウン」とは極論すれば社会による「監禁状態」を意味するが，ドイツ人にとっては，かつての旧東ドイツの「ベルリン封鎖」や「東西ドイツの分断」の歴史を想い起こさせることでもあり，旧東ドイツ出身のメルケル前首相にとっては移動の自由を奪われた過去の悪夢を想い起こす，耐え難い事態の再現でもあるだろう。

2020年3月18日，国家元首として国民の生命と安全を守るべき同首相はテレビ演説において涙を浮かべつつ切々と「ロックダウン」への決断と理解を国民に訴えかけた。この姿勢，演説は国際社会から高い評価と感銘を得ることになった。

同調意識の強い日本は，法や政令によらず概ね権力，権威といったものに従う傾向が強い社会を有するが，一国の政治家が国民にその政治的立場を切々と訴えかけるといった姿勢は，日本の政治家の場合あまり見受けられないことと言えるだろう。

医療対策の面でも，ドイツは欧州諸国の中でも，新型コロナ感染の死亡率の低さが目立っており，コロナ対策が最も成功した国の一つと言われている。ドイツでは，当初から感染状況を正確に把握することに努め，免疫学や医学の専門家が内閣と連絡を取り合う仕組みが早期に作られた。これにはロベルト・コッホ研究所が中心となり，イニシアティヴを取ったことも大きかっただろう。早急にPCR検査を多くの国民に導入したことが功を奏した，との評価もある。もともとドイツの医療体制は優れており，徹底した隔離対策の実施や，充実したICU体制による重症患者への治療が，感染拡大を食い止める重要な役割を果たしたことも忘れてはならないだろう。

●「ウクライナ戦争」に寄せて──プーチンの「戦争」と世界秩序の転換

「ウクライナ」―この国の名から何を思い浮かべるだろうか。ユーラシア大陸は東スラブの地，雄大で肥沃な大地と古都キーウ（キエフ）に育まれたエレガントな芸術と歴史・文化の国のイメージだろうか。それともあのコサック団の勇壮でアクロバティックな民族舞踊だろうか。音楽愛好家の筆者は帝政ロシア時代に育まれたロシア古典芸術の華であるクラシックバレエの舞台である。

チャイコフスキーの三大バレエ（「白鳥の湖」，「眠りの森の美女」，「くるみ割り人形」）を代表格として叙情性あふれる美しい容姿のバレリーナや素晴らしいテクニックを誇るダイナミックな男性プリンシパル（主役）を擁するキエフ・バレエ（ウクライナ国立バレエ）の見事な演技だ。しかしながら何といっても衝撃的だったのは1986年4月に発生したチョルノービリ（チェルノブイリ）の原発事故の悲劇で，今でも記憶に生々しい。

さて，ウクライナは長らく社会主義国

家旧ソビエト連邦を構成する一国であったことで，その実情はあまり知られていなかった。首都はキーウ（キエフ），国の人口はおよそ4500万人，1991年のソ連の解体を受けて1994年に独立を果たした。その後，民主化の流れの中で旧ソ連の構成国が次々と独立し，NATOへの加盟に動き，"ロシア離れ"が加速化していった。

ロシアと国境を接するバルト3国やウクライナなどロシアのかつての盟友の，西側諸国への傾斜はロシア帝国の復活を夢みるプーチン大統領にとって危機感が高められ，断じて容認ならない事態であっただろう。

2022年2月24日，突如，プーチン大統領がウクライナへ侵攻し，世界を驚愕させた。彼の筋書きは，かつてチェチェン共和国，ジョージア（旧グルジア）共和国，そして2014年2月のクリミア半島への軍事介入が成功をみたように，この侵攻は数日，あるいは数週間で決着がつくものだった。しかしながら，ウクライナの抵抗は思いのほか強く，さらにアメリカ，イギリスなどの西側諸国からの武器供与もあって，1年半を経た今日も戦いに終止符が打たれる兆しは全く見えない情況である。西側NATO諸国からの武器，戦車などの供与がロシアを刺激し，さらなる戦いの激化を呼んでいる，との指摘もある。

2022年2月27日，ドイツ首相オラフ・ショルツ（Olaf Scholz）は連邦議会において，ロシアによるウクライナ侵攻の日を時代を画する転換期（Zeitenwende，Zeitwende）となった，と述べたが，これまでの協調外交，友好関係から対立，対決への外交姿勢への転換を意図するものであろう。

この「ウクライナ戦争」は，資源，環境，防衛など現代社会の「危うさ」を浮かび上がらせた。もはや金銭では手に出来ないものがあることを自覚しなければならないだろう。エネルギーをはじめ天然資源，食糧，木材や原材料などを海外に依存している日本は，今一度何が最重要であるか熟慮すべき時が来たのではないだろうか。

さて，冷戦時代，当時の西ドイツ首相ウィリー・ブラント（Willy Brandt）は東側世界との「デタント」（緊張緩和）を模索し，「過去の克服」と「和解」に基づき東方政策（Ostpolitik）を政治目標とし，協調外交を展開した。その後の歴代首相も旧ソ連・ロシアとの協調，経済交流こそがヨーロッパに平和と安定をもたらすものとの信念が揺らぐことはなかった。

ドイツは敗戦により東西に分断されたが，旧西ドイツは何よりも経済復興が急務となった。わが国同様，天然資源に乏しい旧西ドイツにとって，その原動力となるソ連のエネルギー源は安価で有難いものだった。事実すでに冷戦時代からパイプラインを通してウクライナなどの国を経由して天然ガスが旧西ドイツへ送られていた。

1991年12月ソ連が崩壊し，連邦を構成していた国々が次々と独立した。2000年ロシア大統領に就任したプーチンは，これまでの西側諸国への友好的な接し方を一変し，強硬な態度を示し始めた。

天然資源大国ロシアの最大の「武器」は天然ガスの供給停止である。ドイツはその50%以上をロシアからの供給に依存しているため，供給停止は「核のおどし」よりも脅威である。ロシアは西側の経済制裁に対し，2022年8月，様々な理由をつけ「ノルドストリーム1」（Nord Stream 1）による天然ガスの供給を停止した。

他国に先がけ早々と原発依存からの脱却を目指したドイツだが，これまではロシアのエネルギー頼みだった。権謀術数の渦巻く政治の世界ではあるが，プーチンの野望を見抜けなかったことで，西側世界は大混乱している。

ユーラシア大陸で歴史の動きに逆行する軍事大国ロシアの復活をもくろむ国家の存在は新たな脅威となるだろう。それはヨーロッパのみならず東アジア周辺における安全保障を左右する事態を引き起こしている。台湾有事や尖閣諸島の領有を巡ってすでに緊張が高まっている。

さらに地球規模の温暖化や環境問題に目を向ければ，持続可能な社会を目指す今日の世界にあって，環境破壊の最大の元凶たる戦争という暴挙はエネルギー政策の転換を遅らせ，時代の潮流を逆行させている。

戦いの長期化は世界経済にも多大な影響を及ぼし，燃料や原材料，物流コストの高騰，さらには食糧など他国に依存している国々の諸物価の高騰を呼び，市民生活を脅かしている。プーチンのウクライナ侵攻には，どの様な理由づけをしようとも何の正当性もない。

この戦争に終止符を打つにはいかなる方策が考えられるだろうか。これまで西側諸国は積極的にロシアと戦う，というよりはあくまでウクライナを"援助"する，すなわち"後方支援"に徹するという立場を堅持しており，戦いの長期化は必至であろう。西側世界は，プーチンが失政により国民の支持を失うことで自滅するか，さもなければ健康問題で表舞台から退くことを願うばかりか……。「核」の使用をちらつかせるプーチンのおどしに対して腰が引ける西側諸国だが，力の均衡により武器供与にも一定の制限を設けている意図はどこにあるのか。この戦争は，実質的にはウクライナで行われており，最近ではドローン攻撃が散発されるものの，ロシア本土は本格的な攻撃の対象とされてはいない。

ロシアによる侵略行為の遠因の一つとして，ドイツが今日まで一貫して旧ソ連，ロシアに近づきすぎ警戒心を怠ってきた結果である，との指摘もなされようか。

さて，国家により言論，情報が管理・統制されているロシアでは，一般市民がこの「戦争」の実態を知る手だては極めて少ない。また，プーチンへの支持が実際どれほどのものかも分からない。

プーチンのねらいは，ウクライナ人のロシア人化であり，この戦争の終結にはウクライナが勝利し領土を保全すること以外にない。中途半端な休戦では，いずれロシアが体制を立て直して，再び侵攻してくるだろう。

第二次世界大戦の終結から米ソ対立の時代を経てベルリンの壁崩壊に至るまで，ヨーロッパ世界は過去の教訓に学び，幾多の困難に見舞われつつも平和構築への制度作りに努力を傾注してきたが，そ

の実効性には疑問符がつくと言わざるを得ない。

　ヨーロッパはその叡智と寛容さによって様々な矛盾や対立と試行錯誤を繰り返しつつも，民族対立を越えたヨーロッパのさらなる統合をめざし「拡大欧州」の道を歩んでいる。

　人類は様々な難題を克服してきたが，いまだに戦争という蛮行を終わらせる術を持ち得ていない。独裁者，専制国家の暴挙を未然に防ぐ有効な国際的枠組みを，人類の未来の行く末を見据えて，その叡智を結集し，早急に構築しなければならないだろう。

補　足

ブラント首相の「東方政策」

　1969年9月連邦議会総選挙において，ウィリー・ブラント（Willy Brandt）党首率いるSPD（社会民主党）は224議席を獲得し第2党となり，19議席を失い30議席となったFDP（自由民主党）と連立政権（小連立と呼ばれている）を発足させた。CDU／CSU（キリスト教民主社会同盟）は依然として比較第1党に留まったものの戦後初めて野に下った。新政権はブラントが首相に，そしてFDP党首ワルター・シェール（Walter Scheel）が外務大臣に就任し，ソ連およびソ連圏諸国との間に「デタント」（緊張緩和）外交を展開した。

　ブラント政権は，ソ連と「武力不行使条約」の締結へと舵を切ったが，この条約はポーランドと将来の「統一ドイツ」との国境線となるオーデル＝ナイセ川線は変更されないことを確約するものであり，まずはポーランドのワルシャワにあるユダヤ人・ゲットー跡を訪れるなど「和解」を求めるとともに，ソ連圏の国々との友好を深めることとなった。

付　録

研 究 課 題

（かっこ内のイタリック数字は本文の項目番号）

○日本人のドイツ観，ドイツ人像またドイツ人の日本観，日本人像とはどのようなものだと思いますか？（プロローグ――ドイツという国，*4，5*）

○ドイツ的（typisch deutsch）とはどのようなことを指しているのでしょうか？（*2，4，21*）

○ドイツと日本の地政学的な違いを考えてみましょう。（プロローグ――ドイツという国）

○日本語になったドイツ語，あるいはドイツ語となった日本語を挙げてみましょう。（プロローグ――日本の近代化はドイツから）

○ドイツ人と日本人の宗教観の違いはどこから来たのでしょうか？（*30，31，32*）

○敗戦国としてのドイツと日本の戦後史を検証しましょう。（例えば「分断国家」としてスタートしたドイツとアメリカによる占領からスタートした日本の戦後。）（*37*）

○中央集権型の日本と分権制国家ドイツの違いについて考えてみましょう。（*37*）

○日本の「近代化」の過程でドイツの果たした役割について他のヨーロッパ諸国との関連で調べてみましょう。（プロローグ――日本の近代化はドイツから）

○「第三帝国」と呼ばれたヒトラーの時代を検証してみましょう。（*27，29，37，40，41*）

○「ベルリンの壁」の建設から開放に至るまでの歴史経過をたどってみましょう。（*36，37*）

○ドイツにおける外国人労働者の存在は旧西ドイツ人の生活や文化意識にどのような影響を与えましたか？（*37，38*）

○地球環境に対するドイツ人と日本人の姿勢の違いを考えてみましょう。（*1，5，8，13*）

○環境・自然保護のためにドイツ人はどのような政策を打ち出してきたのでしょうか。また日本人とドイツ人の物質文明への関わり方の違いについても検討してみましょう。（*8，13*）

○ドイツにおける兵役義務（2011年7月徴兵制中止）とそれに代わる代替役務（社会奉仕）をどう考えますか？（*39*）

○少子高齢化社会に向けてのドイツの対応を日本と比較検討してみましょう。（*9*）

○日本人とドイツ人の労働観の相違について考えてみましょう。（有給休暇，残業，過労死，単身赴任，家族との絆，ボランティア活動 etc.）（*7，9，22*）

○日本の大学は危機的状況にあると言われていますが，ドイツの大学の実情はどうでしょうか？ 教育制度としての大学，更には大学生の意識の違いなど検討してみましょう。（*11*）

○ヨーロッパ連合（EU）誕生に至るまでの統合への歩みを振り返ってみましょう。（*42，44*）

○単一共通通貨ユーロ（Euro）の将来をどう予測しますか？（*42，44*）

○ヨーロッパ連合（EU）の中のドイツの役割はどうあるべきか，政治・経済的側面からだけでなく「文化」「多文化共生」という視座からも検討してみましょう。（*37，42，43，44，エピローグ*）

ドイツ・日本対照略年表

375	ゲルマン民族大移動			
486	フランク王国建国			
		645	大化の改新	
		710	平城京遷都	
768	カール大帝 (Karl der Große) 即位			
		794	平安京遷都	
962	オットーI世 (Otto I. der Große) ローマ皇帝として戴冠，神聖ローマ帝国成立			
		1185	鎌倉幕府成立（～1333）	
1254	大空位時代始まる（～73）			
1273	ハプスブルク家（Habsburg）のルードルフI世（Rudolf I.）即位			
		1338	室町幕府成立（～1573）	
1517	マルティン・ルター（Martin Luther）の宗教改革			
1524	ドイツ農民戦争（～25）			
		1543	ポルトガル人，種子島に漂着，鉄砲伝来	
		1549	ザビエル，キリスト教を伝える	
		1590	豊臣秀吉，全国平定	
		1603	江戸幕府成立	
1618	三十年戦争（～48）			
		1639	鎖国令	
		1774	杉田玄白，前野良沢『解体新書』完成	
1814	ウィーン会議（Der Wiener Kongress）			
		1815	杉田玄白『蘭学事始』完成	
		1828	シーボルト事件	
1848	3月革命			
		1854	日米和親条約調印	
1862	ビスマルク(Otto von Bismarck)，プロイセン首相に就任			
		1868	明治維新	
1870	プロイセン・フランス戦争（～71）			
1871	ドイツ第二帝国成立			
		1889	大日本帝国憲法発布	
		1894	日清戦争（～95）	
		1904	日露戦争（～05）	

1914	第一次世界大戦勃発（～18）	1910	日韓併合
1919	ヴェルサイユ条約締結，ワイマール共和国成立		
1921	ヒトラー，ナチス党結成	1923	関東大震災
1933	ヒトラー首相就任，ドイツの国際連盟脱退		
1938	ドイツによるオーストリア併合		
1939	ドイツ軍，ポーランド侵攻 第二次世界大戦勃発（～45）	1941	太平洋戦争勃発
1945	ドイツ，無条件降伏	1945	日本，無条件降伏
		1946	日本国憲法発布
1949	ドイツ連邦共和国（BRD）（5月），ドイツ民主共和国（DDR）成立（10月）	1950	朝鮮戦争勃発
		1951	サンフランシスコ講和条約調印，日米安全保障条約締結
1961	ベルリンの壁の建設（8月13日）		
1967	ヨーロッパ共同体（EC）発足	1970	日本万国博覧会，大阪にて開催
		1972	沖縄返還（5月15日） 田中角栄首相が訪中，国交正常化（9月）
1973	東西ドイツ，国連に同時加盟（9月）	1978	日中平和友好条約調印（8月）
1989	ベルリンの壁崩壊（11月9日）		
1990	ドイツ再統一（10月3日），ドイツ民主共和国の消滅		
1992	ヨーロッパ共同体（EC）加盟国の外相及び蔵相が欧州連合条約（マーストリヒト条約）を批准（12月），EC市場統合（1月）	1992	国連平和維持活動（PKO）協力法成立（6月）
1993	欧州連合（EU）発足（11月） 難民流入を規制，基本法の改正案を可決（5月）		
1995	オーストリア，スウェーデン，フィンランドがEUに加盟，15ヵ国に	1995	阪神・淡路大震災（1月17日）
1998	社会民主党（SPD）と90年連合・緑の党の連立によるシュレーダー（Gerhard Schröder）政権の成立（10月）		

1999	単一通貨「ユーロ」導入		1999	国旗・国歌法成立（8月）
2002	ユーロ紙幣，硬貨がイギリス，スウェーデン，デンマークの3ヵ国を除く12ヵ国で流通開始（1月） 第2次シュレーダー内閣発足（10月）			
2004	中・東欧等計10ヵ国が新たに欧州連合（EU）に加盟し，25ヵ国体制となる（5月）			
2005	アンゲラ・メルケルCDU党首，ドイツ初の女性首相に選出される（SPDとCDU／CSUによる大連立政権）（11月）			
2007	ルーマニア，ブルガリアがEUに加盟，27ヵ国に（1月）			
2009	アンゲラ・メルケルCDU党首，連邦首相に再選（CDU／CSUとFDPによる連立政権）		2009	民主党初の政権政党へ，社民党，国民新党と連立（9月）
			2010	民主党，国民新党と連立（6月） 民主党代表選挙で菅直人首相再選（9月14日） 菅直人改造内閣発足（9月17日）
2011	メルケル政権，2022年までに「原発」の全廃を閣議決定（6月7日） ドイツ，徴兵制中止（7月1日）		2011	東日本大震災（3月11日） 野田佳彦内閣発足（9月2日） 自民党政権奪還，安倍晋三内閣，
2013	アンゲラ・メルケルCDU党首，3期目へ（SPDとの保革大連立政権）		2012	公明党との連立へ（12月）
			2015	選挙権年齢18歳以上に引き下げ（6月）安保関連法案成立（9月）
2017	同性婚の合法化法が可決（首相は反対票を投じる）（6月）			
2020	イギリス，EUを離脱（1月）		2020	安倍晋三首相辞意表明（8月） 菅義偉内閣成立（9月）
2021	ドイツ総選挙		2021	岸田文雄内閣成立（9月）
2022	ロシア，ウクライナに侵攻（2月） イギリス，トラス新首相に就任（9月） イギリス，スナク新首相に選出（10月）		2022	安倍元首相凶弾に倒れる（7月）
2023	フィンランド，北大西洋条約機構（NATO）加盟（31か国目）			

●ドイツ連邦共和国の歴代首相

Konrad Adenauer
（CDU）
1949 － 1963

Ludwig Erhard
（CDU）
1963 － 1966

Kurt Georg Kiesinger
（CDU）
1966 － 1969

Willy Brandt
（SPD）
1969 － 1974

Helmut Schmidt
（SPD）
1974 － 1982

Helmut Kohl
（CDU）
1982 － 1998

Gerhard Schröder
（SPD）
1998 － 2005

Angela Merkel
（CDU）
2005 － 2021

Olaf Scholz
（SPD）
2021 －

ドイツ語学研修生と筆者（前列左端）ライプチヒ，新ゲヴァントハウス前にて

参考図書

『世界の歴史7──近代への序曲』松田智雄責任編集（中央公論社 1961）
『世界の歴史と文化──ドイツ』池内紀監修（新潮社 1992）
『新版 概説ドイツ史』望田幸男，三宅正樹編（有斐閣 1992）
『国境をこえるドイツ』永井清彦（講談社現代新書 1992）
『大国ドイツの進路』五島 昭（中公新書 1995）
『ヨーロッパ＝ドイツへの道』坂井榮八郎，保坂一夫編（東京大学出版会 1996）
『ヨーロッパを見る視角』阿部謹也（岩波セミナーブックス 1996）
『物語ドイツの歴史』阿部謹也（中公新書 1998）
『ヨーロッパの地殻変動を語る』笹本駿二，藤村 信，緑川 亨（岩波書店 1990）
『荒れ野の40年』（ヴァイツゼッカー大統領演説）永井清彦訳（岩波ブックレット 1986）
『戦後ドイツ──その知的歴史』三島憲一（岩波新書 1991）
『ドイツの見えない壁──女が問い直す統一』上野千鶴子，田中美由紀，前みち子（岩波新書 1993）
『ヨーロッパ像の転換』西尾幹二（新潮選書 1969）
『現代史ベルリン』永井清彦（朝日選書 1984）
『第二次世界大戦下のヨーロッパ』笹本駿二（岩波新書 1970）
『ナチス追及』望田幸男（講談社現代新書 1990）
『ユダヤ人とドイツ』大澤武男（講談社現代新書 1991）
『ユダヤ人』上田和夫（講談社現代新書 1986）
『外国人襲撃と統一ドイツ』山本知佳子（岩波ブックレット 1993）
『シンドラーのリスト』トマス・キニーリー著，幾野 宏訳（新潮文庫 1989）
『六千人の命のビザ』杉原幸子（大正出版 1993）
『ヨーロッパ統合』鴨 武彦（NHKブックス 1992）
『統合と分裂のヨーロッパ』梶田孝道（岩波新書 1993）
『ドイツ市民文化の光と影』日本ドイツ学会編（成文堂 1991）
『ハプスブルクの実験』大津留 厚（中公新書 1995）
『ハプスブルク一千年』中丸 明（新潮社 1998）
『ハプスブルク家』江村 洋（講談社現代新書 1990）
『輪舞の都ウィーン』平田達治（人文書院 1996）
『ドナウ河紀行』加藤雅彦（岩波新書 1991）
『ドイツ人のこころ』高橋義人（岩波新書 1993）
『芸術新潮』（新潮社 2015年8月号）
『ベルリン・フィル物語』（朝日出版社 1993）
『緑の党』永井清彦（講談社現代新書 1983）
『グリム〈初版〉を読む』吉原高志，吉原素子（白水社 1993）
『グリム童話』鈴木 晶（講談社現代新書 1991）
『ミュンヘンの小学生』子安美知子（中公新書 1975）
『シュタイナー教育の方法』高橋 巌（角川選書 1987）
『ハイデルベルク──ある大学都市の精神史』生松敬三（講談社学術文庫 1992）
『ミヒャエル・エンデ』安藤忠夫（講談社現代新書 1988）
『地球環境報告』石 弘之（岩波新書 1988）
『ウィーン・オーストリアを知るための50章』広瀬佳一編著（明石書店 2002）
『ドイツのマイノリティ』浜本隆志，平井昌也編（明石書店 2010）
『現代ドイツを知るための55章』浜本隆志，高橋 憲（明石書店 2002）
『現代ドイツを知るための62章』浜本隆志，高橋 憲編著（明石書店 2013）
『現代ドイツを知るための67章』浜本隆志，高橋 憲編著（明石書店 2020）
„Tatsachen über Deutschland" Societäts-Verlag 1997
„Aktuell 2003" Harenberg 2002
„Aktuell Deutschland 2009" Harenberg 2008

著 者

髙 橋　憲（たかはし　まもる）

1946年大阪市生まれ。毎日新聞大阪本社勤務を経て，ドイツ，ハイデルベルク大学歴史哲学学部政治学科留学（1973〜1977年）。帰国後，ゲーテ・インスティトゥート大阪支部にて企画・文化広報を担当。関西学院大学，立命館大学，流通科学大学，甲南大学などにおいて，ドイツ文化概論，ドイツ文化研究，異文化理解，ドイツ語講読・会話などを担当。（兼任講師）

主な著書

『現代ドイツを知るための55章──変わるドイツ，変わらぬドイツ』（明石書店　2002年，共著）

『ドイツの街角から──ドイツ文化事情』（郁文堂　2001年）

『ドイツの街角から──ドイツ文化事情〈新版〉』（郁文堂　2006年）

『新ドイツの街角から──ドイツ文化事情』（郁文堂　2011年）

『《最新版》ドイツの街角から　素顔のドイツ──その文化・歴史・社会』（郁文堂　2017年）

『現代ドイツを知るための62章』（明石書店　2013年，共編著）

『現代ドイツを知るための67章』（明石書店　2020年，共編著）

《最新版》ドイツの街角から
素顔のドイツ──その文化・歴史・社会　2024〜

2024年4月1日　初版発行

著　者　髙　橋　　憲

発行者　柏　倉　健　介

発行所　株式会社 郁文堂

　　　　113-0033　東京都文京区本郷5-30-21

　　　　電話 ［営業］03-3814-5571 ［編集］03-3814-5574

　　　　振替　00130-1-14981

印刷 三協美術　　製本 国宝社

ISBN 978-4-261-01281-1